森田　悌　著

天武・持統天皇と律令国家

同成社　古代史選書　7

目次

天武・持統天皇と律令国家

第一章　壬申の乱と天武・持統天皇

第一節　天智天皇の後継

大海人皇子の出生

天智天皇は治政十年（六七一）九月に不予となり、弟大海人皇子に譲位の意思を告げたものの辞退され、息子大友皇子を後継として十二月に死去している。この後大海人皇子と大友皇子の間で壬申の乱が勃発するのであるが、大海人皇子についてみていくと、その生年を『本朝皇胤紹運録』にみえる享年六十五歳より逆算すると推古天皇三十年（六二二）となり、推古天皇三十四年出生の天智天皇より年長となるのでこの所伝は信拠性を欠き、正確なところは不詳なものの天智天皇と大海人皇子は四歳程度年が離れた兄弟とみると無理がないようであり、舒明天皇二年（六三〇）前後の頃の出生らしい。天智天皇、中大兄皇子は皇極天皇四年（六四五）六月に藤原鎌足とともに乙巳の変を企て母天皇の眼前で蘇我入鹿を殺害し、大化改新を断行するが、この時中大兄皇子は二十歳であり、推定される大海人皇子の年齢は十六歳前後とみてよい。十六歳になっていたとすれば大海人皇子が乙巳の変の企謀に参画していて不思議でないが、それを示す史料はなく、秘密裡に事を進めようとしていた中大兄皇子と藤原鎌足は大海人皇子の参加は考慮していなかったらしい。皇極天皇は事件を眼前にして事情を知らず驚いて、中大兄皇子に「不㆑知、所㆑作、有㆓何事㆒耶」と詔りしたことが『日本書紀』に記されているが、大海人皇子も暗殺の場である三韓貢調の儀場に列席していたとすれば、母同様の驚愕の思いを抱いたことと思う。乙巳の変後皇極天皇は退位し天皇の弟軽皇子が孝徳天皇として即位し、中大兄皇子は皇太子格として改新政治を主導していくことになる。孝徳天皇朝において大海人皇子が朝政にどのような形で関わっていたかを示す史料を欠くが、白雉四年（六五三）に難波京から倭京への移遷を孝徳天皇に拒まれた中大兄皇子が天皇を難波に置いたまま倭京へ遷ると、皇極太上天皇・間人皇后とともに大海人皇子も行動を共にしており、兄の主導する政治改革に協力していたとみてよい。当時大海人皇子は二十四歳前後になっており、兄を補佐するに十分な年齢に達していた。白雉五年に天皇が病疾となると、大海人皇子は皇極太上天皇・間人皇后・中大兄皇子らとともに見舞うことをしている。

大海人皇子の妃と子

白雉五年（六五四）十月に孝徳天皇が死去すると、皇極太上天皇が斉明天皇として重祚している。斉明天皇三年（六五七）に後に持統天皇となる中大兄皇子の娘、鸕野皇女が十三歳で大海人皇子の妃となっている。鸕野皇女の同母姉に大田皇女がおり、この皇女も大海人皇子妃になっている。大田皇女が大海人皇子妃になったのが何時であったか不詳であるが、妹の鸕野皇女より先であろうから、斉明天皇重祚後まもなくの頃だろうか。大田皇女は斉明天皇七年（六六一）に大伯（来）皇女、天智天皇二年（六六三）に大津皇子を生み、鸕野皇女からは天智天皇元年に草壁皇子が誕生している。その後中大兄皇子は娘、大江皇女も大海人皇子妃としている。女子の十三歳という年齢は後の律令で定める結婚許可のそれであり、中大兄皇子は自分の娘が婚姻可能な年齢に達すると早々に弟の妃としたことが窺知される。この事実は中大兄皇子が大海人皇子を重要視していたことを示唆している。大伯皇女の名前は備前大伯海（岡山県邑久郡付近の海）で出生したことに因み、大津皇子のそれは娜の大津（福岡県福岡市）で生まれたことによる命名であり、草壁皇子のそれは娜の大津で生まれ近隣に多数居住する日下部が養育料を負担したことに由来しているらしい。即ち三皇子女は倭京でなく西国で出生しているのであるが、これは斉明天皇朝末年から天智天皇朝初にかけて興された百済救援のための軍旅に関わっており、征軍に大海人皇子が大田、鸕野皇女を伴い加わっていたことを示している。斉明天皇朝の征軍は天皇が七年（六六一）七月に筑前朝倉宮で死亡したため一時中断し、天皇の下で最高指揮官の地位にあった中大兄皇子は飛鳥へ戻り殯葬を行い、再度娜の大津へ進出している。この間大海人皇子が中大兄皇子に従い飛鳥へ戻ったかまでは判らないが、天智天皇二年（六六三）の草壁皇子出生時には大津に居たとみてよいだろう。天智天皇二年八月には渡海した日本の水軍が白村江で大敗北を喫しているが、娜の大津には謂ば朝廷の大本営が置かれていたとみてよく、大海人皇子はここに詰め中大兄皇子、天智天皇の戦争指導に協力していたのである。天智天皇は娘を妃として大海人皇子に配し、後者は前者に協力し補佐の任に就いていた。改新政治、また征西軍を指揮する中大兄皇子にとり同腹の弟である大海人皇子は、全幅の信頼をおける人物であったことであろう。

大皇弟

白村江での敗北から半年後の天智天皇三年（六六四）二月に天皇は謂ゆる甲子の宣を布告している。官人に与えられる冠位階名の改訂を行い、氏の大小を定めそれぞれに大小刀・干楯・弓矢を下賜し、民部・家部を定めている。この甲子の宣の奉宣に当たったのは大海人皇子で、『日本書紀』には、

天皇命㆓大皇弟㆒、宣㆘増㆓換冠階名㆒、及氏上・民部・家部等事㆖。

とあり、天智天皇の命令をうけて大皇弟大海人皇子が臣下に宣布したことが知られる。ここで注目されるのは大海人皇子を大皇弟と表記していることで、孝徳天皇紀では皇弟としていたのが、天智天皇朝に入り大皇弟に改められているのである。以後天智天皇紀および天武天皇紀上（壬申紀）の一部で大海人皇子を大皇弟としており、この語は『藤氏家伝』上にもみえている。天智天皇紀十年（六七一）正月条には「東宮大皇弟」なる語もみえている。東宮は勿論皇太子のことで、天智天皇十年正月段階において皇太子制は未成立であったから、ここにおける東宮は『日本書紀』編纂者による舞文であるとともに、大皇弟が東宮（皇太弟）でないことを示唆していると解してよいだろう。大皇弟が東宮であるならば、この語に東宮を冠する必要はないからである。大は尊称であり、孝徳天皇紀にみえる皇弟に天智天皇が即位（称制）した頃から付されるようになったと解されるようである。孝徳天皇朝から斉明天皇朝にかけて皇弟と呼ばれていた大海人皇子が、天智天皇朝に入ると大皇弟と称されるようになったということであり、孝徳・斉明天皇朝において中大兄皇子が占めていた地位を大海人皇子が天智天皇の下で継承するようになり、皇弟に大を付すようになったのではないかと考えられる。皇太子ではないが皇太子格ということであり、皇太子格の皇子が天皇の共同統治者として執政の任についてきている日本の朝廷制度の伝統を踏襲して、大海人皇子が天智天皇の下でかかる権限を行使するようになっているのであろう。甲子の宣を大海人皇子が奉宣しているのは、右権限の行使の一例であり、これより大海人皇子が皇太子格となっている様子を確認できるのである。

猶、大皇弟の訓読について日本古典文学大系本では、ヒツギノミコないしマウケノキミと読むとしている。この訓読は大方のとるところとなっているようであるが、ヒツギノミコないしマウケノキミは明らかに皇太子であるから、皇太子格を意味する大皇弟の訓としては相応しくないように思われる。『釈日本紀』では東宮大皇弟にヒツギノミコという訓を付しているが、東宮がヒツギノミコであるから大皇弟にはヒツギノミコにあらざる訓が付されて然るべきであろう。私は大皇弟は皇弟に尊称の大を付した語とみられるので、オホキオホキミノイロドと読むのが適切であると考えている。勿論皇弟はスメイロドと読むことが可能であるが、皇后をスメキサキと読まずオホキサキと読むのに準じてオホキミノイロドとするほうがよいように思うのである。『続日本紀』神亀元年（七二四）三月辛巳条に藤原夫人宮子について皇太夫人と表記しオホミオヤと称すとするとの詔がみえるが、皇親関係の文字としての皇はスメ、スメラとするよりオホ、オホキ、オホキミとするのが一般的であるようであり、大皇弟の皇もオホキミとするのが当時の語法に適っていると考えられる。孝徳天皇皇后間人皇女の別称中皇命もナカツスメラミコトとすると天皇となってしまい不可解な事態になるが、ナカツオホキミノミコトないしナカツオホキミコトと読めば天皇呼称になる不都合を避けることができるのである[1]。元来スメラミコトなる語は推古朝の頃に始まる人工語であり、スメミマ、スメラミイクサのような語があるとはいえ、スメ某、スメラ某のようなスメ、スメラを冠する語は少なく、皇弟をスメイロドと読むようなことはなかったとみられるのである。因みに律令制下の官司である正親司はオホキミノツカサであるが、正親は皇親に他ならない。先の間人皇女は大海人皇子の姉であるが、大皇弟の皇をオホキミと読めば姉弟の間で皇の訓が一致することになり、姉弟に対する呼称として相応しいように思われる。皇極＝斉明天皇、中大兄皇子、間人皇后、大海人皇子母子は相互に親密で共に行動していることが多く、後二者の呼称中の皇をオホキ、オホキミとすると理会しやすい。

大海人皇子と大友皇子

既述した如く大海人皇子が皇弟から大皇弟と称されるようになったのは、中大兄皇子が母斉明天皇の死により名実ともに朝廷の第一人者となった以降であり、この段階で中大兄皇子、天智天皇は大海人皇子を皇太子格とし、自らの後継者として公認したとみてよい。斉明天皇が死去した段階で大海人皇子は三十二歳前後になっており、改新政治の推進や百済救援の軍興では兄に協力、補佐して政治経験を積み、他方天智天皇の嫡子となる大友皇子は十四歳になったばかりであるから天皇の後継者としては年少に過ぎ、天智天皇朝初の頃の朝廷では大海人皇子が自他ともに天智天皇の後継を以て任じていたとみてよい。伝統的に日本の朝廷では皇位を兄弟間で継承することが行われていたから、この看点からも天智天皇の後継には大海人皇子が相応しいとみられていたはずである。但しかかる状況下で大友皇子が漸次成長し王者たるに相応しい才質を示すようになり、天智天皇は大友皇子を自分の後継にあてることを考えるようになっていったらしい。

『懐風藻』の大友皇子伝には、

魁岸奇偉、風範弘深、眼中精耀、顧眄煒燁。唐使劉徳高、見而異曰、此皇子、風骨不レ似二世間人一。実非二此国之分一。

とみえている。天智天皇が後継者に相応しいとしても不思議でない人物になっていたようであり、天皇が正式に即位した七年（六六八）には二十一歳になっていた。有体に言えば、天智天皇は後継者を大海人皇子から大友皇子に変更するようになったということであるが、このことは自他ともに天智天皇後継に任じていた大海人にとっては面白くない展開であり、鬱屈した思いを惹起させたはずである。天智天皇七年（六六八）に天皇は琵琶湖畔の楼で酒宴を催したが、酒酣の時大海人皇子が長槍で敷板を指貫き、怒った天皇が執害しようとし、結局藤原鎌足の諫言で事なきを得たことがあった。この事件は『藤氏家伝』上にみえるものの『日本書紀』にみえず、大海人皇子が粗暴な行為に出た理由について史料は語っていないが、皇位を巡る動きに関わっていたとみてよく、右述した大海人皇子の鬱屈した思いの発露とみてまず誤りないところである。天皇が殺害しようとしたのも、単なる酒席での狼藉ではなく、後継問題という深刻な課題に関わっていたからに他ならない。『日本書紀』ではこの事件に触れないものの天智天皇七年（六六八）七月条で、

時人曰、天皇、天命将及乎。

という記事を掲記している。時人の言は長槍指貫事件に関連したもので、天智天皇の王朝の滅亡を予言しており、事件が皇位の継承問題に結びついていることを語っていると解される。天智天皇が正式に即位した頃の朝廷の内外には、天皇が後継を大友皇子に変えつつある状況下で漸次重苦しい緊迫した空気が漂うようになっており、大皇弟による長槍指貫事件の意味するところは人々の直ちに感得するものだったのである。

大友皇子の任太政大臣

天智天皇は十年（六七一）正月に大友皇子を太政大臣に任命し、左右大臣および御史大夫の補任を行っている。大友皇子の太政大臣は、大宝・養老令制のそれが分掌の職でなく適任者がいなければ欠員のままとする則闕の官であるのに対し、万機の処理に当たり、伝統的な皇太子格の皇子の権限に相当し、天智天皇朝に入り大海人皇子が大皇弟の立場で執行していた権限に当たるとみてよい。『日本書紀』では大友皇子の太政大臣任官の四日後甲辰条に、

東宮大皇弟奉宣、或本云、大友皇子宣命。施行冠位法度之事。大赦天下。法度冠位之名、具載於新律令也。

とあり、大皇弟、大海人皇子が冠位法度の奉宣を行ったとしているが、ここは分注の大友皇子が奉宣を行ったとする或る本の所伝の方に信憑性があるようで、新任の太政大臣大友皇子が以前大海人皇子が執行していた政務をとって代って執行するようになっていることを示すと解される。[2] 即ち大友皇子の太政大臣任命は、天智天皇が大海人皇子を後継者とすることをやめ大友皇子をそれとすることを、内外に明示していたのである。この後天智天皇は十年（六七一）

九月に病となり、十月庚辰十七日に臥内に大海人皇子を呼びいれ譲位の意向を伝えている。大海人皇子は固辞して皇后倭姫王に洪業を附属し、大友皇子に諸政の奉宣を行わせればよいと献言し、自らは天皇のために出家修道することを求め、直ちに内裏の仏殿の南で剃髪し、天皇の許可を得て吉野へ退隠している。真に急転回な事の進行であるが、ここは既に大友皇子を後継者に定めている天智天皇が、以前後継者に考えていた大海人皇子の真意を探ろうとして譲位の意向を示し打診したということであろう。大海人皇子は臥内に入る前に近臣の蘇賀安麻呂から「有意而言矣」、十分に心して応対すべきであると忠告されており、それに従い譲位の意向を伝えられてもそれに乗らず、自分には皇位を継ぐ意思はないと返答しているのである(3)。安麻呂の忠告は、宮廷内外の皇位継承をめぐる穏やかならざる雰囲気の中で、大海人皇子が安易に譲位の提言を受けいれるような発言をすれば簒奪者扱いされかねない危険性を言っていたのであろう。因みに乙巳の変後、退位した皇極天皇の後継として誰が即位するかを決定する場で、乙巳の変直前まで最有力皇位継承者でありながら変後その可能性が全く無くなった古人大兄皇子は、即位を求められて断固拒み吉野に入り出家勤修生活に入るが、中大兄皇子はその存在を許容せず、結局謀反を理由に誅殺している。この古人大兄皇子の故事は大海人皇子の脳裏を過ったはずであり、譲位を受けいれれば簒奪者扱いされかねない危険性を十分に察知していたと考えられる。天智天皇は譲位するとしか言っていないのであるが、長槍指貫事件で殺されかかったことを思えば、大海人皇子が右危険性を察知していなかったはずはない。大海人皇子は必死の思いで譲位を拒み、直ちに内裏内での剃髪となっているのである。古人大兄皇子は宮中内の皇位継承者決定の場でなく法興寺の仏殿と塔の間まで行き剃髪しているが、大海人皇子は宮中内を出ることなくそこの仏殿南で剃髪している。古人大兄皇子の故事に鑑み、出家修道の思いがより強固であることを示すため、宮中内での剃髪となっているのであろう。少しでも天智天皇の疑いを晴らすためである。

皇位継承に関する倉本一宏説

以上私は天智天皇は乙巳の変後補佐、協力してきた大海人皇子を称制とともに皇位継承者としていたが、その後正式に即位した頃から漸次息子大友皇子を後嗣に当てることを考えるようになり、治政十年（六七一）には大友皇子を太政大臣に任じて後継者であることを内外に示し、死の病床で大海人皇子に譲位の意向を示すかたちでその辞退、そして吉野退隠へ追いこんだと考えているが、最近の有力な学説として倉本一宏氏は、天智天皇は一貫して大海人皇子を後継者としており、大友皇子は母が卑姓の伊賀采女宅子娘の所生なので皇位に即けることは考えていなかったと論じている。(4) 死の病床での天智天皇と大海人皇子のやりとりについても、天皇は心から禅譲の意思を示し、皇子の辞退は即位を要請されても一旦は辞譲する儀礼的な慣習に出るものだったという。私見のような大海人皇子が譲位を受けいれる返答をすれば簒奪者にされかねない危険な状況であったという理解は、深読みに過ぎないということである。倉本氏によれば、天皇は大友皇子が卑母出生のため即位不可能という認識の下でまずは大海人皇子の即位を図り、次いで大友皇子の子で母が大海人皇子の娘、十市皇女である嫡孫葛野王を即位させるという構想を有し、たとえそれが実現できなくても天智天皇の娘大田、鸕野皇女の所生である大津皇子ないし草壁皇子の皇位継承を考え、この構想は大海人皇子にとっても不都合なそれではなかったという。ただしこの構想には草壁皇子の皇位継承を願う鸕野皇女が葛野王や大津皇子による継承可能性のあることを嫌い、反対の立場にたち、この構想を潰す意図で大海人皇子の天智天皇の禅譲申し出への辞退から吉野への退隠、壬申の乱の勃発に至ったのだと主張している。

天智天皇の後嗣観

倉本氏の論旨の根柢に卑母所生の大友皇子には皇位継承の可能性がなく、当時の天智天皇後継としては大海人皇子しか可能性がなかったとする理解があるが、私にはここに少なからざる疑問があるように思われる。卑母所生が皇位継承にとり不利な条件となることは言うまでもないが、乙巳の変では文字通り自ら剣をとり蘇我入鹿に切りつけクーデタを実現してその後の改新政治を主導し、孝徳天皇の拒絶を無視して倭京還帰を強行する程の強烈な意思の持主である天智天皇にとり、卑母所生が自分の息子を後嗣とすることにさほどの障害になったとは考え難いのではないか。乙巳の変の成功は中大兄皇子、天智天皇に他を圧倒する政治的権威を与えたはずであり、後嗣の問題に関し慣習に背くようなことがあっても、廷臣が異論を持ち出せるような状況ではなかったと考えられるのである。

先に私は琵琶湖畔での酒宴における大海人皇子による長槍指貫事件に触れ、皇位継承が危うくなった皇子の鬱屈した思いが惹起した行為とし、当時の人々も「天皇、天命将及乎」と語っていたことを紹介したが、天智天皇が大海人皇子を後継者とする意向で変わることがなかったならば、起こりようがない事件であった。勿論この事件について皇位継承如何でなく、額田王を巡る天智天皇と大海人皇子の反目が関わるとする伴信友以来の解釈がある(5)が、信拠性を欠いており、皇位継承という深刻な問題が絡んでいるので、既述した如く天皇は従前協力してきた大海人皇子を執害しようとするまでに至ったのである(6)。天智天皇王朝の交代を諷諭する人々の噂は、天皇の圧倒的な政治的権威の下で、皇位継承に関わり危殆な状況が出現している様子を示唆している。倉本氏がこの事件について論及されていないのは片手落ちであり、天智天皇が正式に即位した前後の頃からの朝廷を覆う雰囲気に触れていないのは考察不備と言わざるを得ないように思う。猶、長槍指貫事件について『藤氏家伝』上で記述されているものの『日本書紀』にはみえず、後者では天智天皇王朝の交代を示唆する人々の噂を記すに止まっている。天武天皇を正統王者とする後者では大海人皇子の粗暴な挙動について記述することは憚られ、前者では『日本書紀』にみられる抑制をする必要がなく、執害しようとした天智天皇に諫言し殺すことを思い止まらせた藤原鎌足の功績を称揚する意図で、事件についての記述がなされているのである。『日本書紀』にみえない長槍指貫事件に触れていることから、『藤氏家伝』上の撰者藤原仲麻呂は『日本書紀』によることなく事件について撰述していることになる。『日本書紀』と『藤氏家伝』上が同一の原拠資料に基づき記述している可能性とともに、各別の資料に拠っている可能性が考えられるが、この事件が架空のものであったとは考え難く、『日本書紀』と『藤氏家伝』上はそれぞれの立場で前者は人々の諷諭、後者は大海人皇子の粗暴な行為にまで言及しているのである。

大友皇子の任じた太政大臣の職掌

天智天皇十年（六七一）の大友皇子の太政大臣任官について倉本一宏氏は、天智天皇が皇子を政権参加させたことを意味する以上の文言ではなく、当時そのような官は成立しておらず、これにより大友皇子が皇位継承資格者になったわけでなく、先述した甲子の宣の奉宣も大友皇子でなく従前同様大海人皇子が当たっていたという[7]。倉本氏の論旨は『日本書紀』の記述に異を立てるものになっているが、後章で述べる如く天智天皇十年（六七一）当時朝廷中枢の組織や六官体制はかなりなところまで整備されていたと考えられるので、朝廷の最高指導者として太政大臣の存在を否定する必要はなく、大友皇子が左右大臣、御史大夫の任官に並んで太政大臣に就いたとみてよい。『懐風藻』大友皇子伝では、

年甫弱冠、拝二太政大臣一、総二百揆一以試之。皇子博学多通、有二文武材幹一。始親二万機一、群下畏服、莫レ不二粛然一。

とし、弱冠、二十歳で太政大臣となったと伝えている。二十歳で太政大臣となったという点に関しては疑問があるが、太政大臣になったこと自体を疑問視する必要はなく、「万機ヲ親シクスル」という文言からすれば大宝令制以降の分掌の職を欠く官でなく、最高執政官に相当する職であったとみてよい。これは従前の大皇弟、大海人皇子が天智天皇

の下で有していた奉宣の権限に通じており、既述した如く大海人皇子の権限が大友皇子に移譲され、後者が皇位継承者であることを明示するのである。甲子の宣の奉宣者を倉本氏は『日本書紀』本文に従い大海人皇子とするが、或本の大友皇子とする所伝の方に真実味があるのは否定し難い。倉本説に従い当時太政大臣、左右大臣、御史大夫などという官職が存在しなかったとすれば、『日本書紀』が何故大友皇子が太政大臣に任じられたとする記事を作文したか、説明が困難になるのではないか。大友皇子の存在感を昂めかねない同皇子の太政大臣任官記事は、『日本書紀』編者のとるところではなかったはずであり、にも拘わらずそれが採録されているのは真実だったからであろう。或る本が大友皇子が甲子の宣を奉宣したと伝えているにも拘わらず大海人皇子が行ったとしているのは、大海人皇子が大友皇子の太政大臣任官後も皇位継承の位置にあったとする『日本書紀』の舞文に他ならない。

天智天皇の譲位の意思表示

天智天皇の病床での天皇と大海人皇子のやりとりについて倉本一宏氏は、天智天皇は本心から譲位しようとし大海人皇子もそれを受けいれる意向だったと解釈しているが、この通りだとすれば、何故天智天皇は再度の譲位を言わず、大海人皇子は再度の辞退を言った上で受けいれることをしなかったのだろうか。倉本氏は後代の朝廷における高官任官の際の再度の辞表を捧呈した上で拝任するあり方を、天智天皇と大海人皇子のやりとりの場に想定しているのであるが、天智天皇が再度の譲位の意向を示したとの徴憑はなく、大海人皇子の方は天智天皇の申し出に対し皇后倭姫王に洪業を授け大友皇子に奉宣させればよいと答えて、慌しく内裏内で剃髪しているのである。寧ろ『日本書紀』の行文から窺える状況は、大海人皇子が右行動に出なければ異変が出来しかねない切迫した様子ではないか。天智天皇が心から譲位を言い、大海人皇子はそれをまずは辞退した上で再度の譲位の申し出を受けいれる、といった悠長な展開の要素を見出すことはできないのである。

鸕野皇女の皇位継承構想

先に紹介した倉本一宏氏の説く鸕野皇女の皇位継承構想にしても、皇女が所生の草壁皇子の即位を強力に志向したことに疑問はなく、草壁皇子の同世代の皇族として並ぶ葛野王や大津皇子を邪魔に思った可能性は大であるが、皇女の構想において葛野王・草壁皇子・大津皇子の即位が問題になるのは大海人皇子の次であり、天智天皇十年（六七一）当時さし迫った課題として鸕野皇女がとらえていたかとなると、頗る疑問ではなかろうか。大海人皇子が即位すれば大后の地位が約束されているのも同然であるから、鸕野皇女は大后の立場で大海人皇子の後継問題に関与できるわけで、天智天皇十年（六七一）当時皇女が葛野王や大津皇子を邪魔視するような事態は考え難いように思われる。私は天智天皇が本心から大海人皇子に譲位する意向であったならば、大海人皇子は勿論鸕野皇女にとっても不都合でなく、それを素直に受けいれたはずではなかったかと考える。かく考えることから私は、やはり死の病床での天智天皇と大海人皇子のやりとりに関する倉本氏の解釈は斬新とはいえ信憑性を欠き、天智天皇は当時大友皇子を皇嗣とし、大友皇子を皇嗣にすることに対する大海人皇子の思いを確かめる気持ちで譲位の意向を示したのだと思う。これに対し大海人皇子は蘇賀安麻呂の忠告に従い真に適切な言動に出、虎口を脱したというのが実情なのであろう。何分天智天皇は七年（六六八）浜楼での酒宴における長槍指貫事件では大海人皇子を殺そうとしたのである。

卑母の問題

皇位継承に際し卑母如何は確かに重要であるが、状況によっては才質や人望が大きな意味をもつことも忘れられてはならない。天武天皇朝において皇位継承者として最優位に立つのは皇后鸕野皇女所生の草壁皇子であることは言うまでもないが、同皇子が病弱なため鸕野皇女が持統天皇として即位しその三年（六八九）に草壁皇子が死去すると、皇子の子軽皇子を後継に企てるものの幼齢のため皇太子とすることができず、持統天皇四年七月に太政大臣に任じた高市皇子が後皇子尊として持統天皇に後継者と見做されるようになっていたらしい。後皇子尊に対する皇子尊は草壁皇子である。高市皇子は天武天皇皇子の中で最年長かつ壬申の乱では全軍を指揮した功労者であったが、母が卑姓の胸形君徳善の娘尼子娘であったため皇位継承資格者とされることはなかったにも拘わらず、草壁皇子死後の持統天皇朝において皇位継承者として見做されていたと解される。卑母所生ということは皇位継承資格が皆無ということでなく、状況によっては卑母の所生であっても皇位継承有資格者となることがあったのである。高市皇子の場合は持統天皇十年七月に死去し皇位に即くことはなく、軽皇子が立太子、次いで文武天皇として即位している。偉才の持主である大友皇子が天智天皇の意向で後嗣にあてられて不思議でなく、私は大海人皇子の吉野退隠後大友皇子は正式に皇太子となり、天皇死後大津京で即位したとみている。

第二節　壬申の乱の推移

大海人皇子の吉野隠退

天智天皇十年（六七一）十月十七日に天皇は大海人皇子を病床に呼びよせ譲位を申し出たものの、皇子の固辞、出家、そして十九日には吉野への退隠と急転回を遂げている。斉明天皇死後の天智天皇朝において自他ともに皇太子格を以て任じていた大海人皇子にとり吉野への退隠は不本意なそれであり、先を予測して「虎ニ翼ヲ着ケテ放テリ」と語った人がいたという。天智天皇は十年十二月乙丑三日に死去するが、私見によれば大海人皇子の吉野隠退後大友皇子を後嗣とすることに障害のなくなった天皇は皇子を皇太子とし、大友皇子は天皇の死後間もなく即位したとみてよいと考えている(8)。天智天皇存命中は天智天皇―大友皇子方、近江朝廷方と大海人皇子方との間で直接的衝突が出来する事態は避けられていたが、天皇が死去すると漸次両者の間で緊張が昂まったようである。死後八日めの十二月十一日に新宮で殯葬が行われたが、当時人々の間で次の童謡が歌われていたという。

み吉野の吉野の鮎　鮎こそは島傍も良き　え苦しゑ水葱の下芹の下吾は苦しゑ（其一）

臣の子の八重の紐解く　一重だにいまだ解かねは御子の紐解く（其二）

赤駒のい行き憚る真葛原　何の伝言直にし良けむ（其三）

童謡一は、み吉野の鮎は島のほとりに居るのもよいだろうが、水葱の下、芹の下で私は苦しい、という歌意であり、二、三は恋歌で、二は、臣下の私が八重の紐の一重すら解かないのに御子は紐をすべてお解きになっている、の意、三は『万葉集』三〇六九と同歌で、赤駒が真葛原を行き悩むようなまだるこしいことをせず、直接思いを伝えればよいのに、を歌意としている。童謡一は漁民ないし農民の労働歌のようであるが、ここは吉野へ入った大海人皇子の苦しい状況を諷している。大皇弟を称されていた大津京での生活から冬期の吉野で暮らすことになった大海人皇子が「苦シヱ」であったことは言うまでもない。童謡二は、その苦しい状況下の大海人皇子が対近江朝廷の戦端を開く準備が整っている、ということを諷していると解される。「御子」は大海人皇子に他ならず、「紐解く」は準備が完了していることを言っている。「臣の子」は勿論大友皇子を指し、一重すら解いていないというのは大海人皇子方に対する防戦準備が整っていない状況を諷しているのであろう。大海人皇子を御子、大友皇子を臣の子としているのは、諷諭者が大海人皇子の方に正統性ありとみ優勢な立場に立っている、との状況把握をしていると解されるようである。

童謡三は、逡巡せず直接的行動に出るのがよいということであり、大海人皇子の決起を促す諷意とみてよい。童謡一〜三は、大海人皇子の苦しい状況→対近江朝廷の戦闘開始準備完了→決起の催促となっており、優れて整った構成となっている。大海人皇子、天武天皇を正統とする『日本書紀』の編者が童謡一〜三を構成して書きこんだ可能性があるが、天智天皇殯葬当時の記事としてかかる童謡を作為、構成してまで書きこむ必然性があったかとなれば少なからず疑問であり、近江朝廷方と大海人皇子方との間の緊張を背景に実際に三童謡が歌われていたのであろう。

近江朝廷方の動き

三童謡より天智天皇死後、何時近江朝廷方と大海人皇子方とが衝突するような事態になっても不思議でない状況となっていたことが推知されるのであるが、天武天皇紀上、元年（六七二）五月条に、

朴井連雄君、奏二天皇一曰、臣以レ有二私事一、独至二美濃一。時朝庭宣二美濃・尾張両国司一曰、為レ造二山陵一、予差二定人夫一、則人別令レ執レ兵。臣以為、非レ為二山陵一、必有レ事矣。若不二早避一、当有レ危歟。或有レ人奏曰、自二近江京一、至二于倭京一、処々置レ候。亦命二菟道守橋者一、遮下大皇弟宮舎人運二私粮一事上。天皇悪之、因令二問察一、以知二事已実一。於是、詔曰、朕所三以譲レ位遁レ世者、独治レ病全レ身、永終二百年一。然今、不レ獲レ已応レ承レ禍。何黙亡レ身耶。

とあり、ここに両者の軍事対決が明白化してくるのである。大海人皇子の舎人である朴井連雄君が美濃に私用で出かけ、そこで近江朝廷が美濃・尾張両国司（宰）に天智天皇の山陵を造るための人夫差発を命じ、その上で人夫らに兵器を持たせているのをみ、人夫差発は名目で軍を興そうとしているとみられるので、速かに対策を立てないと危険であると言上し、別な人が近江朝廷が処々に斥候を置き、大海人皇子方の私粮運搬を妨害していると言うので、調べると事実なので、大海人皇子は座視して身を亡ぼすわけにはいかないと言い、遂に決起するに至ったという。

ところで『万葉集』一五五は題詞に「従山科御陵退散之時、額田王作歌一首」とあり、

やすみしし我が大君のかしこきや　御陵仕ふる山科の鏡の山に夜はも夜のことごと昼はも日のことごと哭のみを
泣きつつ在りてや　百磯城の大宮人は去き別れなむ

となっている。この歌によれば天智天皇を山科陵に埋葬した後奉仕していた官人らは皆退散したということであり、天皇の葬儀が滞りなく完了したことを示していると解される。葬儀の終了が壬申の乱勃発以降であったとは考え難いから、天智天皇の山科陵への埋葬は天武天皇元年（六七二）六月以前となろう。この前後における天皇の死去と埋葬時期を調べると、次の如くである。

舒明天皇　十三年（六四一）十月死去。皇極天皇元年（六四二）十二月に滑谷岡陵に葬り、二年九月に押坂陵に改葬。

孝徳天皇　白雉五年（六五四）十月死去。同年十二月に大坂磯長陵に埋葬。

斉明天皇　斉明天皇七年（六六一）七月に死去。天智天皇六年（六六七）二月に間人皇女とともに小市岡上陵に合葬。

天武天皇　朱鳥元年（六八六）九月に死去。持統天皇元年（六八七）十月に大内陵を築き十一月に埋葬。

舒明、天武天皇の場合は一年余で山陵へ葬り、孝徳天皇は二カ月後と埋葬までの期間が短く、斉明天皇は六年後という長期間を経た後の埋葬となっている。孝徳天皇は実権者中大兄皇子と倭京帰還を巡って対立した中での死去であり、そのため埋葬までの期間が短かったと解され、斉明天皇は百済救援軍の発興中の死去なので、埋葬が遅延したと考えられる。格別の理由がなければ舒明、天武天皇の如く一年余が通例になっていたと見得るようであるが、天智天皇の場合先に紹介した三童謡にみられる異様な状況下で殯儀がすすめられたとすれば、一年余の期間を経ることなく死後

半年足らずの天武天皇元年六月以前に山科陵での葬儀が終了していて不思議でないように思われる。額田王の先引歌の題詞では山科陵と明記しているのであるから、陵は既に出来上がっており、そこでの埋葬儀が終った様子を詠んでいると解さざるを得ないのである。因みに『万葉集』一五一、一五二の額田王と舎人吉年の歌に付された題詞は「天皇大殯之時歌二首」となっており、殯葬時の歌である。天智天皇の死後殯葬儀を経た後山科陵で本葬が行われたことが確実なのである。

近江朝廷方と吉野方との戦闘準備

山科陵が天武天皇元年（六七二）六月までに築造され、天智天皇の埋葬儀が終了していたとなると、朴井連雄君の報告にみる近江朝廷による尾張・美濃国司にかけられた山陵築造のための人夫の動員は、雄君の推測の如く、名目と異なり大海人皇子方を意識した動員とみざるを得ないようである。人ごとに武器を携帯させているとなれば、山陵造営を目的とする動員とは考え難いことになろう。別人による近江朝廷の斥候の配置や私粮運搬の妨害についての報告も、事実として展開していた可能性は大きいとみてよい。「虎ニ翼ヲ着ケテ放テリ」という噂や三童謡から窺知される緊迫した状況を考慮すると、天智天皇死後近江朝廷方と天武天皇方とが相互に相手方を意識した態勢構築を着々と進めていたと解される。因みに天武天皇紀上の記述によれば朴井連雄君は私用で美濃へ出かけたとあるが、美濃は元来天武天皇の湯沐が置かれていた地域であるから、雄君は湯沐を対近江朝廷方の軍事力として編成する目的を有していたと見得るようであり、更に尾張、美濃方面の実状を視察し、在地豪族らに働きかけをするために出張していたと解することができるのである。近江朝廷方が造山陵を名目に軍事力となる人夫動員を図れば、天武天皇方も在地に働きかけを進めていたのである。近江朝廷方に運搬を妨害された私粮は、天武天皇が事を起こすに当たり必要とするであろう軍粮の可能性があろう。雄君らの報告は天武天皇元年（六七二）五月であり、この報告に座視することはできないとする天武天皇が行動を開始するのは翌六月二十二日で、この日舎人らに美濃出動を命じ湯沐の所在する安八磨郡の兵の動員と国司に命令して軍を興し不破道の閉鎖を図り、二日後の二十四日に自らが東国へ発進しているのである。近江朝廷、天武天皇方ともに五月以前から態勢構築に努めており、まず態勢が整ったと判断した天武天皇方が六月二十二日に事を開始したのである。

近江朝廷方による動員についての倉本一宏説

猶、近江朝廷方による尾張・美濃の人夫動員とその武器携帯について、倉本一宏氏は天武天皇方を意識したものでなく対新羅遠征軍として臨時のミコトモチである尾張・美濃国司（宰）により編成され、西征する直前の状態にあったと解している(9)。当時百済鎮将の配下の郭務悰が船四七隻、二千人の人員を率いて来日しており、新羅と軍事的に対決する駐留唐軍への支援を求めていた。かつて朝廷は百済救済のため軍隊を派遣し唐・新羅連合軍と戦ったが、百済滅亡後は唐と新羅が対立するようになり、双方ともに日本に秋波を送り朝廷もそれに応えていた。因みに郭務悰の来日中の天智天皇十年（六七一）十一月に朝廷は新羅王に軍需物資となる絹五十疋・絁五十匹・綿千斤・韋百枚を贈与している。倉本氏は、このような状況下で大船団を組織し来日した郭務悰は、朝廷に対し船団の圧力を背景に支援軍の派遣を求め、朝廷もそれに応じて軍の編成を開始し、尾張・美濃国宰による人夫の動員と武装化はそれに関わるとしたのである。倉本氏の解釈は、当時の日本と朝鮮半島の動向とを顧慮するとあり得ないことではないと思うが、白村江で大敗北を喫した朝廷が再度朝鮮半島への出兵を決断するというようなことは考え難く、失考であろう。白村江以降の朝廷は専ら水城の築造や大野城以下の防衛施設の建造に努め、専守防衛を旨としていたようであり、唐の圧力があったにしても対新羅軍興は考慮の外であったと考える。郭務悰は来日半年後に近江朝廷から絁一六七三匹・布二八五二端・綿六六六斤を賜与されて離日している。朝廷は軍需物資の提供で郭務悰の支援要求に応じたのである。天智天皇二年（六六三）八月に白村江で戦う日本の百済救援軍派遣のための準備として、朝廷では前年から兵甲修繕・船舶備具・軍粮儲設を行っている。海外派兵となればそれなりの準備が必要なのであり、天智天皇十年十一月来日の郭務悰の要求に応じて直ぐに尾張・美濃で人夫兵士の動員が図られるというようなことは考え難いのである。矢張り尾張・美濃の人夫の動員と武装化は対決を強めつつある近江朝廷と天武天皇方との間で、前者が国宰に命じ動員を図ったものと解される。

天武天皇の東国発向

既述した如く天武天皇元年（六七二）六月二十二日天武天皇は舎人らを美濃に派遣して安八磨郡の湯沐を介し兵士動員と国宰に命じて軍興を行わせ、自らは鸕野皇后とともに二十四日に草壁皇子以下舎人ら二十余人と女孺ら十余人という小人数で吉野を発ち東国へ向っている。かかる少人数での発進はそれ以前の段階において、伊賀、伊勢、尾張、美濃方面で在地勢力や国宰・郡司らに働きかけをして与党化することに成功していたことに由るのであろう。伊賀国を通過するに際しては、この国が大友皇子の母伊賀采女宅子娘の郷里で多少は危険性があったらしく、隠《なばり》、伊賀《いが》駅家を焚落させながら夜間前進しているが、郡司らが数百の兵士を引率して帰順し、大津京を脱出した高市皇子らと落ちあい、伊勢の鈴鹿までくると伊勢国司守・介および伊勢の湯沐令が加わり、鈴鹿道を抑え、美濃へ向った舎人らを介し発向した軍勢は不破道を抑え、これより天武天皇は東国発進から三日間で鈴鹿、不破以東を近江朝廷方から切離し自らの勢力圏に置いたことになる。この後天武天皇方では東海・東山道方面で兵士の動員を行っている。

近江朝廷方では東海・東山道方面との連絡を断たれてしまったため、そこで兵士を動員する伝《つて》を失い、尾張・美濃で動員していた造山陵名目の人夫兵士は天武天皇方の接収するところとなり、『日本書紀』によれば尾張国司小子部鉏鉤は二万の衆を率いて帰順している。近江朝廷は使人を吉備国守（総領）と筑紫大宰の許へ派遣し兵士の動員を画策するが、これも失敗している。結局近江朝廷方では大津京膝下の近江や河内のような近国で兵士を動員し、これに併せて近江朝廷に出仕する官人らの許の舎人・従者らが戦力となったらしい。

近江朝廷方と不破・鈴鹿以東を抑えた天武天皇方との戦闘は六月二十七日から七月初旬にかけて展開するが、戦場となったのは倭京の所在する大和盆地内、琵琶湖東南岸および同湖岸北部の三箇所であり、大和盆地内では大伴吹負や三輪高市麻呂らが自らの手兵を率いて近江朝廷方と戦い、近江朝廷方ではかなりの兵士を投入し一時優勢になるが、不破の本営から派遣された援軍の助勢を得て吹負の軍が勝利を収めている。琵琶湖東南岸での戦いは舎人出身の村国連男依や和珥部臣君手・膽香瓦臣安倍らを指揮者とする数万からなるとされる天武天皇方と山部王・蘇我臣果安・巨勢臣比等らに率いられた近江朝廷方の主力軍が正面衝突したもので、近江朝廷方は内紛等もあり打ち破られ、後退した近江朝廷軍は粟津岡（大津市膳所）でも敗れ、これにより大友皇子は逃亡先の山前で自縊《じい》するに至っている。山前については諸説があるが、山城国の山崎（京都府八幡市）の可能性が高いようである。(10) 琵琶湖岸北部の戦いでは、近江朝廷側から天武天皇方へ帰順した羽田公矢国を指揮官として琵琶湖東岸を北上し、湖岸西北の三尾城を陥落させている。

兵員構成

以上壬申の乱の戦闘過程を略述してみたが、戦闘に当たっている兵員の構成をみると、一は貴豪族らが配下に有していた舎人や家人とも称し得る私兵的存在である。天武天皇が吉野から東国へ向う時扈従した人たちがその典型であるが、有力扈従者は更に伴従する者を有していたことは言うまでもない。大和盆地の戦闘で天武天皇方の将軍となる大伴吹負は一、二の同族と豪傑を称される有力豪族である三輪高市麻呂・鴨君蝦夷や倭漢氏の人たちを糾合し奮戦している。吹負を始めとする豪族らは自らの下に私的に動員し得る兵員を有し、それを以て戦闘を行っていたことが看取され、員数としては少数ながら精兵、騎兵であり、戦闘能力に優れていたことが判明する。大和盆地の緒戦で吹負は漢直らと謀議して数十騎の騎兵を率いて近江朝廷方の拠点となっていた飛鳥寺西の軍営を奇襲攻撃し、打ち破っている。ただし兵員が少ないだけに大軍と対峙すると勝機を得ることが難しく、緒戦に勝利した吹負の軍勢は近江に進出する意図で大和盆地を北上し、乃楽山で近江朝廷方の将軍大野君果安の率いる軍と戦う段になると敗北し、倭京方面へ逃帰している。大和盆地で天武天皇方が勢力を挽回するのは、置始連菟の率いる千余騎の援軍を得てのことであった。貴豪族の私兵的存在に対置されるのは、諸国という地方行政制度により動員された兵員である。この兵員を構成する一は農民壮丁で、先引した朴井連雄君の報告にみる造陵人夫を名目に動員され武器を携帯するようになった人たちである。個々人が戦闘能力に優れていたとは到底言えないが、数の力が期待される存在である。尾張国司小子部連鉏鉤が帰順の際に率いてきた二万の衆が農民兵士に当たり、不破道の閉鎖を行った美濃師三千人も湯沐の農民を主とする人たちであったとみてよく、村国連男依らに率いられ不破から南近江で戦う天武天皇方の軍勢の大多数も農民壮丁からなっていたと解される。尤も諸国を介して動員される兵士の中には社会階層的には有勢者で騎兵として参戦している者もいた。ここで右述した兵員構成を図式化すれば、次の如くなろう。

ⓐ貴豪族軍　騎兵を主とする。
ⓑ諸国動員軍
　├農民壮丁　歩兵を主とする。
　└有勢者　騎兵を主とする。

天智天皇朝において国司制度は整い、同天皇九年には後代において基準とされた庚午年籍が作られていたから、諸国を介しての人夫・兵員動員は可能になっており、その一方で貴豪族が私的にその周辺で兵士を動員することも可能であったのである。右の軍編成は乱勃発当初の時点で不破、鈴鹿道を抑え東国を勢力圏に置いた天武天皇方が採用するとともに、近江朝廷方も採用していた。大和盆地で大伴吹負軍を一時敗った大野果安の率いる近江朝廷軍は近国で動員したⓑであったとみてよく、天武天皇紀上には河内国司守来目臣塩籠が軍衆を編成したことがみえている。

騎兵の役割

騎兵と数を力とする農民兵士とでは得意とする持場を異にするのは当然であるが、戦闘の決定的な場面においては騎兵が重要な役割を担っていたようである。既述した大和盆地の緒戦で天武天皇方が勝利したのは大伴吹負の引率する騎兵であり、吹負敗戦後盛り返したのも置始菟率いる騎兵隊の援軍のお蔭であった。菟の率いる騎兵は近江朝廷方の軍と遭遇すると敵軍中に馳進し、逃げる軍衆を追走して次ぎつぎに刺殺したという。そこで将軍大伴吹負は「其発ㇾ兵之元意、非ㇾ殺二百姓一。是為二元凶一。故莫二妄殺一」と命令している。[11] ここの近江朝廷軍は農民歩兵を主としていたようであり、騎兵の戦闘能力が優れていたことをよく示している。乗っていた白馬が泥田に堕ちそこから抜けだして逃走する近江朝廷方の別将廬井造鯨を吹負の指示で追走したのは、甲斐勇者であった。甲斐勇者は馳追したとあるので、騎兵とみてよく、恐らくⓑの有勢者、騎兵であり、諸国の行政系統を介して甲斐から動員された人たちであった。甲斐勇者が活躍したのは七月四日であるから、天武天皇が吉野から東国へ発向して旬日ということになる。このような短期間に甲斐からの動員を可能にしたのは、国制の整備が進展していたことを示していると言えるようである。

乱後の処理

壬申の乱は大友皇子の自縊で終息し天武天皇朝の開始となるが、乱後の処理として近江朝廷側の官人の処罪がなされている。近江朝廷側の最高指導者としては天智天皇十年（六七一）正月に任命された左大臣蘇我赤兄、右大臣中臣金、御史大夫蘇我果安・巨勢比等・紀大人がいたが、果安は乱の最中に自死し、金は斬られ、赤兄と比等は子孫とともに配流、金と果安の子孫も配流となり、大人は処罰されずに済んだらしい。これら最高指導者への処分とは別に重罪相当とされた者が八人おり、死刑に処されている。以上の者以外に罪に問われた人はおらず、近江朝廷方の官人はその崩壊とともに罪を赦され、原則として天武天皇の朝廷で前朝同様に出仕することになったらしい。天武天皇は乱の過程で帰順した近江朝廷方の人をすぐに将軍に起用することすら行っており、蘇我赤兄以下の大官と大友皇子の忠実な臣下であったらしい八人を除き処罪することをせず、寧ろ自らの朝廷で起用することを図ったのである。因みに大友皇子の自縊の場まで随従していた物部連麻呂も罪に問われず、天武天皇朝において遣新羅使や法官に就くなど重職に任じている。即ち近江朝廷の廷臣はそのまま天武天皇朝廷に引き継がれていたと言ってよく、前朝の性格はそのまま天武天皇朝に継承されていると考えられるのである。近江朝廷の廷臣の多くは事の成行きで天武天皇方と対峙したに過ぎず、大友皇子に殉ずるという気概の者は少なく、天武天皇としたら問罪の必要を感じなかったのであろう。

天武天皇方の中で顕著な軍功を挙げた第一者となると、舎人として近側に侍し琵琶湖東南岸に出撃する軍の将軍となり近江朝廷方の主力軍を撃破し大友皇子を自縊に追いつめた村国連男依であろうが、乱後村国連男依は地方豪族層から引きあげられたものの中級官人以上でなく、政権中枢部に入った形跡はない。男依とともに琵琶湖東南岸で将軍として戦った地方豪族出身の和珥部臣君手や膽香瓦臣安倍も同様である。功田を与えられ死後壬申の功臣として贈位の恩典に与っているが、それ以上でないのである。地方豪族出身の舎人級の軍功者と異なり伝統的権門出身で功績の著しい大伴連吹負はその後兵政官大輔や常道頭などの重職を経ているが、この経歴は必ずしも軍功によるとは言えず、寧ろ伝統的に軍事に携ってきた権門出身者としての任用とみることが可能である。持統天皇朝において右大臣に任じている多治比真人嶋は壬申の乱当時四十九歳であり、乱の過程で格別の功績があったとは思われないものの順調に官歴を送っている。天武天皇朝において軍功のある舎人級の者に破格の賜田、贈位が行われているものの政権中枢部に登用されているケースはなく、功績の有無に拘わらず前朝来の権門出身者はそれに相応しい待遇を受けていたことが確かめられるようであり、朝廷の性格として近江朝廷と天武天皇の朝廷との間に顕著な差異はなかったと結論できそうである。

第三節　天武天皇の性格

天武天皇の素養

天武天皇の素養として即位前紀に、

　能二天文・遁甲一。

とあり、天文現象の観察やそれによる吉凶の判断、また陰陽の変化に乗じて人目をくらまし身体を隠して吉をとり凶を避ける遁甲の術を得意としていたことが知られる。推古天皇紀十年（六〇二）十月条に百済僧観勒が来日して暦本・天文地理書および遁甲・方術の書を貢献し、書生三、四人を観勒につけて学習させ、大友村主高聡が天文・遁甲を学んだことがみえている。この後天文・遁甲の伝授がどのように行われたか不詳であるが、天文は後代の律令制下の陰陽寮の「掌二天文、暦数、風雲気色、有レ異密封奏聞事一」に関わり、遁甲も多分に陰陽絡みの方術であり、中国で発達した道教系の方技である。この道教と並ぶ教学が易経・書経・詩経・春秋・礼記からなる五経を主要経典とする儒教で、日本へは継体天皇七年（五一三）六月に百済から五経博士段楊尓が派遣され、欽明天皇十五年（五五四）二月にそれ以前から百済より派遣されてきていた五経博士王柳貴に代えて馬丁安が来日し伝学が行われている。儒教は中国の正統政治哲学であり、乙巳の変に先立ち帰国留学僧・生である僧旻や南淵請安らが学堂で講授し、中大兄皇子や藤原鎌足が推進した大化改新を支えるイデオロギーであった。儒教は改新政治担当者には不可欠な素養であり、天智天皇朝において後代の大学寮に当たる学職が設置されている。中大兄皇子は自ら儒教の素養を十分に有し、学職の設置は中大兄皇子、天智天皇が積極的に推進したと言ってよいだろう(12)。儒教が人民統治に関わる政治哲学なのに対し、陰陽系の方技はさまざまな状況に応じて吉凶を知り除災等の対応策を見出す技能と解することができる。陰陽に関しては天武天皇紀四年（六七五）正月条に、

大学寮諸学生・陰陽寮・外薬寮、及舎衛女・堕羅女・百済王善光・新羅仕丁等、捧薬及珍異等物進。

とあり、当時後の令制と同じ陰陽寮が置かれていたことが判明する。尤も右記事にみる大学寮は当時学職と呼称されていた官司を後の令制の知識により書き換えていると思われるので、右引文の陰陽寮も陰陽職の如き名称の官司を令制官司名に替えて記しているのであろう。天武天皇四年（六七五）の段階で学職に並び陰陽について伝授することを任とするらしい陰陽職の如き官司が存在している事実は、この官司も天智天皇朝において設置されていた可能性が大きいと見得るようである。天智天皇が儒教を重んじていたことは論ずるまでもないことであるが、儒教を重んずればそれと対をなす陰陽系の方術に関心をもったことが考えられる。天皇は韓人、外国気触れを綽名される程の海外、中国文化に進取的な人物であったから、その一としての陰陽にも関心をもち、自ら陰陽を学び方技を身につけるようなことはなかったにしても、推古天皇朝には伝来が確認され伝授されてきている陰陽系の方技の伝統を踏まえ、陰陽職

郵便はがき

料金受取人払郵便

麹町支店承認

6258

差出有効期限
平成23年9月
25日まで

102-8790

104

東京都千代田区飯田橋4-4-8
東京中央ビル406

株式会社 同成社

読者カード係 行

ご購読ありがとうございます。このハガキをお送りくださった方には今後小社の出版案内を差し上げます。また、出版案内の送付を希望されない場合は右記□欄にチェックを入れてご返送ください。 □

お名前《ふりがな》 歳 男・女

〒 TEL

ご住所

ご職業

お読みになっている新聞・雑誌名

〔新聞名〕 〔雑誌名〕

お買上げ書店名

〔市町村〕 〔書店名〕

愛読者カード

お買上の
タイトル

本書の出版を何でお知りになりましたか？
イ．書店で　ロ．新聞・雑誌の広告で（誌名　）
ハ．人に勧められて　ニ．書評・紹介記事をみて（誌名　）
ホ．その他（　）

この本についてのご感想・ご意見をお書き下さい。

注文書

年　月　日

書　名	税込価格	冊　数

お支払いは代金引き替えの着払いでお願いいたします。また、注文書籍の合計金額（税込価格）が10,000円未満のときは荷造送料として380円をご負担いただき、10,000円を越える場合は無料です。

の如き官司の設置を行っているとみるのである。大海人皇子はかかる陰陽系方技の伝授されてきている状況下で天文・遁甲を学び、それを能くするに至っていたのであろう。

天武天皇紀上によれば、吉野から東国へ発進途上の横河（名張河）に至った時、黒雲が発生して広さ十余丈程になり天空にかかるのをみて天皇は異常な光景と思い、回転して吉凶を占う陰陽道の用具である式《ちく》を秉り占って、

天下両分之祥也。然朕遂得二天下一歟。

と語ったという(13)。天皇が方術の技能を有していたことを示す一端である。天武天皇紀四年（六七五）正月条には「始興二占星台一」とあり、天文を観測する施設を作ったことがみえている。天武天皇が天文に深い関心を有していたことを示している。ところで儒教も方技もともに中国文化の所産であるが、前者が正統的な教学だとすれば後者は傍系的な技芸ということになろう。後の律令時代において儒教教学を講授する大学寮出身者が諸司の官人として出身していくのに対し、方技を学ぶ陰陽寮の諸生出身者は限られた地位の技能官人として終始するのが通例である。中大兄皇子が正統教学である儒教の素養を身につけ、大海人皇子が方技に関心をもちその技能を学んでいるのは、同腹の兄弟間の相異として面白く、これは二人の間の性格的相異と関連していたと見得るようである。

天智天皇の決断力

中大兄皇子、天智天皇を特色づけているのは、目的に向って進んでいく時の決断力であろう。蘇我入鹿暗殺事件である乙巳の変の際には、三韓の調を貢進する儀場の殿側に長槍を執って隠れ蘇我倉山田石川麻呂が表文を読むのにあわせて佐伯連子麻呂と葛城稚犬養連網田が入鹿に切りつけるのを監視していたのであるが、子麻呂と網田が逡巡して前進しないのをみると、「咄嗟」と叫び声をあげて自ら入鹿の頭肩を傷割したのであった。周到な計画を立てたにも

拘わらず、倉山田石川麻呂は汗を流して表を読む声は乱れ震える始末で子麻呂・網田は入鹿の威を畏れて進まず、結局中大兄皇子自らが長槍をもって切りつけ子麻呂・網田が続いたのであった。当時中大兄皇子は二十歳であったが、遥かに年長の倉山田石川麻呂が流汗、震えて子麻呂・網田が入鹿の威に呑まれてしまっている状況下で、本来なら殿側で監督役をしていればよいはずの皇子が実行役の先頭に立ったのである。ここに中大兄皇子の冷静かつ果断な実行力を看取することができる。先節で触れた如く、天智天皇が正式に即位した七年（六六八）に催行された琵琶湖畔の楼の酒宴で大海人皇子が長槍指貫事件を起こすと、天皇は怒り執害しようとしている。事件の背景に大皇弟として皇嗣格扱いされていた大海人皇子の立場が大友皇子の成長とともに怪しくなったことがあり、不満、鬱屈した思いの前者が粗暴な行為に出ているのであるが、直ちに弟を殺害しようとしたあたりは、自らの意思に刃向えば直近の肉親であっても許さないという断固たる決意の程を示していると解される。皇太子格である大皇弟大海人皇子を置きながら大友皇子を皇嗣とすることを図るのも、ある目的に向って突き進む時の天智天皇の強い意思、決断力があってのことであろう。天智天皇の死の病床に呼ばれ譲位を打診された大海人皇子が即座に固辞して剃髪し吉野入りしているのは、長槍指貫事件の時の兄の決断の恐ろしさを想起してのことであろうことが容易に推察される。かかる天智天皇の決断力は生来のものであるとともに、帰国留学僧・生らについて儒教の政治哲学を学び、それに基づくあるべき朝政のあり方に確信をもっていたことに由来すると思われる。

天武天皇の人心収攬

大化改新という大規模な政治改革を断行するとなると、右述した如き決断力に優れた中大兄皇子、天智天皇の如き人物の領導が必要なのだろうが、弟の大海人皇子、天武天皇には兄にみる果断な決断力は必ずしも見出されないよう

である。寧ろ天武天皇に顕著なのは、巧みな人心収攬である。吉野退隠に当たり天皇は舎人を聚め、

　我今入道修行。故随欲二修道一者留之。若仕欲レ成レ名者、還仕二於司一。

と語ったところ、退く者は一人もなく、再度同様の指示を行ったところ半ばは去ったが半ばは残ったという(14)。吉野退隠への随行が危険を伴うものであることは知悉されていたであろうから、再度の通告より半ばは去ったにしても残りの半ばは天武天皇と危険を同じくすることにしたわけで、日頃から天皇と舎人との間に親密な人間関係が構築されていたことを示している。この舎人たちは吉野においても献身的に奉仕し、既述した如く朴井連雄君は美濃・尾張方面で近江朝廷方が造山陵を名目に人夫の動員、兵士化を行っていることを報告して速かな対応を進言し、村国連男依や和珥部臣君手・身毛君広らは天武天皇の東国発向に先んじて美濃の湯沐の所在する安八磨郡の兵の動員に当たるなど、文字通り股肱として働いている。吉野から天武天皇が東国へ発向する時近側にいたのは女孺を別にして二十余人の舎人のみであり、彼らは天皇と一体化して事を開始したのであった。天皇は開戦後帰順してくる者がいると即座に赦し、味方として重用することを行っている。主戦場となる湖東南岸において近江朝廷方の将軍羽田公矢国が子大人以下の一族を率いて来降すると、斧鉞を授けて自軍の将軍に任命し湖北方面平定の指揮者としている。戦闘過程で敵将を斬ることがあっても帰順すれば直ちに味方の戦力として活用していると言ってよく、巧みな対人処遇策を採っていたことが判るのである。また乱終了後の近江朝廷方についていた人たちへの問罪を極力限定したものとし、自らの朝廷へ出仕させているのも、人心収攬という看点からみて優れており、天皇の度量の程を示している。特に自縊するまで大友皇子に随従していた物部麻呂などは処罪されても仕方がない存在であったように思われるのであるが、天武天皇朝においては重用されており、天皇に忠誠を誓えば従前の行動について問うことをしていない。寧ろ大友皇子に対するものとはいえ主君に対する忠誠の程を評価し、天武天皇は活用することを図っているとみることができそうである。

天武天皇は乱後の朝廷指導部を形成するに当たっては乱の過程で軍功を挙げた人たちを、必ずしも登用していない。寧ろ物部麻呂の如く前朝に出仕していた人たちでも政策立案・行政担当者として能力的に優れていれば重用していることが看取される。これに対し軍功を挙げている人たちへは功田を賜与し、死卒した時には子孫を厚賞し贈位の措置をとるなどの優遇を行っている。吉野から東国へ向う苦難の道行をともにし近江朝廷方との激しい戦いでの奉仕を忘れないという天皇の意思表示であり、天皇の巧みな人心収攬術の表れとみることができるのである。

吉野の会盟

天武天皇八年（六七九）五月に天武天皇と鸕野皇后は草壁皇子、大津皇子、高市皇子、河嶋皇子、忍壁皇子、芝基皇子らと吉野で会し、天皇は皇子らに向い、

朕今日与二汝等一倶盟二于庭一、而千歳之後、欲レ無レ事。奈之何。

と詔りし、皇子らが声を揃えて、

理実灼然。

と答え、盟の儀として天皇と皇后がそれぞれ衣襟を開き六人の皇子を抱き、お互いに違うこと無きを表明している。(15)

鸕野皇后所生の草壁皇子が皇子尊、皇太子格であることを確認し大津皇子以下に盛りたてることを誓わせる儀であるが、襟を開いて皇子らを抱擁するという天武天皇の行動に天皇らしさが表れているように思われる。相手の心をとらえ自らの方に向けるとしたら、襟を開いての抱擁は甚だ有効であり、信頼関係を醸成することができると言うものである。天智天皇は晩年に大友皇子を皇太子とし、左大臣蘇我赤兄以下の大官に皇子を守護することを誓わせているが、仏教神である四天王および天神地祇、また三十三天の証知を求めての誓盟であった。天智天皇の場合は死の病床とい

う切羽詰った状況下であり、天武天皇による会盟の場とは様相を異にするが、前者が神仏を前にしての誓いなのに対し後者では襟を開いて抱擁し相手の心を一挙に摑むという方式であり、人心収攬に長けた天武天皇の性格の一端を示しているると解されるのである。

無端事

朱鳥元年（六八六）正月紀によれば、二日に天武天皇は王卿に無端事を問い、適当な解答をすれば賜物を行うと言い、対答した高市皇子と伊勢王に御衣以下の物品を賜い、同じ月の十六日にも同様のことを行い、返答した者に絁綿を下賜している。無端とは端緒の無いの意でとりとめのないことを意味し、無端事でなぞなぞのような遊事のことらしい。ともに元日の翌日ないし節日に当たり、それに伴う宴席の余興として行われているのであろうが、天皇と臣下がなぞなぞのような遊事を娯しんでいるのは、両者の関係が頗る和やかなものであったことを示唆している。先に天武天皇が人心収攬に長けていたと述べたが、臣下との間で行われた無端事は人心収攬に資したことが確実である。

無端事となれば諧謔が関わることになろうが、天武天皇は藤原夫人に、

わが里に大雪降れり大原の古りにし里に降らまくは後（『万葉集』一〇三）

という歌を賜わり、夫人は、

わが岡の龗に言ひて落らしめし雪の摧けし其処に散りけむ（『万葉集』一〇四）

と奉和している。天皇が、わが里に雪が降った、汝の故郷、大原の里に降るのはこれからだろう、と詠んだのに対し、夫人が、私の住む岡の神に降らせた雪のかけらがそちらに降ったのでしょう、と和しているのであるが、雪の降る早遅を自慢しあっているあたりは、天皇の諧謔好みを示しているようである。天皇は、

よき人のよしとよく見てよしと言ひし芳野よく見よよき人よく見（『万葉集』一‐二七）とも詠んでいる。天皇には吉野隠棲中の辛い思いを詠んだ回想歌があるが、右引歌はよき、よく、よしなる語を繰返し、機智に富んだ歌となっている。無端事を好んだ天武天皇に相応しい歌調と言ってよいだろう。勿論天武天皇王朝の起点となった吉野讃歌であることが確かであり、吉野での逼塞生活をともにした舎人らが[16]唱和したことは推察に難くない。天智天皇も香具・畝火・耳梨の三山を詠んだ和歌を作り鏡王女に賜う歌があるが、本領は韓人の綽名に相応しく漢詩文にあったと考えられる。

漢詩文の素養

『懐風藻』序に「旋招㆓文学之士㆒、時開㆓置醴之遊㆒。当㆓此之際㆒、宸瀚垂㆑文、賢臣献㆑頌」とあり天智天皇、臣下ともに盛んに漢詩文を作っていたことが窺知される。これに対し天武天皇に漢詩文を嗜んだことを示す史料がなく、専ら和歌が伝わっている。漢詩文を作るとなるとそれなりに高度な文学的素養が必要であり、天智天皇は中大兄皇子時代に帰国留学僧・生らの学堂に出入りし習得していたことが考えられるが、皇族や臣連のような上級廷臣の子弟ならば学ぶ機会に恵まれていたにしても、下級の朝廷出仕者や地方豪族層出身者となると身につけることが困難だったと思われる。大海人皇子、天武天皇の舎人らとなると必ずしも上級廷臣層でなく、村国連男依の如く地方出身者が少なくなかったから、漢詩文を嗜む風がなく機知に富む和歌を作る天武天皇の方が和親しやすい人物とうつったのではないか。私は天武天皇の嗜みが漢詩文というより和歌に向っていたことが、周辺に人をひきつけ強固な人間関係を作るに当たり資したのではないかと考える。

外来文化摂取

尤も天武天皇が外来文化に進取的でなかった、と言うならば、それは正しくない。天皇は兄天智天皇の下で大陸伝来の律令に基づく政治改革に協力してきており、それを支える政治思想を理解していたはずである。天武天皇が得意とした天文・遁甲も、中国からの渡来文化に他ならない。白村江の敗北後来日した沙宅紹明は学士として大友皇子の賓客となり、天智天皇朝の末年には法官大輔に任じている。紹明は明らかに漢詩文系の学者であるが、天武天皇二年（六七三）閏六月に死去すると天皇は驚き外小紫位と本国百済の大佐平を贈っており、両者間に親交があったことが窺われる。この事実は、天武天皇が漢詩文を自ら作ることがないにしても、それなりに評価し、中国の正統文化にも関心を有していたことを示すように思われるのである。次章と関連するが、天武天皇十年（六八一）に天皇は律令の編纂に着手している。天武天皇が中国法制に関心を有していたことは疑いないところであり、この点で天智天皇と相異しない。滝川政次郎氏は、天智天皇の律令を編めとの指示に応じ条例を作った藤原鎌足は、紹明の助力を得ていたと推測している。この推測に格別の根拠はないが、強いて否定する必要はなく、天武天皇は条例作成に協力した紹明の手腕に注目し評価していたことが考えられる。

第四節　天武天皇の宗教政策

神祇信仰

前節で述べた如く天武天皇は天文・遁甲を学んで得意とし、吉野から東国への発向途中で黒雲が天に渉るのを見て自ら式《ちく》をもって占うことをしており、超自然的な霊力に関心をもっていた様子が窺知されるのであるが、かかる心的傾向と関連して神祇に対し深い信仰心を抱いていたことが看取される。天武天皇はその元年（六七二）六月二十四日に吉野を発ち苦難を冒しつつ東国へ入るが、二日後の二十六日に伊勢国朝明郡迹太川（朝明川）の畔で伊勢神宮の天照大神を望拝している。言うまでも天照大神は皇祖神であり、崇神天皇朝の時宮中殿内に祀られていたのを皇女豊鍬入姫命に託して大和笠縫村に移祀し、更に垂仁天皇朝において皇女倭姫命に託し近江・美濃を経て伊勢の五十鈴川上に斎宮を立て祀ることにしたと伝えられている。尤もこのあたりについては必ずしも歴史的事実とは言い難いようである。雄略天皇紀によれば、その十八年（四七四）に物部菟代宿祢と物部目連が伊勢朝日郎を討伐するために遣わされ、菟代は戦果を挙げることができなかったが、目の方は勇戦して朝日郎を斬獲し、菟代宿祢がそれ以前から有していた伊勢北部に置かれていたらしい猪使部を下賜されている。即ち五世紀後半の頃から伊勢方面への朝廷の支配が浸透、強化されていた様子が看取され、この頃在地で尊崇されていた神霊である日神が皇室の祖先神とされるようになり、天照大神を祀る伊勢神宮に発展していったらしい。この後継体天皇元年（五〇七）紀に皇女荳角が伊勢神宮に奉侍したことがみえ、欽明天皇二年（五四一）紀に磐隈皇女の侍祀が記され、敏達天皇七年（五七八）紀三月条に神宮の侍祀に宛てられた菟道皇女が池辺皇子に奸されたとの記事があり、用明天皇元年（五八六）紀に酢香手姫皇女が、用明・崇峻・推古三天皇朝に渉り伊勢神宮に奉仕したとある。六世紀を通じ朝廷が伊勢神宮を皇祖神を祀る神社として奉祀するようになっていたことが知られるが、天皇による格別の拝礼を伝える伝承がないなかで天武天皇元年（六七二）に至り東国へ向け発進中の天皇による遥拝が行われているのであって、天武天皇が従前の天皇と異なり伊勢神宮に深い関心と信仰を抱いていたことが推知されるのである。

伊勢神宮

天武天皇二年（六七三）紀四月条によれば、大伯皇女が天照大神に奉仕する斎王に任命され、泊瀬の斎宮で潔斎生活に入り、その後三年十月に伊勢神宮へ参向している。『延喜式』から知られる斎王は初斎院、次いで野宮で潔斎生活を送り三年めに監送使を従えて伊勢へ群行することになっており、大伯皇女の潔斎、伊勢下向は後代のそれと異なっているが、伊勢で奉祀する皇女の潔斎を伝えるのは大伯皇女が最初であり、伊勢神宮を尊崇する天武天皇朝に斎王の潔斎のあり方が定式化されるようになったと解し得るようである。大伯皇女は父帝の死により朱鳥元年（六八六）十一月に斎王を廃され還帰している。用明天皇朝に伊勢神宮に奉祀することになった酢香手姫皇女は、父用明天皇死後も崇峻・推古両天皇朝に渉り神宮に侍祀しており、推古天皇三十年（六二二）まで三七年間在任している。酢香手姫皇女の奉仕は、死穢により伊勢から退下している大伯皇女の場合と大分異なっている。史料がないので確言することはできないが、天武天皇朝の頃から斎王の死穢による退下から始めて斎王制度の整備が進展したとみて、まず誤りないであろう。

壬申の乱では天皇の名代として全軍を指揮した高市皇子の殯宮で柿本人麻呂が作った長歌の中に、

渡会の斎の宮ゆ神風にい吹き惑はし

という文句がみえている[17]。伊勢神宮が吹かせた神風が敵を惑わせたという歌意であり、天武天皇とその周辺に伊勢神宮信仰が昂まっていたことが推知される。推古天皇朝において知られた政治的所産の一である十七条憲法では儒教と仏教に基づく政治思想を根柢に置き、天照大神を主神とする高天原に何ら言及していない。外来思想に敏感であった作者聖徳太子に相応しいと解され、かかるあり方は帰国留学僧・生らの学堂で学んだ中大兄皇子、天智天皇にも継承されていたとみてよい。乙巳の変後即位した孝徳天皇が仏法を重んじて神道を軽んじたこと[18]はよく知られているが、この天皇の治政期の実権者は皇太子格の中大兄皇子であったから、右孝徳天皇の態度は中大兄皇子のとるところでもあったとみてよいだろう。天智天皇にしても著名な香具・畝火・耳梨三山の妻争いを詠みこんだ長歌に付した反歌、

香具山と耳梨山とあひし時立ちて見に来し印南国原(19)

では、出雲から香具、耳梨両山の争いを諌止するためにやってきたという阿菩の大神の伝承を踏まえており、神祇に関心を有さないわけでなく、天智天皇九年（六七〇）三月には山御井の傍で諸神の座を敷き班幣を行い、死の床で蘇我赤兄以下五大官に大友皇子を守護せよとの内容の詔を下した際には、四天王・三十三天とともに天神地祇に対し誓盟、証知せしめている。しかし神祇を格別重んじたという様相を欠き、推古天皇朝における酢香手姫皇女の伊勢神宮奉祀の後、天照大神への侍祀のための皇女を遣わしたという伝えはなく、矢張り天智天皇に神祇を篤信し、就中伊勢神宮を格別に信仰する態度は認められず、この点で天武天皇は従前と大きく異なる姿勢を打ち出しているのである。

地方豪族層の神祇信仰

天武天皇を神祇信仰に向わせた要因に、周辺にいた舎人、地方豪族層らが有していた在地の神祇信仰があったことが考えられる。当時多くの地方豪族は自らの氏神を祀り、在地の験ある神霊を奉斎していたとみてよい。『出雲国風土記』によれば、天平五年（七三三）当時官社、非官社併せて三九九所が所在していたという。素戔嗚尊を主神とし、天照大神を祖神とする朝廷とは異なる神話伝承を有する出雲では、その伝承との関わりで官社の社格を与えられた神社が多く、それに連れて非官社も風土記撰録者の調査、収載するところとなり、社数が殖えているのだろうが、出雲以外の地域でも在地の各所に神霊が祀られていたとみてよい。因みに『常陸国風土記』信太郡の項にみえる乗浜里の浮島村は長さ二千歩、幅四百歩、戸数十五、田七、八町からなる島であるが、九社が鎮座していたと記されている。

古代の村落に多数の神社が鎮座していたことが知られ、これらは農民は固より在地に根拠を置く豪族層の信奉するところであったと考えられ、これらの階層出身者が天武天皇近側の舎人の少なからざる部分を構成していたのである。私はかかる在地豪族層出身の舎人らの神祇信仰が天武天皇に影響を与えていたと考えるのである。吉野を出て三日後の六月二十七日に不破道を制圧し軍事指揮を委ねた高市皇子を不破、和蹔《わざみ》に置き、野上《のがみ》に行宮を設営した天武天皇は激しい雷雨の中で祈請《うけひ》を行い、

　天神地祇扶レ朕者、雷雨息矣。

と告言《のりごと》して雷雨が止み、神祇の加護により勝利を確信するに至っている。[20] 祈請、また神祇による加護は土俗的生活に馴染んでいる土豪層に共通する宗教感覚であろう。

高市県主許梅

大和盆地で天武天皇方の将軍大伴吹負が近江朝廷方の将大野果安に敗られ苦戦を強いられていた七月四日に高市郡大領（評督）高市県主許梅に着神して三日間の沈黙を経た後、「吾ハ、高市社ニ居ル、名ハ事代主神ナリ。又身狭社ニ居ル、名ハ生霊神ナリ」と託宣し、神武天皇陵に馬と兵器を奉れと指示し、更に「吾ハ皇御孫命ノ前後ニ立チテ、不破ニ送リ奉リテ還ル。今モ且官軍ノ中ニ立チテ守護リマツル」と言い、また「西ノ道ヨリ軍衆至ラムトス。慎ムベシ」と神語を伝えている。許梅の託宣とは別に村屋神が祝に着神して「今吾ガ社ノ中道ヨリ、軍衆至ラム。故、社ノ中道ヲ塞フベシ」と神託を述べている。[21] 事は高市、身狭、村屋三社の神語の通りに展開し、近江朝廷の軍は河内方面から大和盆地に進出し、廬井造鯨の率いる一隊が村屋社の中道から攻撃を仕掛けてきており、三神の託宣は天武天皇方を頗る利したことにより、乱終結後勅により三神に神階を進めることを行っている。許梅の官大領ないし祝は在地

土豪層に与えられる肩書と言ってよく、許梅と祝の託言は在地の神祇信仰が天武天皇方と密接に関わっていたことを示していると解されるのである。天武天皇周辺は、かかる神祇信仰を汲みあげる組織体をなしていたと言えよう。

猶、許梅の託宣中の神武天皇は、神武天皇紀絡みを除けば『日本書紀』中における唯一の言及であり、壬申の乱当時神武天皇陵が定められていたことが知られる。既に推古天皇二十八年（六二〇）には聖徳太子と蘇我馬子の手により天皇記・国記・臣連伴造国造百八十部并公民等本記が作られ、乙巳の変に際し蘇我蝦夷が焼こうとした天皇記、国記のうち後者を船史恵尺が取って中大兄皇子に奉献している。七世紀後半になれば謂ゆる帝紀、旧辞が作られかなりなところまで知られるようになっており、かかる過程で過去の天皇陵も定められるようになっており、在地において過去の天皇を含め尊崇する風が広まっていたらしい。神武天皇陵は許梅が大領として臨んでいた高市郡に所在しており、許梅は日頃神武天皇陵を奉斎していたことを考えてよいように思う。

有力豪族層の神祇信仰

許梅や村屋社の祝が在地豪族・有勢者層出身だとすれば、天武天皇方に与同した三輪君高市麻呂・子首や鴨君蝦夷は大和の有力豪族層出身である。高市麻呂らは豪傑を称され、配下に手兵を組織している一方で、三輪君は大物主神を祖神とし大神神社（奈良県桜井市）を奉斎する人たちであった。一族の三輪君根麻呂は天智天皇二年（六六三）三月に編成された百済救援軍の中将軍に任命されている。鴨君も三輪氏と同祖で、大物主神の子事代主神を祀る賀茂神社（奈良県御所市）を奉斎した人たちであった。大物主神は大和盆地の主神であったとみてよく、同神や事代主神を奉斎する三輪氏や鴨氏は大臣を出してきている蘇我氏等には及ばないにしても、伝統的雄族ということになる。高市郡大領許梅に事代主神が着神、託宣したのも謂れのあることであり、三輪君や鴨君のような祭祀氏族が祭祀を通じ在地土豪・有勢者と関連を有していたことを推知可能である。

大嘗祭

壬申の乱が天武天皇方の勝利で終結すると、天皇は翌年二年（六七三）二月二十七日に高御座を設け飛鳥浄御原宮で即位式を挙げ正式に皇位に即いている。後代の天皇は即位すると冬に大嘗祭を行うことになっているが、天武天皇紀二年十二月壬午条に、

侍二奉大嘗一中臣・忌部及神官人等、并播磨・丹波、二国郡司、亦以下人夫等、悉賜レ禄。因以郡司等、各賜二爵一級一。

とあり、天武天皇も即位年の冬に大嘗祭を挙行している。右引記事は大嘗祭に奉仕した中臣・忌部以下の官人と悠紀・主基に宛てられた播磨・丹波両国の国司・郡司および百姓に賜禄を行い、郡司には位一階を賜わったということであり、大嘗祭は十一月下卯日に実施するのが通例であるから、天武天皇の大嘗祭も下卯日十一月二十八日に行っていたことが考えられる。尤も後代の慣行では十一月に卯日が三ある場合は下卯日を待たず中卯日に実施することになっているから、中卯日十六日に行われていた可能性もある。言うまでもなく大嘗祭は天皇の代初に行われる収穫感謝祭の意義を有する新嘗祭であり、後代の慣行によれば天皇の即位が七月以前ならばその年の十一月に実施し、八月以降ならば翌年の十一月に実施することになっている。天武天皇の即位は二月であるから、即位年の十一月における挙行はこの慣行に即していることになる。

新嘗の慣行

ところで朝廷における新嘗の実施状況をみると、五世紀以前は措いて用明天皇紀二年（五八七）四月条に天皇が新

嘗を行ったことがみえ、次いで舒明天皇紀十一年（六三九）正月条に新嘗挙行記事があり、皇極天皇紀元年（六四二）十一月条に新嘗の記事が採られている。用明・舒明両天皇の新嘗は十一月実施が慣例とすると時期的に少なからず異例であるが、用明天皇の場合は前年に行うべきであったところを、皇位継承を巡り穴穂部皇子が炊屋姫皇后（後の推古天皇）を奸そうとする事件が起こるなどの混乱があり遅延したようであり、舒明天皇の場合は有間温泉へ出幸していたため翌年一月に延期したのであった。用明天皇と舒明天皇の新嘗延期の記事は、本来十一月に行われるべき祭日が延期されているという特異なケースであるため、『日本書紀』に採録されていると見得るようである。皇極天皇の新嘗を伝える記事は、

丁卯（十六日）、天皇御㆓新嘗㆒。是日、皇子・大臣、各自新嘗。

とあり、皇極天皇元年十一月の三ある卯日のうちの中卯日に挙行していることが知られ、かつ天皇は、この年の正月に即位しているから後代で言えば代初の大嘗に当たることになる。しかし右引記事では天皇が新嘗を行う一方で朝廷の枢要のメンバーである皇子、大臣らがそれぞれ新嘗を行ったとあり、皇子、大臣らが皇極天皇の代初の新嘗儀に参列している様子が窺われない。後代の新嘗・大嘗祭では皇子、大臣以下の廷臣が参列して実施することになっており、皇極天皇の右引記事から知られる新嘗は後代の朝儀としての新嘗、大嘗祭と甚だ異なっていることが知られる。天皇、皇子、大臣が各別に行っているということは、天皇の実施する新嘗が朝廷の国家的儀式というより天皇個人が私的に催行する祭儀であったと見做し得るように思われる。天皇は皇子や大臣と同格で、自らの祭儀としての新嘗を行っているということである。新嘗の慣行は古代の農村に広まっていたらしく『万葉集』東歌に、

鳰鳥の葛飾早稲を饗すともその愛しきを外に立てめやも（三三八六）

唯ぞこの屋の戸押そぶる新嘗にわが夫を遣りて斎ふこの戸を（三四六〇）

がみえ、『常陸国風土記』に禁忌を伴い斎行される粟新嘗の伝承が記されている。二首の万葉歌から窺われる農村の新嘗は家ごとに女主人が物忌《ものいみ》して実施しており、『常陸国風土記』から知られる粟新嘗も筑波と富士の山がそれぞれ各別に余人の入宅を拒みながら行っている。天皇、皇子、大臣らの新嘗も農村の新嘗と共通する性格を有し、個々の家の祭りとして実施されていたと解されるようである。皇極天皇以前の用明天皇や舒明天皇の新嘗も同様に天皇個人の家の祭儀として実施され、史料に基づき確言することはできないが、孝徳天皇や天智天皇によっても同様の方式で実施されていたとみてよいだろう。ここでは家ごとの祭りであるとともに、代初の新嘗を大嘗として格別の儀とすることを行っていない。

天武天皇の大嘗

かかるあり方に大きな改革を行っているのが、先引天武天皇二年（六七三）紀十二月条から知られる天武天皇の大嘗である。ここでは後の神祇官に当たる神官が奉仕し、悠紀・主基が定められ国郡司・百姓が動員されていたことが知られ、天皇個人の家の祭りでは収まらず、国家的祭儀として挙行されている様子が窺知されるのである。神官の奉仕や悠紀・主基の国郡を定めその国郡司・百姓の動員と賜禄、叙位は後代の大嘗祭儀と異ならない。恐らく天武天皇は大海人皇子時代に先引皇極天皇元年（六四二）紀十一月条にみえる皇子としての家の新嘗儀を行っていたのだろうが、即位するとともに家の祭儀の国家祭儀化を図ったのであろう。新嘗・大嘗の祭儀の一番の要点は祭礼執行者が新穀で作った飯酒を神に奉り自らも食することであるが、大海人皇子は自らの所領である湯沐の納入する新穀に依っていたのを、天皇になるとともに全国を視野に悠紀・主基の国郡を定めて新穀を提供させ、更にさまざまな奉仕に当たらせることにしたのである。後代の大嘗、新嘗となると朝廷の最重要神事であるが、天武天皇朝において従前の天皇の私祭的あり方が革められ、国家の祭儀として斎修されるようになったのである。

猶、天武天皇紀五年（六七六）九月丙戌条に、

神官奏曰、為二新嘗一卜二国郡一也。斎忌斎忌、此云二踰既一。則尾張国山田郡。次次、此云二須伎一也。丹波国訶沙郡。並食レト。

とあり、この年の新嘗の準備として悠紀に尾張国山田郡、主基に丹波国訶沙郡を卜定している。これは後の大嘗に非ざる毎年の新嘗と大分異なっている。大宝令制以降の新嘗では悠紀・主基の国郡を卜定することはなく、必要とする新穀は皇室の伝統的直轄領地としての性格を有する大和の官田からの収穫を以て充てることになっている。右引記事から知られる天武天皇朝の新嘗は代初の大嘗と同様の方式で行われていたようであり、天武天皇の祭儀改革にあっては、従前の新嘗を国家の祭儀化するに当たり代初如何を問わず悠紀・主基の国郡を定める方式としたらしい。後代では毎年の新嘗に際し悠紀・主基の国郡を定めるのは余りに煩雑なので簡略化し、悠紀・主基の国郡の卜定をやめているのだろうが、天武天皇朝の大嘗と新嘗を区別しないあり方は祭儀改革当初に相応しく、新嘗の改革が天武天皇朝に始まることを傍証していると解されるようである。

新嘗祭の神霊

新嘗において奉迎される神霊は、村落における祭儀では穀霊とみてまず誤りなく、大方の所見も穀霊とみていると思われるが、朝廷の新嘗において迎えられる神霊については天照大神とされることが多いものの、私は疑問を抱いており、村落内の新嘗と同様に穀霊とみて不都合はないと考える。私がこのように考えるのは、神代紀の所伝に、

天照大神、以二天狭田・長田一、為二御田一。時素戔嗚尊（中略）見二天照大神当新嘗時一、則陰放二戻於新宮一。

とあり、天照大神が天狭田・長田を耕営して自ら新嘗を執行する立場であり、新嘗において奉迎される存在とは解し

難いことに由る。高天原における天照大神による新嘗は朝廷で執行される新嘗儀の原型とみてよいだろう。天照大神の執行する新嘗で供献の対象となる神霊は村落内の新嘗で迎えられるそれと同様に、穀霊以外には考え難いのではないか。朝廷の新嘗祭では、迎えられた神霊に対し真夜中を挟んで悠紀の膳と主基の膳が供されることになっている。私は迎えられる神が天照大神だとすると、一度膳を供した上で再度の膳を奉るのは少なからず不可解ではないかと考える。ここは日本の神祇に多い男女が対になっているケースに倣い男女二神からなる穀霊が奉迎され、一の神に悠紀の膳が供された後、二の神に主基の膳が捧げられる次第となっていると解釈すれば、二度の膳の供献を無理なくとらえることができるように思うのである。朝廷の大嘗祭では悠紀・主基の二殿が作られ、それぞれで天皇を執行者として神霊の奉迎が行われるのであるが、天照大神を迎えるために二殿を建てるのは不可解と言わざるを得ず、二神の穀霊を想定すれば容易に理解可能である。毎年の朝廷の新嘗では悠紀・主基二殿を造ることは行わず、大内裏の中和院神嘉殿にまず悠紀の設営を行い供献の儀を実施し、終るとそれを撤去して主基の設営を行い再度の供献を行うことになっている。この次第も一の神霊でなく二の神霊を奉迎するあり方とみれば理解しやすいだろう。悠紀・主基の設営の主たるものは真床追衾を称する八重畳からなる寝台と天皇の御座であるが、寝台は神霊が寝むためのものであり、悠紀・主基それぞれに寝台が設け

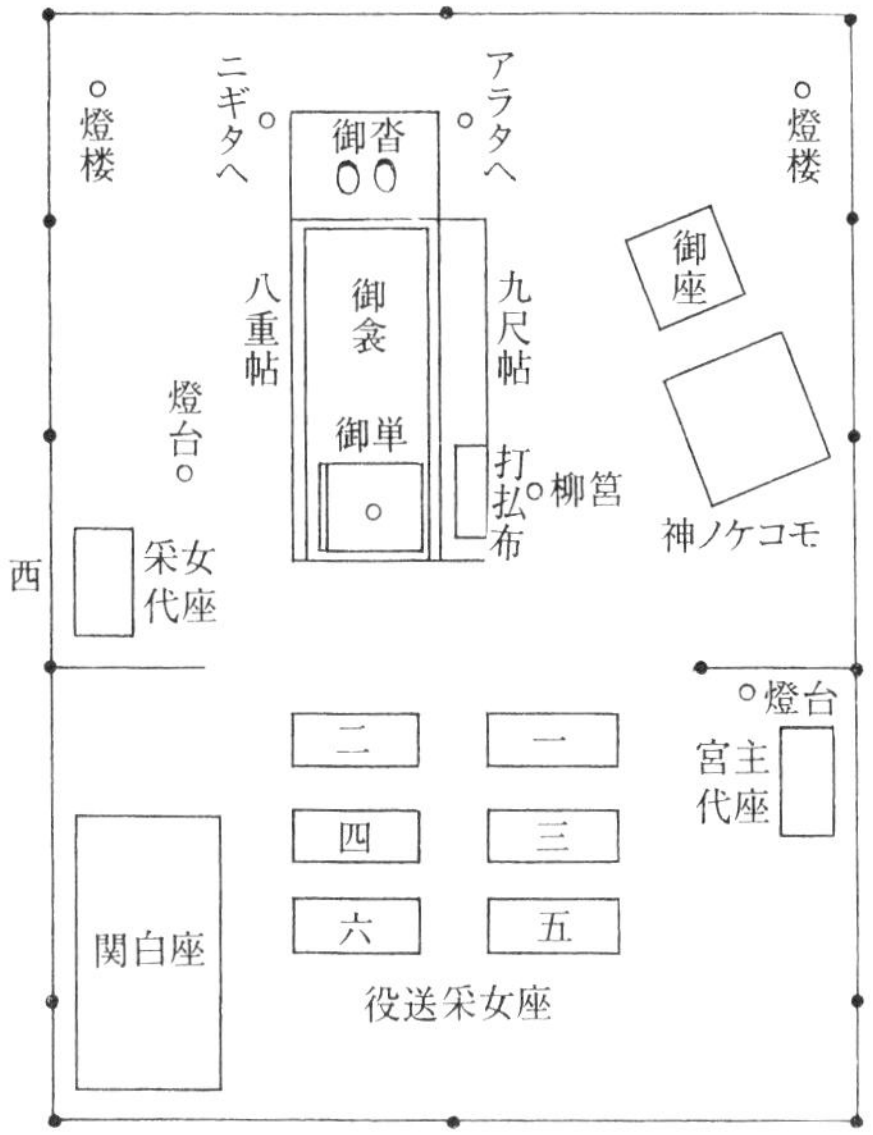

大嘗宮内図（『大嘗会便蒙』による）

られているのは各別の神霊を迎えるとしか解されないのである。

神殿の儀

尤も真床追衾については奉迎された神が寝む場所とみず、折口信夫氏は天皇がこれにくるまることにより天皇霊を身につけると解釈し、岡田精司氏はこの寝台で天皇が采女的女性と聖婚儀礼を行ったと考えている。[22] 真床追衾は瓊瓊杵尊が高天原から降臨する時くるまったとされ、折口氏は天孫降臨の儀を模すことにより天皇霊が天皇の身体につくと考え、岡田氏の理解の背景には朝廷が支配領域を拡大させるに伴い被征服者に食物と女性を提供させていたあり方のうちの後者の再現が想定されている。折口、岡田両氏説は内容的には異なるにしても真床追衾秘儀説と称し得るが、岡田荘司氏によれば平安時代の新嘗執行例を検討すると、天皇が真床追衾にくるまる次第を明白に否定するケースがあり、秘儀説はそもそもの出発点で根拠を欠いていることが明らかにされている。[23] 私は興味深いとはいえ折口氏や岡田精司氏が考えた秘儀説は当たらず、既述した奉迎された男女二神からなる穀霊が寝む場とみるのが自然な理解とみるのである。

大嘗、新嘗は天皇自らが神を奉迎し供献する親修に特色があるが、寝台の設営にも天皇が関わっていたことが窺える。神殿内の設営に関わる『新儀式』の文章に、

新儀式曰、近仗陣二階下一、小忌五位已上与二掃部寮官人一執二御畳一、至レ階。左近衛少将已上共升監二鋪御畳一、訖退二出閉レ門一、内侍率二縫司等一供二寝具一。内裏式云、縫殿寮供二寝具一、天皇御レ之者。而今唯与二内侍蔵人一縫殿司供之。於二神座上一、退出。亥一刻采女就二内侍一申二時至一也。縫司供二御衣履等一、内蔵寮供幘、著御畢。

とあり、寝具の準備は内侍が縫司を指揮して行い、これに関わる『内裏式』逸文には「縫殿寮寝具ヲ供シ、天皇コレ

ヲ御ム」とあったことが知られるのである。右引『内裏式』逸文の言っているところは、縫殿寮が寝具を提供し、それを天皇が整えることを行ったということであり、平安初期のあり方を示す『内裏式』と異なり同中期の『新儀式』では天皇の御《おさ》める行為は廃され、天皇近侍の内侍と蔵人が天皇の替りに寝具を御め整える方式に変っていたことが判明する。天皇の寝具設営への関与が『新儀式』ではなくなっているが、元来は天皇が事に当たっていたことが知られ、大嘗、新嘗の祭儀が神饌を神霊に献ずるだけでなく、神霊の寝む真床追衾の設営にも関わっていたのであり、親修の程をよく示しているのである。

尤も論者によっては『内裏式』逸文の「天皇御〆之」を「天皇コレヲ御《きこしめ》ス」の意ととり、天皇が寝具にくるまる儀に関わると解釈している。しかし右引『内裏式』逸文は、『新儀式』の寝具設営に関わる規定への注文なのであるから、天皇が寝具にくるまる儀絡みとすると、飛躍していると言わざるを得ないだろう。そもそも先に触れた岡田荘司氏の研究により天皇が寝具にくるまること自体が否定されているのであるから、「天皇御〆之」を天皇が寝具を使用する儀とすることには無理があるのである。神殿内の寝台の側には沓が置かれており、奉迎された神霊が沓を脱ぎ寝む様子を呈している。天皇が寝具を用いるとすれば、預め寝台の側に沓を置く必要はないはずである(24)。民俗学者である柳田国男氏は昭和二十八年に、

大嘗の日の神殿の奥に、迎えたまう大神はただ一座、それも御褥御枕を備え、御沓杖等を用意して、祭儀の中心を為すものは神と君と、同時の御食事をなされる寧ろ単純素朴に過ぎたと思われる行事であった(25)。

と記している。頗る首肯される所見であろう。

以上稍煩雑な議論を展開したが、皇極天皇紀より確認される天皇が皇子、大臣らと同格で実施していた新嘗は天武天皇朝に至り国家祭祀化される一方で、天皇が穀霊を奉迎し自ら神饌を献じ寝台で寝んで頂くという原次第は維持さ

れていたと解される。天皇は祭儀の中心をなす奉迎された神への供饌と休息の次第については改変することをしなかったのである。伝統的な祭儀を重んじつつ国家祭祀化を図ったと言えよう。

風神祭・大忌祭

天武天皇朝における祭祀動向として四年（六七五）四月に美濃王と佐伯広足を龍田の立野（奈良県生駒郡三郷町）へ派遣して風神を祀り、間人大蓋と曽祢韓犬を広瀬の河合（奈良県北葛城郡河合町）へ遣わして大忌神を祭っている。以後この祭使派遣は恒例となり、風神祭、大忌祭と称されるが、前者は立野のあたりが大阪湾方面から大和盆地へ入る風の通り道になっており、祭神である天御柱・国御柱二座の神に悪風を起こさず豊稔を祈る祭儀であり、後者は佐保川、初瀬川、寺川、飛鳥川、曽我川、葛城川、高田川等の大和平野を流れる河川の合流点に位置し、若宇加能売命に風水と豊饒を祈願する祭礼である。この二祭は大宝・養老令において孟夏、孟秋の祭礼として規定され、『令義解』において「山谷ノ水ヲ変成シテ、苗稼ヲ浸潤シ、ソノ全稔ヲ得シメント欲ス」「沴風吹カズ、稼穡ヲ滋登セシメント欲ス」ところの祭りとされている。農業にとり風水が重要なことは言うまでもないことであり、地形的に立野と河合が風水の要所であることは容易に知られる。風神祭の時に読みあげられる祝詞中の「志貴嶋ニ大八嶋国知ロシメシシ皇御孫」は崇神天皇とされることがあり(26)、龍田、広瀬の神霊が早くから注目され祈願の対象となっていたことを考えてよいが、風神祭、大忌祭として勅使を派遣して祀るようになったのは天武天皇四年以降のことであり、ここに天武天皇の神祇尊崇の姿勢をみることができるのである。

豊稔祈願となれば祈年祭があるが、風神祭、大忌祭の始まりを伝える天武天皇四年紀（六七五）の一月戊辰条に、

祭㆓幣諸社㆒。

という記事があり、祈年祭の嚆矢とされることがある。右記事は祈年のために祭幣したと言っているわけでなく、祭日も恒例の祈年祭の二月四日と異なっているが、祈年祭の開始を示すとみても無理がなく、天武天皇四年に祈年祭が始まったとすれば、この頃朝廷で農業に関わる神霊、風水の神霊に関心が昂まり、正月に祈年祭を行い四月に風神、大忌祭を行うようになったと見得るようである。

大祓

天武天皇紀五年（六七六）八月条に、

　詔曰、四方為㆓大解除㆒、用物則国別国造輸、秡柱、馬一匹・布一常。以外郡司、各刀一口・鹿皮一張・钁一口・
　刀子一口・鎌一口・矢一具・稲一束。且毎㆑戸、麻一条。

とあり、大祓の儀を行っている。大祓は大宝・養老令に定められており、六月、十二月の晦日に執行することが規定されている。右引記事の大祓は八月に行われているので臨時のそれということになるが、国造輸料や毎戸麻一条の輸納は大宝・養老令制の大祓のあり方に一致し、右記事の詔が後の令制大祓の起点をなしていると考えられる。大化改新の頃民間で祓を行う風習のあったことが知られるので、朝廷においても凶事があったような場合に祓を行っていたとみてよいだろうが、定式化された祓となると右引記事の大祓に始まると解される。制度としての朝廷大祓は右引記事の天武天皇詔に始まるとみるのである。尤も天武天皇朝において六月、十二月の晦日の大祓が恒例化されていたかとなると、否定的にならざるを得ない。朱鳥元年（六八六）七月辛丑（三日）紀に諸国に詔りして大祓を行ったことがみえている。

　この大祓は五月の頃から不予となっていた天武天皇の病による災気を攘うためのものと解されるが、仮に四日前の六月晦日に恒例の大祓が行われていたとすれば日数を経ていない七月三日に再度の大祓を実施することは考え難いように思われる。天武天皇紀では七年（六七八）七月三十日に大祓を行ったことがみえている。これも後代の恒例大祓と異なっており、天武天皇朝においては適宜災気を攘う必要が生じた際に大祓を行っていたようである。猶、右の七月三十日の大祓では祓柱として国造が奴婢一口を出している。五年八月の大祓の輸物に奴婢はみえず、右七月三十日の大祓記事は奴婢を出すという特異性の故に採録されているようである。

人間に福凶をもたらす神霊は悪穢を嫌い清浄を好むとされていたから、神祇を重んずる天武天皇の朝廷で災気を攘う大祓が制度化されたのは理解しやすいだろう。ただし後代の恒例の大祓にみる制度化には至っていない。

大君は神

以上天武天皇朝において神祇信仰の昂揚とその制度化が進められていたことが確認されるが、天武天皇が自ら先頭に立って壬申の乱を勝ち抜いたことを反映して、天皇の神格化が図られているとされ、『万葉集』に天武天皇やその周辺を神として詠んでいる和歌が根拠として挙げられている。例を挙げると、

㋑大君は神にし座せば天雲の雷の上に廬らせるかも（二三五）

㋺大君は神にしませば赤駒の匍匐ふ田井を都となしつ（四二六〇）

㋩大君は神にし坐せば水鳥の多集く水沼を都となしつ（四二六一）

㋥王は神にし座せば天雲の五百重が下に隠り給ひぬ（二〇五）

㋭皇は神にし坐せば真木の立つ荒山中に海を成すかも（二四一）

の如くである。㋑～㋩は天武天皇を詠んだものであるが、㋑は持統天皇を詠んでいる可能性があるらしい。㋥は天武天皇皇子弓削皇子、㋭は同じく長皇子を詠んだものである。作者をみると不詳の㋩を除くと、㋑㋭は柿本人麻呂が作

り、㊁は大伴御行、㊂は置始東人である。ここで経歴の判る柿本人麻呂は言うまでもなく宮廷詩人として知られ、大伴御行は壬申の乱で大和盆地において将軍として戦闘を指揮し軍功をあげ、天武天皇四年（六七五）三月に兵政官大輔に任命されている。「神にし座せば」は神でいらっしゃるので、の意であるから、右引歌は天武天皇ないしその皇子を神格化している表現と言い得るのであるが、人麻呂は天皇、皇親を称揚することを得意とする歌人であり、御行にしても大伴氏という天皇の近側で衛りにつく氏族出身者であることを考慮すると、文字通りの神格化というより、天皇、皇族を称える歌調の中で「神にし座せば」という表現がとられているのではないか。私は多分に修辞的語法とみるのである。「神にし座せば」という歌語より天武天皇とその周辺皇族の神格化を過度に強調すれば、正鵠を射ているとは言い難いと考える。

明神御大八洲倭根子天皇

天武天皇十二年（六八三）正月丙午紀に「明神御大八洲倭根子天皇ノ勅命ヲバ、諸ノ国司ト国造ト百姓等ト、諸ニ聴クベシ」で始まる天武天皇の詔が引かれている。ここで天皇は日本国を治める明神とされていることになるが、既に大化の頃「明神御宇日本天皇」「明神御宇日本倭根子天皇」「現為明神御八洲国天皇」なる表現がみえており、天武天皇に関わる右表現は大化以来のあり方を踏襲していると考えられる。論者によっては「明神御大八洲倭根子天皇」のような表記は天武天皇朝に始まると考えているが、依拠ありとは言えない。大化の「明神…天皇」は『日本書紀』の編者がみていたであろう大宝公式令の「明神…天皇」なる表現の使われ方を踏まえると破格であり、大化の「明神…天皇」を後代の公式令の知識により作文されているものとは考え難く、大化当時の用語とみるのが妥当なのである。付言すると大化二年（六四六）八月および三年四月に品部を廃止し官人制への切替を指示する長文の詔が布告されている。この詔文には文意をとるのが容易でない語句が少なくなく、『日本書紀』の編者が作文したとすればより明解な文章になっているのではないかと考えられる。私は大化二年八月および三年四月の詔が大化段階の原詔をかなりなところまで継承しているとみてよいと推断し、そこに「御宇」「今之御宇天皇」という語がみえ、更に詔文では天皇の神聖性を強調しているので、大化の頃「明神…天皇」という表記があって不思議でないと考えるのである。恐らく中国で皇帝に「神尭大聖皇帝」「神尭大聖大光孝皇帝」というような尊大な称号を付す慣行をみてきている帰国留学僧・生らの案出に由るのであろう。大化から天武天皇十二年（六八三）に至るまでの三十余年間「明神…天皇」という表記がみえないのは、史料として残存しなかった可能性とともに、大化の頃の急進的な中国の文物移入の動きに多少とも制動がかかったことに由るのかもしれない。

仏教信仰の展開

天武天皇朝においては前代に比べ仏教の興隆が図られ、信仰の発展が確認される。勿論中大兄皇子、天智天皇は外来思想である仏教に関心をもち、神道を軽んじ仏教を重んじたという孝徳天皇に近い傾向を有していたようであり、大津京を定めると京の内外に崇福寺・南志賀廃寺・穴太廃寺等を建立し、日本の東西の鎮守の意味を有するらしい下野薬師寺・観世音寺の造建を開始し、斉明天皇の死の床で大安寺の完成を約束し、自らの死の直前に大友皇子と蘇我赤兄らをして四天王と忉利天に会盟、証知させている。但し白村江の敗北以後の防衛体制構築が急を要する中で観世音寺の造築は進まず、大安寺の工事も遅れていたようであり、天智天皇による仏教に関わる施策には限度があったらしい。天智天皇紀にみえる仏教関係の記事となると、天智天皇四年（六六五）に死去した間人皇后のために三三〇人の出家を行い、十年（六七一）十月の内裏仏殿の仏像の開眼・法興寺仏前への珍財奉納および右述した四天王と忉利天への会盟、誣知等に過ぎないのである。これに対し天武天皇紀に採られている仏教関係の記事は二一条にのぼり、仏教に対する姿勢が天智天皇朝と大きく変っていることを示している。

天武天皇は二年（六七三）十二月に美濃王と紀訶多麻呂を造高市大寺司に任じ、後に大安寺となる寺の工事を強力に推進している。この工事は天智天皇が母斉明天皇に誓っていたものの滞っていたのを、即位早々に天武天皇が事に当たる官人を定め進展を図っていると解される。この工事は持統天皇、次いで孫の文武天皇に引き継がれている。また九年（六八〇）には、不予となった皇后鸕野の平癒を祈願して薬師寺の建立を開始している。大安寺の建造工事は前朝以来のものであるが、薬師寺は鸕野皇后の快癒を目的にしており、仏教薬師如来の効験を期待しての建立であった。この寺の建造は、天智天皇による観世音寺・下野薬師寺造立が日本の東西の鎮めを意図し、大津京に関わる寺院が京のプランと密接な関連の下に建造されていて、律令的な国家整備の一環として進められている様子が看取されるのと少なからず性格が異なっているようである。薬師寺は天武天皇存命中に竣工せず、持統十一年（六九七）に公卿官人らが持統天皇の病の平癒を願って仏像を作り、結局文武天皇二年（六九八）十月に完成し僧侶の居住が始まっている。

天武天皇二年（六七三）三月に天皇は一切経の書写を開始し四年十月には全国に一切経を求めるなどし、六年（六七七）八月には飛鳥寺で設斎して一切経を読むことを行っている。五年十一月には四方の諸国で金光明最勝王般若経と仁王般若経の講説を行っており、経典の整備と講読が広く行われるようになっていることが看取され、放生や毎月の六斎も実施されるようになっており、仏教儀礼の採用がすすんでいることが判明する。

仏教による救済

天武天皇五年（六七六）夏は大旱となり諸神祇に奉幣して祈雨するとともに、僧尼を屈請して祈雨を行っている。

この後天武天皇紀に頻りに祈雨の記事があり、簡単な記述なので如何な手段によっているか不明なものの仏験を期しての祈雨の可能性が大きいようであり、天武天皇紀十二年（六八三）七月には百済僧道蔵が祈雨をして降雨を得たことがみえている。道蔵は持統天皇二年（六八八）七月にも請雨を行い、開始後間もなく全国に雨が降るという験を得ている。先に鸕野皇后の平癒を祈願して薬師寺の建立が始められたことに触れたが、天武天皇十一年（六八二）八月に日高皇女（後の元正天皇）が病になると大官大寺（大安寺）で百四十余人を出家させている。皇女の回癒という仏果を求めてのことに他ならない。天武天皇十四年（六八五）九月の頃天皇は体調を崩し、二十四日に大官大寺・川原寺・飛鳥寺等で読経を行い稲を奉納している。翌朱鳥元年（六八六）五月になると病重篤となり、川原寺で薬師経を講説し、諸寺の堂塔の掃清や大赦を実施している。六月に入ると「近者、朕ガ身不和ム。願フ、三宝ノ威ニ頼リテ、身体、安和ナルコトヲ得ムトス。是ヲ以テ、僧正・僧都及ビ衆僧、誓ヒ願フベシ」と詔りして、三宝に珍宝を奉り高位僧侶らに御衣被を施し、川原寺で燃灯供養を行っている。七月には百僧を屈請して宮中で金光明最勝王経を読み、浄行者七十人を出家させ、王臣等が観世音像を作り大官大寺で観世音経を講説し、八月には百八十人の僧尼の出家や寺への封戸施捨を行っている。九月には親王以下が川原寺に参集して誓願するものの、遂にこの月九日に死去している。即ち天皇の病が重篤化するに従い盛んに回癒を願って仏事を行い、寺や僧侶へ施捨し出家を行っていることが知られるのであるが、天智天皇の場合十年（六七一）九月に不予となり十二月に死去するまでの間に法興寺の仏前に珍財を奉上しているものの、平癒祈願のために格別の仏事を行っている様子がないのである。私は天武天皇朝を通じ仏教信仰が進展してきていると考える。仏験による祈雨や平癒、延命祈願は呪術絡みであり、仏教教理の理解やその浸透とは必ずしも関わらないが、宗教に呪術が絡むことは普遍的にみられる現象である。天武天皇が得意とした天文・遁甲にも超自然力に憑る吉凶の予測と除災の要素があり、呪術への信仰という点で仏験による祈願達成に通じるところがある。天武天皇朝における仏教信仰の拡まりの背景に、天武天皇の素養や性格も関わっていたとみることができそうである。

第五節　持統天皇

天武天皇と持統天皇

持統天皇、鸕野讃良皇女は天武天皇の皇后で天皇を支えその死後は称制、即位、次いで十年間在位（含称制）した後に退位して太上天皇として過ごした人物である。諱鸕野讃良は河内国の地名讃良郡鸕鷀野に由来するとされ、和風諡号高天原広野姫天皇の広野は鸕野に関係があるらしい。本章の最後にこの人物について述べておこうと思う。

鸕野皇女は大化元年（六四五）に中大兄皇子、天智天皇を父、大化の右大臣蘇我倉山田石川麻呂の女遠智娘を母として出生している。大化五年（六四九）五歳の時中大兄皇子による石川麻呂の刑死を傷んだ母の死に遭遇している。斉明天皇三年（六五七）に十三歳で叔父の大海人皇子に嫁し、斉明天皇七年（六六一）に始まる百済救援軍に加わった夫に随い西下し、天智天皇元年（六六二）に筑紫娜の大津で草壁皇子を生んでいる。天武天皇には同腹の姉大田皇女も妃となっており、皇女には草壁皇子より一歳年長の大伯皇女と一歳年下の大津皇子が生まれている。姉である大田皇女が大海人皇子の正妃格であったが、天智天皇六年（六六七）二月以前に死去したので鸕野皇女が大海人皇子の正妃、次いで皇后となったのである。大田皇女、鸕野皇女が随行した百済救援の軍興が白村江での敗北により失敗したことは、周知に属す。

天武天皇王朝の樹立

斉明天皇朝から天智天皇朝初にかけて大海人皇子が自他ともに天智天皇の後継者をもって任じていたとみてよいが、大田皇女死後は鸕野皇女が正妃として大海人皇子を支えその即位を図り、一人息子である草壁皇子を父大海人皇子の後継としようとの気持ちを抱くようになったであろうことは自然の流れである。但し天智天皇が正式に即位した七年（六六八）前後の頃から天智天皇は皇太子格の大海人皇子を措いて自分の子大友皇子を後継者にあてる気持ちを強くし、かかる状況下で鬱屈した思いの大海人皇子が琵琶湖畔の楼台での宴席で惹起したのが既述した長槍指貫事件であった。事件は中臣鎌足の取成しで穏便に済んだが、その後大友皇子の太政大臣任官が行われるなど後継者として認知を図る施策が行われ、身の危険を感じた大海人皇子は喚び出された天智天皇の死の病床で出家して吉野へ隠棲し修行生活に入る許可を求め、直ちに吉野へ向ったのであった。天智天皇七年前後からの天皇の心変りとそれに対する大海人皇子の不満が窺知され、この不満は皇子妃鸕野皇女の不満でもあったとみてよいだろう。皇女の不満は父のみならず異母弟である大友皇子にも向い、漸次敵意になっていったことと思われる。父への不満、敵意の遠因として幼時の父による祖父刑殺とそれによる母の傷心死があったことを考えてもよいだろう。大海人皇子と鸕野皇女の吉野隠棲半年後の天武天皇元年（六七二）六月に天智天皇を継いだ大友皇子と大海人皇子方との間で壬申の乱が勃発するが、皇子と皇女が吉野へ退隠した半年間は真冬、厳冬期を含んでおり、苦難の生活を強いられた中で結びつきを深め、大友皇子、近江朝廷の打倒と自らの王朝樹立への決意を固めていったと考えられる。天武天皇の吉野隠棲時を回顧した『万葉集』二五、

み吉野の耳我の嶺に時なくそ雪は降りける　間なくそ雨は零りける　その雪の時なきが如その雨の間なきが如隈もおちず　思ひつつぞ来しその山道を

は、雨雪の降る中で近江朝廷と対決することへの逡巡ないし蜂起するに至る心の動きを詠んだものに他ならない。この逡巡、心の動きは鸕野皇女も共有したことが確実で、皇女の立場では大友皇子打倒とともに草壁皇子の天武天皇後継への思いを強くしていたはずである。後に天武天皇は吉野へ行幸して既引した「よき人の」で始まる吉野讃歌を詠んでいる。結果として蜂起は成功し吉野は天皇、また皇后にとり聖地となるが、その前提として逡巡、苦悩する日々を送った土地だったのである。

蜂起後、伊勢へ入り美濃、尾張での挙兵の成功と不破関を抑えるまで不安の時間を過ごすが、後年持統天皇は亡くなった天武天皇のための御斎会の夜、夢の中で次の『万葉集』一六二を詠んでいる。

明日香の清御原の宮に天の下知らしめしし　やすみしし　わご大君　高照らす日の御子　いかさまに思ほしめせか　神風の伊勢の国は　沖つ藻も靡きし波に　潮気のみ香れる国に　味こり　あやにともしき　高照らす日の皇子

夢の中の詠歌だけに一の纏りをなす歌意というより、頭に浮かんできた像を脈絡にこだわることなく詠んでいると解され、伊勢国が詠まれているのは、天武天皇と鸕野皇女にとり吉野を出て伊勢を通過する時が最も危険で強烈な印象を伴い記憶に残っていたことに由ろう。持統天皇六年（六九二）に天皇は農時の妨を理由に中納言の官を賭して諫言した三輪高市麻呂を振り切って、伊勢へ行幸している。伊勢通過時の記憶が正当な諫言を冒しての行幸になっていると解され、持統天皇にとり吉野出行、蜂起が格別の思いを惹起するものだったことが知られるのである。この格別の思いが新王朝の樹立、天武天皇皇統の確立に向っていたことは言うまでもないだろう。既述したが、持統天皇は生前頻りに吉野へ行幸している。吉野が苦難の地である一方で天武天皇王朝発祥の地であり、聖地であることに由るのである。

草壁皇子の立太子

壬申の乱に勝利し大海人皇子が天武天皇として即位すると、鸕野皇女は皇后として天皇に協力しつつ草壁皇子を天皇の揺ぎない後継者とすることに努力を傾注している。天武天皇即位の段階で草壁皇子は十二歳ながら皇后の所生ということで、諸皇子の中で皇嗣として圧倒的に有利な地位を有していた。異母兄に壬申の乱で殊勲甲の働きをした高市皇子がいたが、胸形君徳善女尼子娘という卑母の所生で当時後継者としては分が悪く、草壁皇子の後継者としての地位を危うくする可能性を有する人物となると、一歳年下の皇后の実姉大田皇女の所生である大津皇子がいたが、可能性以上ではなかったと言ってよいだろう。かかる状況下で天武天皇八年（六七九）五月に吉野で既に触れた如く天皇が皇后と草壁・大津・高市・忍壁・芝基皇子らに事無からんことを盟うことを求め草壁皇子を先頭にして諸皇子が誓盟し、次いで天皇、皇后がそれぞれ襟を開いて皇子らを抱擁するという儀を行っている。芝居がかっていると言えば芝居がかっているが、皇后の発意で草壁皇子を諸皇子の第一人者、天武天皇の後継者であることを確認する儀であることが確実であろう。かかる環境整備の上で天武天皇十年（六八一）二月甲子に草壁皇子を正式に皇太子に冊立している。この日天皇と皇后は大極殿に出御して親王・王臣を前にして律令の編纂を布告している。皇太子となった草壁皇子は万機を摂《ふさ》ねることになっており、実体は兎も角、律令の編纂に草壁皇子が最高執政官の立場で関わることになったのである。聖徳太子、中大兄皇子と皇太子格の皇子が最高執政官の地位に就いた朝廷の伝統を踏まえ、草壁皇子が最高執政官の任に就いたとみることができる。尤も天武天皇十二年（六八三）二月に二十一歳になった大津皇子が草壁皇子と同格の聴政の権限を付与されている。草壁皇子と他皇子との差別化を図ってきた鸕野皇后にとり不本意な措置だろうが、天武天皇からみてかつて正妃であった大田皇女の所生で才質に恵まれた大津皇子を草壁皇子と差別し難く、草壁皇子と同様の扱いをするに至ったのである。但し天武天皇の晩年朱鳥元年（六八六）七月に、

勅曰、天下之事、不レ問二大小一、悉啓二于皇后及皇太子一。

という勅が出され、大津皇子の聴政権限を奪い皇后と草壁皇太子が政務万般を取り仕切る方式に改めている。皇后が病床の天皇に迫って勅布告にもちこんだ様相が濃厚であり、草壁皇子と大津皇子が同一権限で並ぶ危険性の除去を意図したものに他ならない。鸕野皇后の草壁皇子を天武天皇後継として確実なものにしようとの執念が感じられる勅である。

大津皇子の刑死

右勅が出された二カ月後の九月に天武天皇は死去し、皇后が称制して朝政に臨むようになるが、皇后は直ちに大津皇子の謀反が発覚したとして逮捕し、死罪に処している。

『懐風藻』に採られている皇子の臨終一絶、

金烏臨二西舎一、
鼓声催二短命一、
泉路無二賓主一、
此夕離レ家向、

は皇子の妃山辺皇女の殉死とともによく知られているが、皇子とともに拘禁された舎人らは砺杵道作が伊豆へ流され新羅沙門行心が飛騨の寺へ移徙されただけで済んでおり、皇子のみが処罪されているところをみると謀反が企てられていたとは解し難く、疑獄事件とみてまず誤りないであろう。皇后が大津皇子にそれなりの肩入れをする天武天皇の死を奇貨として、一挙に皇子の刑死を図ったのである。皇子の臨終一絶には遺瀬無い思いが満ちているが、既に母はなく後援してくれた父天武天皇が死亡し味方となる者が皆無な状況であったことに由るのであろう。因みに大津皇子が謀反を企てたとして密告したのは、莫逆の契をなしていた川島皇子であった。無実の大津皇子を死に至らしめていることより、草壁皇子の即位への障害となる可能性を有する人物の除去への鸕野皇后の執心の程が知られる事件である。

草壁皇子の死

草壁皇子の即位のために鸕野皇后は形振りを顧みない行動に出ていると言ってよいが、朱鳥元年（六八六）九月に天武天皇が死去後草壁皇子は即位せず鸕野皇后が称制して朝政に臨み、結局皇子は即位しないまま持統天皇三年（六八九）四月に死去し、翌四年（六九〇）一月に皇后が即位している。天武天皇が死去した時草壁皇子は二十五歳になっていたから年齢的に即位するのに不都合があったとはみられず、吉野の会盟では諸皇子の第一人者として振舞い天武天皇十年（六八一）には皇太子に冊立されているのであるから、天武天皇死後直ちに皇位に即いてよいところである。鸕野皇后が自ら皇位を践むことを望んでいたとみるのが一案であるが、草壁皇子を皇太子としそのライヴァルともいうべき大津皇子を死罪に処していることからみて、自らの践祚というより草壁皇子の即位を意図していたとみるべきであろうと思われる。草壁皇子は二十八歳で死去するのであるが、体質的に病弱で皇位に即くことが健康の面で危ぶまれていたのではないか。持統天皇二年（六八八）まで天武天皇の殯宮において草壁皇子が公卿らを率いて発哭しているが、父帝の喪礼を果すことは成し得ても天皇として執務することには困難があり、母后が称制、臨朝する事態になったように思われるのである。よく知られている柿本人麻呂が草壁皇子の殯宮で作った挽歌も勇壮な皇子像を伝えておらず、矢張り病弱だったのであろう。

持統天皇は三年（六八九）四月に草壁皇太子が死亡すると、次章で述べる如く、六月に浄御原令の班賜、施行を行っている。令の編纂は草壁皇子を皇太子に冊立した天武天皇十年（六八一）正月に開始して以来進められてきた事業の成果であるが、令のみならず律も編纂する企画であったにも拘わらず律を措いて令のみの施行は、謂ば見切り発車と称すべきものである。何分律の編纂は如何な行為を犯罪とするかという社会の本質に直結したテーマに関わり、唐律を藍本にしても甚だ困難な事業であり、令の編纂より遅れることは致し方のないところであるが、令を草壁皇子の死の三カ月後に施行しているのは謂れのあることのように思われる。持統天皇は天武天皇とともに草壁皇子の立太子と同時に開始した律令編纂事業を皇太子在世中に完成して施行することを当然の予定としていたのだろうが、完了する以前の皇太子の死となり、急遽完成した令の施行となったのではないか。私は皇太子の死に触発されて未完成の律を措いて令の施行に踏み切ったとみるのである。持統天皇が草壁皇太子の死を哀惜し、皇太子が関わる編纂事業の成果を未完成ながら浄御原令として施行に移したことは十分に考えられるように思う。

軽皇子

草壁皇太子にはその死亡時に七歳になっていた遺児軽皇子がいた。天武天皇の皇統の継続を意とする持統天皇は、この皇子の即位を意図するようになる。草壁皇太子が死去し、といって七歳の軽皇子を即位させるわけにもいかず取られたのが、持統天皇の称制から正式の即位であり、四年（六九〇）一月に挙行されている。持統天皇としたら時期が来た段階で軽皇子を皇太子とし譲位する所存だったとみられるが、ここで問題になったのが高市皇子の存在であった。既述した如く高市皇子は卑母の所生とはいえ壬申の乱では天武天皇に代り全軍を指揮し勝利に導いた最大の功労者であり、皇后の所生草壁皇子との関係であるならば後塵を拝さざるを得ないにしても、草壁皇子の子、それも幼児となれば皇后の孫に当たるにしても高市皇子が跪拝する存在ではないだろう。高市皇子は朝廷内で人望があったようであり、浄御原令に基づく大規模な任官が行われた持統天皇四年（六九〇）七月に太政大臣に任じている。この太政大臣がかつて大友皇子が任じた万機を視る最高執政官なのか大宝・養老令官制にみる天子補導の則闕官なのか定かでないが、並みの官職でないことは確かであり、草壁皇子という卓越した皇位継承者を欠いた状況下での任太政大臣により高市皇子の権威が更に昂まったことは疑いないところである。生前の草壁皇子は皇子尊と称されていたが、高市皇子は後皇子尊と呼称されており、草壁皇子の立場を継承していたらしい。高市皇子は皇太子に冊立されているわけでないから、皇子尊が皇太子を指すとは考えられないが、高貴な皇子、恐らく諸皇子中の第一人者の意であるようであり、草壁皇子亡き後、有力な皇位継承者と見做されていたと考えられる。軽皇子の即位を目標とする持統天皇にとり高市皇子の権威の昂まることは好ましいことではなかったろうが、朝廷内における人望を考慮すると高市皇子を太政大臣に起用せざるを得ず、それが皇子の権威を高める作用をしたのである。草壁皇子死後の持統天皇は軽皇子が成長するのを待って即位を図るという、謂ば時間待ちの状態に入ったと言えそうである。天武天皇死後直ちに大津皇子を死に致らしめたのと異なり、人望の高い高市皇子では安易に除去することができず、皇子を太政大臣に起用する一方で軽皇子の即位を狙ったのである。

持統天皇の施策

持統天皇の治政期の顕著な施策となると浄御原令の施行があり、それに伴い官制の整備、造籍、班田、軍制の整備等々があるが、逸すべからざるものとして唐の都城を模した本格的な都城である藤原京の造営がある。持統天皇紀四年（六九〇）十月条に、高市皇子観二藤原宮地一。公卿百寮従焉。

とあり、この時に藤原京造営が開始されたようであり、同天皇五年（六九一）十二月には京内での宅地支給の基準を定め、六年五月には宮地の地鎮祭を行い、八年十二月に藤原京遷都を行っている。藤原京の造営も浄御原令の施行と連動しているとみてよいだろうが、天武天皇紀五年（六七六）是歳条に新城（奈良県大和郡山市新木）に造都の議があったことがみえ、十一年（六八二）三月条に三野王らを新城に遣わして京造営のための地形の視察を行った記事があり、十二年（六八三）十二月には難波での造都を指示している。天武天皇が造都を企画していたことが知られるが、実現には至らず、かかる天武天皇の意思を継いで持統天皇が藤原京を造営し遷都を行ったのである。浄御原令施行は、既述した如く草壁皇子の死を契機に本来律と共に施行すべきところ、令のみを見切り発車的に施行したものであるが、天武天皇の意思の実現という意味合いがあったことも確かであり、藤原京の造営は明らかに天武天皇の意図を実現したものであった。これらは律令国家整備過程の一環といえばその通りであるが、持統天皇が天武天皇と共に開始し実現に努力した事業という性格があり、持統天皇には天武天皇を引き継ぐという強い思いがあったように思う。そしてこれらの事業を進める持統天皇は絶えず皇統は天武天皇の子にして自分の所生である草壁皇子、次いで孫軽皇子へと継承されるべきであるとの思いを新たにしていたのではないか。

文武天皇の即位

持統天皇八年（六九四）十二月に藤原京遷都を実現すると、天皇にとり好都合なことに翌々十年（六九六）七月に高市皇子が死去している。後皇子尊を称される太政大臣高市皇子の存在は、軽皇子の即位を目指す持統天皇からみて気を重くするそれであり、皇子の死去は軽皇子の即位を容易にしたことが確実である。持統天皇紀十一年（六九七）

二月条に東宮大傅、春宮大夫、同亮の任官記事があるので、この日以前に軽皇子の立太子が図られていたことが知られる。この年軽皇子は十五歳になっており、持統天皇は高市皇子の死を奇貨とし軽皇子が十五歳になったのを機に立太子を実現したのである。そして東宮付きの官人を任命した六カ月後の八月には退位し、皇太子の文武天皇としての即位にもちこんでいる。持統天皇は天武天皇死後即位を目指していた草壁皇子に早逝され、それから六年後に念願の天武天皇皇統の即位を実現したことになろう。

中継天皇

持統天皇は天武天皇と文武天皇との間の謂ば中継天皇ということになるが、論者によっては天智天皇の娘にして天武天皇の后という地位から本命天皇とみられると主張されることがある。血縁、婚姻の看点からすればその通りであるが、天智天皇に対する持統天皇の思いにはただならぬものがあるというべきであり、右所見は再検討を要するように思う。天平十九年（七四七）に作成された「大安寺伽藍縁起并流記資財帳」では持統天皇のことを「仲天皇」と称している。[27] 仲は中に他ならず、天武天皇と文武天皇の中間の意であり、八世紀中葉の段階において持統天皇が中継天皇と解されていたことが知られるのである。

注

（1）拙著『天智天皇と大化改新』第一章第一節（同成社、二〇〇九年）。

（2）直木孝次郎『持統天皇』（吉川弘文館、一九六〇年）。

（3）『日本書紀』天武天皇即位前紀。

（4）倉本一宏『壬申の乱』（吉川弘文館、二〇〇七年）、同『持統女帝と皇位継承』（吉川弘文館、二〇〇九年）。
（5）伴信友『長等の山風』（文政年間〈一八一八―一八三〇〉成立）。
（6）前掲拙著第二章第三節。
（7）倉本一宏前掲書。
（8）前掲拙著第五章第一節。
（9）倉本一宏前掲『壬申の乱』。
（10）日本古典文学大系『日本書紀』（岩波書店、一九六五年）。
（11）『日本書紀』天武天皇元年七月条。
（12）前掲拙著第二章第四節。
（13）『日本書紀』天武天皇元年六月甲申条。
（14）『日本書紀』天武天皇即位前紀。
（15）『日本書紀』天武天皇八年五月乙酉条。
（16）『万葉集』一三、一四、九一。
（17）『万葉集』一九九。
（18）『日本書紀』孝徳天皇即位前紀。
（19）『万葉集』一四。
（20）『日本書紀』天武天皇元年六月丁亥条。
（21）『日本書紀』天武天皇元年七月条。
（22）折口信夫『古代研究』民俗学編2「大嘗祭の本義」（大岡山書店、一九三〇年）、岡田精司「大王就任儀礼の原形とその展開―即位と大嘗祭―」（『日本史研究』二四五号、一九八三年）。
（23）岡田莊司『大嘗の祭り』（学生社、一九九〇年）。

(24) 猶、『内裏式』逸文の研究として最近のそれに西本昌弘「九条家本『神今食次第』所引の「内裏式」逸文について―神今食祭の意義と皇后助祭の内実―」(『史学雑誌』一一八編一一号、二〇〇九年)があり、「天皇御レ之」について私見と同様の解釈をした上で、設営された寝台の上で神と采女との聖婚が行われたと論じている。私は祭儀が男女二神を奉迎することを本義としているとみているので、奉迎された神が采女と聖婚するということは考え難いように思う。西本氏の論考にあっては、同様の祭儀を二度することの意味が等閑視されていると言わざるを得ない。

(25) 柳田国男「稲の産屋」(『新嘗の研究』一輯、学生社、一九五三年)。

(26) 虎尾俊哉編『延喜式』上(集英社、二〇〇〇年)。

(27) 前掲拙著第二章第二節。

第二章　律令の編纂

第一節　近江令

近江令の存否

天智天皇朝に法制の整備が進展したことは疑いないが、『弘仁格式』序に、

　天智天皇元年、制二令廿二巻一。世人所レ謂近江朝廷之令也。

とみえ、『令集解』官位令に、

　上宮太子并近江朝廷、唯制レ令不レ制レ律。

とある謂ゆる近江令の存否如何については学説が定まっておらず、確実なところは不明と言わざるを得ないが、近江令が編まれていたとすれば天武天皇朝において進められた律令編纂事業の前提となるので、本章の初めに検討しておきたいと思う。

　近江令の編纂に関わる史料として『藤氏家伝』上に、

（天智天皇）七年正月、即二天皇位一。是為二天命開別天皇一。（中略）七年秋九月（中略）先レ此帝令下大臣撰二述礼儀一、

刊定律令。通天人之性、作朝廷之訓。大臣与時賢人、損益旧章、略為条例。一崇敬愛之道、同止奸邪之路、理慎折獄、徳洽好生、至於周之三典、漢之九篇、无以加焉。

とあり、これによれば天智天皇の指示を受けて藤原鎌足が時の賢人らとともに従前の法律を補訂、改廃するなどして天皇の七年（六六八）に作ったという。『弘仁格式』序の天智天皇元年の令廿二巻の制定は、称制から数えれば七年に当たるので、右引『藤氏家伝』上の記述と矛盾しない。即ち天智天皇七年に近江令が作られたとする所見にはそれなりの根拠があると言えるのであるが、私は『藤氏家伝』上の文章を丁寧にみていくと、天皇が鎌足に律令刊定を指示したとあっても鎌足は略《ほぼ》条例を作ったとあるのみで、律令を作ったと言っていない点に注意が向けられて然るべきだと考える。条例とは八、九世紀に珍しくない用語で、箇条書きにした法律ないしすじ道を立てて事を定めている法例の意であって、律令のような編纂法典を意味する言葉ではないのである。鎌足を称揚する意図で藤原仲麻呂が撰述している『藤氏家伝』上において、仮に鎌足が近江令を作っていたとすれば「略為条例」というような言い方でなく、明確に令を作ったと書記したのではないかと思われるのである。そもそも天智天皇の律令を刊定せよとの指示に応えて作ったのは『弘仁格式』序や『令集解』官位令によれば令のみで、律は作られていないことになり、天皇の指示を完全に遂行したとは言えない。鎌足は天皇の指示を受けて律令とは言えない法規集、条例を作ったのは確かであり、それを仲麻呂は「略為条例」と記述し、それを後代の『弘仁格式』序等で令と拡大解釈しているとみるのが穏当なところであろう。

「東宮大皇弟奉宣」

尤も大友皇子の太政大臣任官に関わり前章で引用した天智天皇十年（六七一）正月甲辰条を再掲すると、

東宮大皇弟奉宣〔或本云、大友皇子宣命。〕施二行冠位法度之事一。大二赦天下一。〔法度冠位之名、具載二於新律令一也。〕

とあり、この日律令に基づく冠位、法度が大皇弟大海人皇子により施行に移されたとの記事が採られている。右引記事に従えば天智天皇十年の頃律令が編まれていたことになり、近江令が編まれたとする所見に立てば、天智天皇七年に作られた近江令が三年後の十年に至り施行されるようになったと解されるようである。しかしこの記事には、既に先学により指摘されていることであるが、冠位について具体的な記述をしておらず、不審が少なくないのである(1)。『日本書紀』において位階制の実施、改訂を指示する記事に当たると、推古天皇十一年（六〇三）の冠位十二階から始めて、大化三年（六四七）の十三階、大化五年（六四九）の十九階、天智天皇三年（六六四）の廿六階、天武天皇十四年（六八五）の親王・諸王十二階、諸臣四十八階等いずれも具体的に位階名を書記し、大宝令施行に伴う位階制の改定を示す『続日本紀』大宝元年（七〇一）三月甲午条においても具体的な記述を行っている。かかる例を踏まえると、天智天皇紀十年条の冠位を施行するとのみの文章は甚だ異例と言わざるを得ないのである。『日本書紀』の文章には冠位は新律令に具載されているとの注記があるので具体的なあり方について書記することを行っていないのだ、との解釈があり得るが、大宝令制位階実施に関わる『続日本紀』の記事では、大宝官位令に書かれていたであろう事項や関連する儀制令絡みの服色等に関し具体的に記しており、右解釈に根拠ありとは言えない。

私は天智天皇紀十年（六七一）正月甲辰条の記事の背景に少なからず複雑な事態があり、それとの関連で具体的な冠位について記すことなく施行するとの作文がなされている、と見得る余地があるように思う。前章で少し触れているが、この文章では奉宣者を東宮大皇弟、大海人皇子としているものの、注文の或本によれば大友皇子が宣命したとある。奉宣者が大海人皇子か大友皇子かは二律背反事項であり、一方が正しければ他は誤りとなる。大友皇子は甲辰(六日)に先行する癸卯(五日)に太政大臣に任官しており、この太政大臣は『懐風藻』大友皇子伝によれば「総二百揆一以試之」とされ、最高執政官としての権限を有していたと考えられるので、冠位・法度の奉宣となれば大友皇子が相応しくなるのである。大友皇子の太政大臣任官はまず否定し難いところだろうから、『日本書紀』の大海人皇子を奉宣者とする記述に不審があると言わざるを得ず、或本の「大友皇子宣命」が歴史事実であった可能性が大であると思われるのである。言うまでもなく『日本書紀』は大海人皇子、天武天皇を擁護しようとの立場で編纂されている。『日本書紀』の編者は大皇弟大海人皇子が奉宣に当たるのが当然であるという看点から本文で奉宣者を大海人皇子とし、他方それと異なる所伝を載せる或本については注文で触れるに止めているのであろう。私は歴史事実として、正月癸卯に大友皇子が太政大臣に任官すると、それを祝賀する意味を込めて翌甲辰に皇子が重要な政務事項の奉宣を行っている事態を想定し得るように思うのである。謂ば大友皇子のお披露目である。井上光貞氏は天智天皇三年（六六四）に定められた冠位廿六階の施行を奉宣しているのだと解釈している。(2)この廿六階は『日本書紀』より天智天皇十年以前から実施されていることが確実なので、大友皇子の奉宣を文字通りの施行と解することはできないが、お披露目として既に布告されている冠位制の再確認の奉宣とみれば、井上説を肯うことができそうである。改定内容を伴った冠位制の奉宣となればそれを具体的に記述する必要があるが、過去に布告されている冠位制の再布告ならば、既に記載済みなのであるから再述するまでもないことであり、『日本書紀』本文が触れていなくても理解可能である。冠位と並んで施行を奉宣した法度も、既布告の法例の類なのであろう。(3)私はかかる大友皇子による奉宣が、大海人皇子の立場に立つ『日本書紀』の編者により大海人皇子による奉宣とされ、正月甲辰条の記事になっていると考えるのである。

奉宣内容

以上より私は、天智天皇十年（六七一）正月六日に行われたのは大友皇子による既に施行されている天智天皇三年

（六六四）の廿六階および何らかの法例の奉宣で、『日本書紀』同日条の注記にみえる新律令の存在を認める必要はないと考える。仮に大友皇子の奉宣した冠位・法度が近江令そのものだとすれば令を施行すると言えばよいところであり、それが近江令の一部を意味しているとすれば令に依り冠位・法度のことを施行するとあって然るべきように思われるのである。因みに大宝令施行を命ずる『続日本紀』大宝元年（七〇一）の記事には「依新令改制官名位号」「其庶務一依新令」の如きがあり、大友皇子の奉宣が令に基づく冠位・法度の施行であるならば「依令施行冠位・法度」とするのが相応しい構文であろう。私は天智天皇紀十年（六七一）正月甲辰条の注記「法度・冠位之名、具載於新律令也」は、本文中で冠位・法度の施行を言いながら冠位について具体的な記述をしていない点に不審を抱いた後代の人が、冠位・法度は重要事項であるから律令に記載されているはずと考え、書きこんだ可能性が高いように思う。[4] 注記では近江令に律が伴っていなかったとされているにも拘わらず「新律令」と言っている。これは注記を書いた人が近江令の存否を含め実態を確かめることなく、冠位・法度について記載した近江律令があったはずという理解の下で綴文したことに由ると考えられる。即ち『日本書紀』の注記を根拠に近江令が存在したとすることはできないのである。

近江令非在説

持統天皇三年（六八九）六月に浄御原令が諸司に班賜され、閏八月に国司（国宰）に対し今冬戸籍を作るべしとの指示が出され、持統天皇四年九月乙亥条に「凡造戸籍者、依戸令也」との詔令が出されたことがみえている。四年九月の指示は浄御原令の戸令の規定に拠り造籍に当たれということであり、三年閏八月の指示は浄御原令の戸令でなく別な法規に拠り作成することもあり得るということを示唆していると解される。即ち三年閏八月段階で造籍のための依拠法として存在していたのは浄御原令の戸令のみではないようであり、近江令があったとすればその戸令相当法規が依拠法となっていたことが考えられる。因みに『弘仁格式』序によれば、近江令は浄御原令に同じ廿二巻の規模となっていたというのであるから、戸令相当法規があったとして不都合はない。私は仮に持統天皇四年（六九〇）当時に造籍依拠法として近江令に戸令の如きがあったとすれば、同年九月の造籍は「戸令ニ依レ」との指示では、この戸令が近江令なのか浄御原令なのか不確かで、混乱を惹起しかねない事態の発生が考えられるように思う。近江令が存在する状況下で浄御原令の戸令に依れということであるならば、「新シキ戸令ニ依レ」とあって然るべきであろう。かく考えることからも私は、近江令が編纂されていたとは考え難いと思うのである。

天智天皇朝においては、前半は白村江での敗北による国防態勢の強化が急務となっており、後半に至ると太政官制の整備が進むなど国制が整い天智天皇九年（六七〇）には庚午年籍を作成しているのであるが、律令編纂が可能であったかとなると疑問があり、藤原鎌足による条例の編録が行われた程度とみるのが妥当なように思われるのである。

第二節　浄御原令

天武天皇の律令編纂

前節で述べた如く天智天皇朝において近江令が編まれたという事実はないものの、藤原鎌足が天智天皇の指示を受けて同七年（六六八）に条例を作ったことは確かとみてよく、法典編纂への気運は昂まっており、それは壬申の乱後の天武天皇朝に継承されていったと考えられる。天智天皇が中国の正統的政治哲学である儒教に関心をもちそれを学んでいるのに対し、天武天皇は天文・遁甲を好み得意とするという相異があるが、天武天皇、大海人皇子も天智天皇の下で政治改革に協力する過程で中国風の律令政治を理解し、その導入を意図するようになっていたと思う。天智天皇の政治改革を支えた藤原鎌足と大海人皇子は元来親しむ間柄ではなかったとは言え、天智天皇七年（六六八）の浜楼での長槍指貫事件以来皇子は鎌足を深く信頼するようになっており、更に天武天皇は百済亡命学者沙宅紹明が死去すると驚き外小紫位と大佐平位を贈ることをしている。紹明は確証はないものの滝川政次郎氏が近江朝における法典編纂に協力した人物としており、律令に関心や知見を有していたとみてよく、鎌足や紹明と交流し信頼、評価する天武天皇の姿勢に天智天皇の後を受け律令政治の定着と法典編纂への意思を読みとることができるのである。律令編纂を意図しながら遂に条例の作成に終った天智天皇と鎌足の遺志の実現という思いが、天武天皇にはあったのではなかろうか。皇位の継承如何という点では天武天皇は天智天皇と対立する関係になってしまったが、律令政治、また法典編纂に関しては右のように考えてよいように思う。

天武天皇九年（六八〇）十一月に天皇は、

若有下利二国家一寛二百姓一之術上者、詣レ闕親申。則詞合二於理一、立為二法則一。

という詔を布告している。[5] 朝廷、百姓に有利な改革案があれば申し出よの謂であり、法の充実を図ろうとの天皇の方針が窺知される。かかる方針の下に打ち出されたのが天武天皇十年（六八一）紀二月甲子条にみえる律令編纂を指示する詔で、次の如くである。

天皇々后、共居二于大極殿一、以喚二親王・諸王及諸臣一、詔之曰、朕今更欲下定二律令一改中法式上。故倶修二是事一。然頓就二是務一、公事有レ闕。分レ人応レ行。

右引文によれば、天皇と皇后が朝儀を行う大極殿に出御して参列する親王以下諸王・諸臣に律令撰定を行うことを指示している。親王以下を大極殿へ喚集しての宣詔は盛大な儀になっていたと推知され、天皇の律令撰定への強い意志を示していると解される。「定ム」「改ム」とはこの度の事業が既往の法例の拾集に終わらず従前の法の改削、補訂を行うということであり、親王以下諸臣が頓にこの事業にとりかかり朝廷公事に欠けることがないよう「人ヲ分チ行フベシ」とは然るべき担当部署、担当者を定め事に当たるようにせよとの謂に他ならない。かつて天智天皇の律令編纂の指示が藤原鎌足に出され、鎌足の個人的業務として遂行されたのか朝廷の公的な事業として進められたのか定かでないところがあったのに対し、天武天皇の指示は明確に朝廷の公務として推進することを言っており、天武天皇十一年（六八二）紀八月丙寅条に「造法令殿ノ内ニ大キナル虹有リ」とあることから造法令殿なる部署が設置されたことが知られるのである。この条の四日前の一日条には「親王ヨリ以下及ビ諸臣ニ令シテ、各法式トシテ用ヰルベキ事ヲ申サシム」とあり、親王以下廷臣に立法すべき事について献言させており、多くの臣下の意見を採用しつつ撰定作業が進められていたことが判る。この献言の勧奨は先引天武天皇九年（六八〇）十一月の詔に通じており、造法令殿に詰め作業に当たる官人とは別に広く親王以下廷臣の所見を求めての作業推進で、朝廷の全力を挙げての事業となっていたことが知られるのである。

律令編纂参加者

造法令殿に詰め事に当たった編纂者の名前は伝わっていないが、状況的徴憑より滝川政次郎氏は粟田真人、伊吉博徳および中臣大嶋、平群子首を挙げている。(6) 真人と博徳はその後大宝律令の撰定に従事しているので、天武天皇の律令撰定の事に当たった可能性は十分にあるとみてよい。真人は大宝元年（七〇一）に遣唐執節使として渡唐し、『新唐書』日本伝に学を好み能く文を属し進止容ありと評されている。博徳は斉明天皇五年（六五九）に遣唐大使坂合部石布に従い入唐し、斉明天皇七年（六六一）に帰朝している。真人が天武天皇十年（六八一）以前に海外へ出ていたか否か不明なものの、中国文化に対し進取的であったようであり、博徳は在唐したことのある知識人として律令撰定には適任者であったであろう。博徳は藤原鎌足の条例作成にも協力していたと考えられる。大嶋と子首は天武天皇十年（六八一）三月に帝紀および上古諸事の記定に際し執筆の任についていることより文人としての才質があり、律令編纂に当たっては法律の知識を有する者だけでなく文人の起用も図られているので、文才をかわれ編纂に当たった可能性が考えられるようである。猶、滝川政次郎氏は大津皇子も『日本書紀』の伝記に「長ニ及リテ弁シクシテ才学有ス。尤モ文筆ヲ愛シタマフ」とあり、文才のあることを根拠に編纂者に任じられていたと推測しているが、大津皇子は鸕野皇后の嫡子草壁皇子の対抗者として皇后の忌避するところであるから、右推測は成立しないようである。林紀昭氏は天武天皇十三年（六八四）十二月に帰国した留学生土師宿祢甥と白猪史宝然の編纂参加を考えている。(7) 両人は大宝律令の撰定に与っており、天武天皇の律令編纂事業に加わった可能性は十分にあると言ってよいだろう。しかし言うまでもなく事業は天武天皇十年（六八一）に開始されているのであるから、中途参加ということになる。林氏はこの二人の参加により撰定作業が急速に進展するようになったと推測している。大宝律令撰定者の中には百済から献上された唐人捕虜であるらしい薩弘恪が加わっている。弘恪の来日が何時のことであるか確実なことは不明なものの、斉明天皇七年（六六一）十一月ないし天智天皇二年（六六三）二月に来日した続守言とともに日本へ来たようであり、かく推考して是とすると、薩弘恪の天武天皇の律令撰定事業への参加を考えてよいように思われる。薩弘恪と続守言は朝廷で同一行動をとっている様相が濃厚なので、守言の参加も考えてよいであろう。続守言は後引持統天皇紀三年（六八九）六月庚子条に名前がみえているものの薩弘恪に先んじて死去したようであり、そのため大宝律令の撰定事業に加わることができなかったようである。

先引天武天皇十年（六八一）二月甲子紀の記事では「朕今ヨリ更ニ律令ヲ定メ、法式ヲ改メムト欲フ」とあり「更ニ」とあることから既に律令が存在する状況下で更めて律令を撰定するとの含意の可能性があり、となると近江（律）令の編纂が行われていたということになりかねない[8]が、更の字義には更めてとは別に新たにがあるから、先行する律令の存在を想定せねばならないということではない。全く新しく撰定する場合であっても「更ニ」とあって不都合はないのである。天武天皇の編纂事業は天智天皇朝以来の法整備の延長上に位置づけられ、ここに本格的な法典編纂が開始されたのである。

浄御原令の成立

天武天皇十年（六八一）二月に開始された法典の編纂は、詔文で律令と言っているのであるからその編纂が目指されたことと思われるが、令のみが完成し廿二巻に纏められたものが持統天皇三年（六八九）六月に諸司に班賜されている。本来なら律令併せての編纂完了を待ち施行すべきところであろうが、直前の草壁皇子の死と関連して、見切り発車的に令のみの班賜となっているようである。通常この令を天武天皇が宮居した飛鳥浄御原に因み浄御原令と呼んでいる。浄御原令の完成は天武天皇十四年（六八五）正月丁卯に爵位の改正がなされているのを浄御原令の一部施行とみ、それ以前に完成したとみるのが通説と言ってよいようである[9]。いまそれを伝える『日本書紀』の記事を示すと、次の通りである。

> 更改爵位之号。仍増加階級。明位二階、浄位四階、毎階有大広、并十二階。以前諸王已上之位、正位四階、直位四階、勤位四階、務位四階、追位四階、進位四階、毎階有大広、并卌八階。以前諸臣之位。

この記事は内容的に大宝律令の実施に関わる『続日本紀』大宝元年（七〇一）三月甲午条、

> 始依新令、改制官名位号。親王明冠四階。（下略）

と甚だ近似しており、完成した浄御原令の実施を示していると解し得る如くであるが、位階に密接した服色制についてみると、天武天皇十四年紀七月庚午条の勅で、

勅定二明位已下、進位已上之朝服色一。浄位已上、並着二朱花一。朱花、此云二波泥孺一。正位深紫、直位浅紫、勤位深緑、務位浅緑、追位深葡萄、進位浅葡萄。

と布告する一方で、持統天皇四年（六九〇）紀四月庚申条には、

詔曰、（中略）其朝服者、浄大壱已下、広弐已上黒紫、浄大参已下、広肆已上赤紫、正八級赤紫、直八級緋、勤八級深緑、務八級浅緑、追八級深縹、進八級浅縹。別浄広弐已上、一畐一部之綾羅等、種々聴レ用。浄大参已下、直広肆已上、一畐二部之綾羅等、種々聴レ用。上二下通用綺帯白袴一、其余者如レ常。

とあり、前者の服色制は後者により改訂が施されている。両者は正、直、勤、務、追、進ごとに服色を定める点で一致し、色名に多少の相違があり、かつ持統天皇四年四月詔では綾羅、綺帯、袴に言及している。先に引用した大宝元年（七〇一）三月の大宝令に基づく官名位号の改制記事では省略した部分で位ごとの服色を言い、次いで綺帯、袴等の規制に言及している。朝服を規定する養老衣服令朝服条においても、位階ごとの服色とともに袴・帯等について定めている。即ち天武天皇十四年七月勅の内容は、色についての規定の仕方は後の令規のあり方に一致するとはいえ、袴・帯等について定めていないところは不充分と言わざるを得ず、服色に関わる令規となれば持統天皇四年四月詔は相応しいと言えるものの、天武天皇十四年七月勅は未だしの感を免れないように思われるのである。私は天武天皇十四年七月勅が浄御原令に関わるとはいえ完成した段階の条文とみるのは困難とみ、撰定途上で一応できあがった、しかし未確定の法文を実施に移していると解することができるように思うのである。天武天皇十四年（六八五）七月勅は未確定条文のことゆえ更に補訂が加えられて確定文となり、持統天皇三年六月に諸司に班賜された浄御原令廿二巻

の一条となり、持統天皇四年四月に至り右引詔文の形で実施に移されていると考えられる。かく考えることから私は、天武天皇十四年七月勅をもって浄御原令が成立しているとみる所見は当たらず、この後も撰定作業は進められ、持統天皇三年（六八九）六月以前のある時点で完成したとするのが穏当な所見だと判断する。天武天皇十四年正月に布告された位階制は大宝令制が布かれるまで効力を有していることが確認されるので、浄御原令制の実施と言い得るのであるが、衣服令絡みの令文は確定以前の段階なので、浄御原令としては未完成の状態と言うことになるのである。浄御原令撰定に加わったであろう粟田真人が『日本書紀』持統天皇三年（六八九）正月壬戌条に筑紫大宰の肩書で隼人一七四人、布五十常、牛皮六枚、鹿皮五枚を献上している。真人の筑紫大宰任官が何時頃のことか不詳であるが、真人が筑紫大宰に任官する以前に浄御原令が完成していたとすれば、持統天皇二年（六八八）の頃には成立していたと見得るかもしれない。

浄御原令班賜についての青木和夫説

ところで持統天皇三年（六八九）六月の諸司に対する浄御原令の班賜について青木和夫氏は、この令は一応纏められていたにしても、完了した法典とは言い難く、班賜とは諸司に令を文字通り班ったに過ぎず施行したの意ではないと考え、当時の浄御原令の施行例と思われるものは「政治的情勢の必要に応じて不備ではあるが一時凌ぎに施行されたのだ」との見解を述べている。[10] 右所見の根拠として青木氏は、

もし（浄御原令の編纂が）完了したならば編纂従事者に何らかの行賞があって然るべきなのに、それが当時の記事は勿論、後世の大々的な論功行賞に全く姿を見せないこと、またこの令二十二巻を班賜した同じ持統天皇が僅々十年を出ないで位を孫の文武天皇に譲り自ら大宝律令の編纂を指導したらしいのは、全くこの令に不備があった

ためとしか考へられぬこと

の二点をあげている。確かに大宝律令、養老律令の撰定に与った人たちに行賞を行ったことは『続日本紀』文武天皇四年（七〇〇）六月甲午条や大宝三年（七〇三）二月丁未条、天平宝字元年（七五七）十二月壬子条にみえており、浄御原令が完成していたとすれば撰定者に対する行賞を行ったとの記事が伝わっていて然るべきかと思われるのであるが、既述した如く律と令併せての編纂を目指しながら草壁皇子の死と連動して見切り発車的に令を施行したとすれば、後代の律令編纂に伴う行賞が行われていなくても異とする必要はないのではなかろうか。更に浄御原令班賜に先立つ十日前の持統天皇三年（六八九）六月庚子紀に、

賜㆓大唐続守言・薩弘恪等稲㆒。

とあり、続守言と薩弘恪に稲の賜与が行われている。両人に対する稲の賜与が何によるか右引記事は語っておらず、推測過多の恐れなしとしないが、続守言と薩弘恪は浄御原令編纂に関わった可能性のある人物であり、右引記事の賜稲が浄御原令撰定と全く無関係とは言い切れないのではないかと思う。右記事が浄御原令撰定功労者への賞賜絡みだとすれば、他の推定功労者への行賞記事がないのはおかしいではないかとの批判があり得るが、『日本書紀』が記事を脱落していることもあろう。

浄御原令が纏められた後十年足らずで大宝律令の撰定が開始されているのは前者が未完の法典であったことに由るとの所見については、大宝律令にしても施行約十余年後の養老年間には養老律令の編纂が行われているのであって、浄御原令未完説の根拠とし得る態のものではない。付言すれば大宝律令の撰定は文武天皇即位とともに開始されたようであり、持統天皇の指導というより藤原不比等の関与が大きかったとみるべきである。

浄御原令班賜についての田中卓説

田中卓氏は青木和夫氏の浄御原令の班賜が施行と異なるとする所見を承けて、同令が天下に令して全面的に実施された形跡はないととらえ、班賜は諸司に習熟、検討させるために行ったもので、施行を必要とする時は持統天皇紀四年（六九〇）四月庚申条の、

　詔曰、（中略）四等以上者、依㆓考仕令㆒、以㆓其善最功能、氏姓大小㆒、量授㆓冠位㆒。

や同年九月一日条の、

　詔㆓諸国司等㆒曰、凡造㆓戸籍㆒者、依㆓戸令㆒也。

の如く、考仕令、戸令などと依拠すべき法令を明示して詔勅により布令したと考えている(11)。

　これら法令が一般的に〝施行〟せられてゐるものならば、わざわざ「詔」を発してまで、依拠の法令を指示する必要はなかつたであらう。即ち、新しい「令」（法典）そのものは、持統三年に〈第一次の撰定〉をみてゐた。しかし、それは「令」（法典）として施行せられることなく、仮に必要あつて施行の場合は、詔などの形式で単行法としての発動を求めたものと思はれる。

との田中氏の所論は説得力を有しているとみてよいだろうが、翻って思うに浄御原令の全面施行が発令されたにしても直ちに政務の総てが令規通りに実施されるようになるとは限らないだろうから、全面施行を指令した後個々の令による政務実施を詔勅等で命令をすることがあっても不思議ではないのではなかろうか。持統天皇四年（六九〇）四月庚申詔の考仕令について言えば、冠位を授ける基準として善最、功能、氏姓の大小を考仕令で定めているにしても、従前のそれらを基準にしない選授のあり方が墨守されている事態を排除することを意図し、考仕令により執行せよとの詔命が出されているとみることができるように思う。持統天皇四年（六九〇）九月の戸令による造籍指示に関わり、

前年閏八月に戸令によると明示することなく造籍指示が出されていたのであるが、浄御原令施行後にあっても天智天皇朝の庚午年籍作成以来の方式により戸籍を作ろうとした国司がいても不思議でなく、そのような方式は認めず浄御原戸令により作るのだということで、「戸令ニ依レ」と詔を下すことは十分にあり得たと考えるのである。更には現場の政務執行者が新令の施行が発令された状況下で旧慣墨守を行い、令条に即さない方式により事を執行するような事態とは別に、浄御原令の全面施行を令しつつ謂ば経過措置として旧法のままとしていることも考えられるように思う。浄御原令に基づく官制の施行は持統天皇四年（六九〇）七月戊寅紀にみえる高市皇子の太政大臣任官以下の補任に始まるが、前年六月の同令班賜の段階で直ちに着手すべきであったにしても、人事となるとさまざまな要因を顧慮する必要があるため班賜の段階で太政大臣以下の任官ができず、約一年間旧制の維持が図られていたと解される。

私は右のように考えることから、浄御原令の未完を言い、個々の法令の詔勅による発令を根拠に全面的に実施されることはなかったとする青木和夫、田中卓両氏の所見は支持し得ないと思うのである。そもそも両氏説の出発点に令の班賜と実施は各別だとする理解があるのであるが、実施を前提としない班賜があるだろうか。田中氏は習熟のために班賜したと考えているが、実施を前提としない習熟などあり得ないことであり、習熟説自体が実施を考えていると解さざるを得ない。大宝令施行は大宝元年（七〇一）六月己酉紀勅の「凡ソ其ノ庶務ハ一ニ新令ニ依レ」との指示で、円滑に実施されていったらしい。これは大宝元年八月癸卯紀に大宝令制が「大略浄御原朝廷ヲ以テ准正ト為」していたとあり、浄御原令制をほぼ踏襲していたことに由る。これに対し浄御原令は本邦最初の令法典なので、諸司への班賜により全面施行を意図したものの、旧来のあり方との関係で経過措置をとる必要があれば、それに慣れた現場の政務執行者に令により事に当たることを指示しなければならないケースがあったのである。浄御原令を実施する際の状況と大宝令を実施する際のそれとを同日に論ずるのは当たらない。

浄御原令の施行

持統天皇四年（六九〇）正月甲午紀に「鰥寡・孤独・篤癃貧不レ能二自存一者」への賑恤策がみえ、同十一年（六九七）正月戊申紀にも同様の賑恤記事が採録されている。かかる賑恤記事は持統天皇紀以前にみえず、他方「鰥寡・孤独・篤癃貧不レ能二自存一者」が養老戸令鰥寡条にみえる「鰥寡・孤独・貧窮・老疾不レ能二自存一者」に近似していることは言うまでもない。『令集解』古記から大宝戸令に「鰥寡」「孤独」なる語があったことが判明するので、右養老戸令の語句は大宝戸令にもあった可能性が高いと言ってよいだろう。大宝・養老戸令に近似する語句があることから、持統天皇四年（六九〇）正月紀以降からみえるようになる「鰥寡・孤独・篤癃貧不レ能二自存一者」は浄御原戸令にあったと見得るようであり、かく推測して可とすれば、格別法令をあげて実施を指示する詔勅が出されていないにも拘わらず、大宝・養老戸令鰥寡条に相当する条文が浄御原令に定められ実施に移されていた様子を看取できるように思われる。

田の面積表示については田令田長条に、

凡田、長卅歩、広十二歩為レ段。十段為レ町。段租稲、二束二把。町租稲廿二束。

と規定されており、大宝・養老田令ともに相違しない。面積表示の具体的な記載例について虎尾俊哉氏の調査があり、持統天皇三年（六八九）十二月二十五日采女氏塋域碑に至るまでの史料にみえる田積は専ら代（頃）に依っているのであるが、それに続く持統天皇四年（六九〇）十月乙丑紀では町を以て田積を示し、以後代を使用する例がないとされている(12)。右引田長条と同形式の条文は唐田令にもみえるので、浄御原令にも置かれていた可能性が大であり、持統天皇四年（六九〇）以降に関わる田積記載が代によらず町に取って替っているのは持統天皇三年（六八九）から四年にかけての時期に浄御原令の田長条相当条の田積を町で示す方式が採用されたことに由るとみることができるように思われるのである。特に田積表示を代でなく町で示せなどという詔勅の出された徴候はないが、田積表示の変化の背景に、右述した事情を想定しないと理解することが困難なように思う。

百姓に課される課税品目について持統天皇二年（六八八）六月戊戌紀や同年十一月己未紀においては調賦なる語が使われているが、同四年（六九〇）正月甲午紀では調役なる語が使われ、大宝令施行に至るまでこの語が頻出している。調役は調と歳役の謂で、大宝令制では調庸に当たる。『令集解』古記より大宝神祇令神戸条で調庸なる語が使用されていることが判明する。持統天皇四年（六九〇）以降に確認される税品目としての調役は令語に由来するとみてよく、持統天皇四年を境に浄御原令の課税制度が導入されるようになっていたことを示すと解される。調役制の採用についても格別の詔勅が出された徴候はない。

以上戸令、田令、賦役令絡みで必ずしも詔勅による発令とは思われない浄御原令制の施行と思われる例をとりあげてみた。この事実は、浄御原令廿二巻が諸司に班賜されると間もなく全面的な施行が意図され、実施に移されていたと判断して大過なしと考え得るように思う。言うまでもなく戸令、田令、賦役令とくれば支配の根幹に関わる法制である。かかる分野で格別の詔勅による指示を欠きながら浄御原令制が実施に移されているのは、一旦できあがった浄御原令の法令のうち必要とされたものが詔勅により施行されたとする、田中卓氏の所見の成立し難いことを明白にしているように思われる。繰返すが、浄御原令の戸令ないし考仕令により行えとの詔による指令は、経過措置として旧法のまま行われてきている状態を改めるなり、新法と旧法の間で紛らわしいような事例に関し布告されていると解されるのである。廿二巻の班賜を、実施を念頭においたものとみて、何ら不都合はない。

藤原不比等の律令整備史観

『続日本紀』養老三年（七一九）十月辛丑条に次の詔が採られている。

詔曰、開闢已来、法令尚矣。君臣定位、運有レ所レ属。洎二于中古一、雖二由行一、未レ彰二綱目一。降至二近江之世一、改張悉備。迄二於藤原之朝一、頗有二増損一。由行連改、以為二恒法一。

律令整備過程に触れた文章であり、近江朝において改張悉備の状態となり、その後文武天皇朝に至り増損、改訂が加えられ恒法たる大宝律令の編纂に至ったと指摘している。この詔では天武天皇朝における浄御原令の編纂に触れず、専ら近江朝と文武天皇朝の編纂事業を称揚している。近江令が編まれたとは解し難く、その一方で本邦最初の令である浄御原令の編纂に触れていないのは少なからず解し難いが、ここは右詔が元正天皇のそれとはいえ右大臣藤原不比等が関わっていることが確実であり、その律令整備史観を反映して、父鎌足が関わった近江朝の整備事業について「改張悉備」を言い、自らが中心になって進めた文武天皇朝の編纂事業を恒法を作ったと評価し、藤原氏が関係しない天武天皇朝の事業については言及することをしていないと解することができそうである。

先に触れた浄御原令の全面的な施行は無かったと説いていた田中卓氏は、近江令の撰定、実施を言い次いで大宝律令の撰定、実施を論じていた。この田中説は養老三年（七一九）十月辛丑詔の律令編纂史観と一致する様相を呈しているが、後者は藤原不比等の独特の歴史観を反映していると解され、真実に迫っているとは言えないのである。猶、井上光貞氏は近江令が撰定、施行された後、天武天皇十年（六八一）に至り更改作業が開始され、持統天皇三年（六八九）六月に令廿二巻として諸司へ班賜されたとみ、天武天皇十年に始まる浄御原令の編纂を近江令の修正事業ととらえている。[13] 井上氏は『弘仁格式』序や『本朝法家文書目録』において近江令ないし大宝律令に言及する一方で天武天皇朝の浄御原令に触れていないのは、それが近江令を改訂した法典であることによると論じ、養老三年（七一九）

十月辛丑詔の律令編纂史観の妥当性を述べているが、既述した如く近江令の編纂を認めるのは困難であり、井上説も失当と言わざるを得ない。井上氏は『弘仁格式』序にみえる近江令廿二巻が持統天皇三年（六八九）紀の浄御原令廿二巻に継承されていると論じているが、事実は逆で、確実な浄御原令廿二巻に基づき、近江令が存在したと想定した『弘仁格式』序の撰者藤原冬嗣がその巻数を廿二としたのであろうと思われるのである。

浄御原令撰定の理由

浄御原令の撰定が天武天皇十年（六八一）二月に開始された理由については、前年十一月に百官に詔して百姓を豊かにする政術の献言とその法制化を決定しており、法整備の気運が昂まっていたことが看取され、その流れの中で天皇の更定を指示する詔が宣告されたとみてよい。林紀昭氏は、当時統一新羅が文武王の下で律令法制を整え唐の冊封下に入りながらそれと対抗する程の力をつけてきている国際環境の中で、朝廷貴族が日本でも律令法の整備を目指すことになり、律令更定の詔発布となったと論じている(14)。この林説は是認されるが、より直接的には詔布告と同日に草壁皇子が皇太子に立てられており、この立太子絡みで律令撰定事業が開始されたとみられるのである。立太子を伝える『日本書紀』の記事によれば、草壁皇太子は万機を摂《ふさ》ねたとあり、朝政万般に渉り事に当たるようになったことが判る。即ち草壁皇子の立太子は律令更定事業へ関与することを踏まえて挙行されていたと解され、更定事業は立太子を記念するという性格があったとみられるのである(15)。前節で天智天皇朝の大友皇子が百揆を総ねる太政大臣に任官すると、お披露目をかねて冠位・法度の事を奉宣したと指摘したが、草壁皇子立太子当日の天武天皇による更定事業開始の詔発布は皇太子のお披露目という意味合いがあった。

第三節　律の編纂

浄御原律の存否

天智天皇朝において律が編纂されたか否かについては近江令が編まれたとする論者によっても、先引した『令集解』官位令の「近江朝廷、唯令ヲ制シテ律ヲ制サズ」などを根拠に編纂されたことはなかったとされており、その一方で大宝令には律が伴い併せて大宝律令と称されてきているが、浄御原令に対となる律、浄御原律が編まれていたか否かに関しては明示する史料を欠き、論者により諸説が提出されてきている。いま浄御原律に関する先学の所説を整理すると、

(1)制定・施行説…滝川政次郎・坂本太郎・林陸朗氏[16]
(2)制定・非施行説…利光三津夫氏[17]
(3)草案作成・一部施行説…小林宏氏[18]
(4)非制定説…青木和夫氏[19]
(5)非制定・唐律準用説…石尾芳久・井上光貞氏[20]

の如くとなる。(1)説は第二次大戦前から戦後にかけて暫くの間通説的位置を占めていたが、(4)説に立つ青木和夫氏が『延喜式』刑部省の、

凡父母縁二貧窮一売レ児為レ賎。其事在二己丑年〔持統天皇三年〕以前一。任依二元契一。若売在二庚寅年〔持統天皇四年〕以後一及因二負債一被二強充一レ賎并余親相売者、皆改為レ良、不レ須レ論レ罪。其大宝二年制レ律以後依レ法科断。

により、大宝二年制律以後法により科断することができるようになったこと、逆に言えば大宝二年以前においては法が未整備で科断できるような状態でなかったと論じ、更に大宝二年に律が制定されたことを示す若干の他史料を示して補強されて以来、(1)説を主張することは不可能になっている。(2)説は(1)説と(4)説との中間に位置する所見と言い得るが、律が制定されたとする根拠は天武天皇が十年（六八一）に律令の編纂に着手したのであるから、令とともに律も作られたはずといった程度の推測でしかなく、青木説を踏まえると到底説得性のある説とは言い難い。(3)説は草案なる語で具体的にどのようなものを考えているのか定かでなく(2)説の亜流とも言い得る面があり、有意味な学説とは言い難いと言わざるを得ないようである。

(4)説についてはその正しさを確認した上で次に問題になるのは、当時の刑罰法規はどのようなものであったかということになるが、これに関し、青木氏は天武天皇八年（六七九）紀正月戊子条や同十年（六八一）紀五月己卯条などにみえる「随ㇾ事罪ㇾ之」「随ㇾ事共罪ㇾ之」に注目して罪刑法定主義以前の状態とみ、適宜処断していたと考えているようである。正に準的を欠いた状態である。これに対し石尾芳久氏や井上光貞氏は青木氏の律未撰定説を承認した上で、天武天皇朝初の頃から唐律を模した内容の法例が布告されていることを根拠に、(5)唐律準用説を説いている。井上氏は「わが国においては未だ律が編纂されなかった為、唐律をそのまま適用していたのではないかという疑問に対して充分な解答を与えること」ができていないとの石尾氏の主張に共感を示しつつ、天武天皇朝に入ると「唐律の全面的、体系的な摂取の時期に入った」とみることができ、浄御原令施行期にみられる律による処断とされる事例は唐律を適用したものであると論じている。井上氏は自説を傍証するものとして、高麗で唐律が使用されていたらしいという所説を提示している。即ち(5)説はそれなりの根拠を有し有力な学説となっていると見得るのであるが、翻って思うに石尾氏は浄御原令が編まれたにも拘わらず浄御原律が編まれなかった理由として、日本の固有刑法思想が強固であったのでを編むことができなかったと論じており、氏の所論の通りであるならば、当時の日本では唐律に対する異和感が強かったと考えられるのであるから、唐律を準用することは困難でなかったかと思われるのである。固有刑法思想が強固な状況下での唐律準用説を説く石尾氏の所論は、矛盾を犯していると言わざるを得ないだろう。

官物盗贓事件

浄御原律の存否や性格について言及してきた先学が注目し立論するに当たり依拠としてきた史料に、『日本書紀』持統天皇七年（六九三）四月辛巳条がある。

詔、内蔵寮允大伴男人坐レ贓。降二位二階一、解二見任官一。典鑰置始多久与二菟野大伴一、亦坐レ贓、降二位一階一、解二見任官一。監物巨勢邑治、雖二物不一レ入二於己一、知レ情令レ盗之。故降二位二階一、解二見任官一。然置始多久、有レ勤二労於壬申年役之一。故赦之。但贓者依レ律徴納。

内蔵允大伴男人および典鑰置始多久と菟野大伴が盗を犯し、監物巨勢邑治が盗品を自らの物としていないとはいえ、盗行為を黙認した罪により位階の降下と見任官の解免、贓物の徴納処分を受け、多久のみは壬申の乱の際の功績により降位と解免を赦されている。右記事は犯人がどこに所在していた物品を盗んだのか示していないが、内蔵寮允、典鑰、監物という犯人の肩書きからみて官有物の盗取とみてよいだろう。いずれも官有物品の管理、出納に当たる官人であるから、監督責任を有する者による所管内の盗犯であり、唐律や日本律の用語を用いれば監臨主守盗に関わると考えられる。勿論次章で論ずることであるが、内蔵寮なる役所が持統天皇七年（六九三）当時あったとは考えられず恐らく内蔵官であり、允なる官名も相違していた可能性が高く、典鑰、監物も別な名称の官を『日本書紀』の編者が大宝令制の官名に置き換えている可能性が大とみられる。因みに監物は浄御原令制下の『続日本紀』大宝元年（七〇一）二月丁未条に下物職とみえている。大伴男人以下四人はそれぞれ別個の事件に坐し降位・免官・徴贓処分を受けている可能性を排さないが、同一事件に坐しているとみてよいだろう。右引文の文脈をみても監物の巨勢邑治の犯状について「情ヲ知リ盗マシム」と述べているのは正犯人が他にいることを示し、大伴男人・置始多久・菟野大伴らの盗行為を事情を知りながら放任した罪を問われていると解される。大宝・養老令官制を念頭におけば、監物は出納の監察や管鑰の請進を事とすることになっているから、かかる職務を遂行する過程で大伴男人らの行為を黙過したのである。従って犯罪が行われたのは官司の倉庫ということになり、男人が允として勤務する内蔵寮所属の倉から盗みだしたとみてよい。多久と大伴も管鑰の出納に当たるという職務を介し、男人と共犯関係に陥ったのであろう。今回の坐贓事件は本司（内蔵寮）と管鑰の管理・出納に当たる典鑰と監察に当たる監物が結託して起こしたと言ってよく、これらの官人が意を通じあえば官司の倉庫の物品を持ち出すことは頗る容易なことであり、恐らく降位二階の処分をうけている内蔵允男人が主犯格で降位一階の二人の典鑰を仲間に引きこみ犯したのだと思われる。盗品を自らの物にしてはいないとはいえ邑治が男人と同じ降位二階となっているのは、監察という本来の職務を放棄したことに由るとみることができそうである。猶、監臨について唐名例律では、

諸称二監臨一者、統摂・案験為二監臨一。

と規定しており、官司における全般的な支配統制行為である統摂のみならず特定事案に関わる案験も監臨と称していた。内蔵寮の倉庫の管理に関し允男人は統摂の立場であり典鑰・監物の多久・大伴・邑治は案験の立場ということになろう。いずれにしても男人以下が内蔵寮倉庫に対し、監臨主守の立場であったとみてよい。

尤も事件を監臨主守盗とみる右述した解釈と異なり林紀昭氏は内蔵寮・典鑰・監物という複数の役所の官人が同一の罪を得ていることから監臨主守盗の可能性は小さく、監督責任下でなく管轄外の窃盗である可能性が大きいと述べ

ている。[21] 確かに事件は各別の役所の官人により犯されているのであるが、出納という看点からするならば典鑰・監物も内蔵寮の倉に関与するのであるから監臨の立場に就くことがあり、男人と同一の監臨主守盗事件に関わっているとみるべきであろう。監物邑治は「情ヲ知リテ盗マシ」めたのであるが、この文章からすれば既述した如く邑治以外に盗の実行に当たった人物がいたはずであり、それは男人・多久・大伴の三人以外に考え難いのである。

官物盗贓事件についての石尾芳久説

以上稍詳細に渉り持統天皇七年（六九二）紀の内蔵寮官人らによる犯盗事件について検討してみたが、石尾芳久氏は唐名例律では「諸以レ贓入レ罪、正贓見在者、還二官主一。（中略）会二赦及降一者、盗詐枉法、猶徴二正贓一」と規定していて赦降と正贓徴収とが必然的な関連を有しているのに対し、贓を問われている男人らの場合赦と徴贓とが別個の処分として考えられているとみ、律の体系の未確立と唐律の部分的なそのままの適用が窺えると述べている。この石尾氏の所論の眼目は、坐贓事件の処断において赦降と徴贓が各別のものとされているということにある。赦を施されている多久についてみると、降位、免官を免《ゆる》された一方で、唐律に従えば自動的に贓の徴収が行われるべきところを「但シ贓ハ律ニ依リ徴納ス」とあるのであるから、赦と徴贓とが別個の処分の如き様相があると言えば言えそうである。しかし多久への赦が壬申の乱の功績という格別の事由に基づくそれなので、徴贓の免除があってよいにも拘わらず、通常の赦なみに徴贓するの意であるようにも思われ、赦と徴贓の関係が強いて唐律の体系と異なっているとまで言い得るか疑問である。私は詔文中にみえる贓や赦という語句に唐律の影響を認めることができるものの、監臨主守盗に対する処罰として降位、免官を行っている点に唐律との深刻な相異が見出されると考える。

監臨主守盗犯の処罪

監臨主守盗を犯すと唐律では名例律除名条により除名となるので、官位はすべて剥奪されることになり、一、二階の降位では済まないことになる。男人らは一、二階の降位で済んでいるのであるから唐律によっていないことが明白であり、唐律準用による処断とは到底言えない。私は監臨主守する者が犯した罪への科刑をどうするかについて日本と唐との間に少なからざる相異があり、持統天皇七年（六九三）の頃の日本では唐律の除名を適用し得る状況ではなかったと推測し得るように思うのである。大化元年（六四五）八月に改新政府は造籍、校田等を実施するため東国へ国司を派遣しているが、貨賂の収取や百姓の差発等を禁止し遵守を求めて、

介以上、奉レ法必須褒賞。違レ法当降二爵位一。判官以下、取二他貨賂一、二倍徴之。遂以二軽重一科レ罪。

と令している。(22) 国司が部内から賄賂を取る行為は監臨官による犯罪に他ならず、唐律では除名となるところを右大化の指示では爵位の降格を言うに止めている。この処分には、持統天皇七年（六九三）紀の坐贓事件の大伴男人らへの降位に通じるものを見出し得るように思われる。大化の右引指示や持統天皇七年の坐贓事件での処断より、官人が監臨するところで唐律を適用すれば除名に問われるような犯罪を行っても官位の全面的剥奪を行わず、降位で済ませるという伝統的なあり方を抽出できるのではなかろうか。唐律が監臨主守盗を除名という重罪にしているのは、皇帝の手足であるべき官人の規律の緩みを嫌うことに由来し、皇帝の官人に対する統制が強力に及んでいたことに関わるのだろうが、七世紀代の日本の朝廷ではそのような官人秩序が相対的に未発達であり、監臨官の犯罪に対し除名より軽い処分を行っていたのであろう。七世紀日本と唐との間における官人秩序のあり方の相異が監臨官の犯罪の処分に差異を齎していたということであり、私はここに固有刑法思想の一端をみることができると考えるのである。持統天皇七年（六九三）紀の右引記事の末尾には「贓ハ律ニ依リ徴納ス」とあり、贓徴収に関する規定があったようであり、

律法典が編まれていたとは考え難いので、個別立法として徴贓が定められていたと推考される。既に『隋書』倭国伝に「盗者計レ贓酬レ物、無レ財者没レ身為レ奴」とあり、盗犯に贓物没収が科されていたようであるから、七世紀日本において贓徴収が制度化されていたとみてよく、贓徴収規定が定められていたとして不思議でないだろう。犯盗の監臨官への降位処分についても一階降すか二階降すか等に関し、明文により規定されていたのではなかろうか。贓物徴収規定があるのに位階の降格規定がないとすれば、片手落ちの感がするように思われる。先引大化の東国国司に出された指令は、個別立法の一例とみることができる。

除名

ここで除名についてもう少し検討してみると、著名な慶雲三年（七〇六）二月庚寅に布告された制七条の中に、

准二律令一、於レ律雖レ有二除名之人六載之後聴レ叙之文一、令内未レ載二除名之罪限満以後応レ叙之式一、宜三議作二応レ叙之条一。

とあり、(23) 大宝名例律では除名の事を定め、除名処分を受けた人に対し六年後に復叙するとの規定を設けていたが、選任令では具体的に如何なる位に叙すことにするか規定を設けておらず、右引庚寅制で応叙の法条を立てることを指示したのである。これより大宝選任令には、養老選叙令の除名応叙条、

凡犯二除名一限満応レ叙者、三位以上、録レ状奏聞聴レ勅。其正四位於二従七位下一叙。（中略）八位・初位、並於二少初位下一叙。

に相当する条文を欠き、名例律の復叙規定が機能しなかったことが判るのである。どんな位に復叙するのか決まっていないのであるから、大宝律令制下では復叙の仕様がなかったことになる。この事実について私は、大宝律令を撰定

していた当時の朝廷内に除名の法定に対し異和感を抱く人たちがおり、律と令併せて除名、再叙の法式を作ることができなかった事態を想定し得るように思うのである。勿論『日本書紀』天武天皇四年（六七五）四月丁亥条には後の律で除名に当たる詔使への対捍を犯した小錦下久努臣麻呂を官位尽追の処分にしたことがみえており、除名と覚しき処断がなされている例が認められるのであるが、監臨主守盗や受財枉法程度で除名処分にすることには馴染めないものを感じる人たちがおり、唐制直輸入の除名、再叙方式に反対していたのではないかと考える。ここに唐制の除名受容を是としない固有刑法思想の伝統をみることが可能であり、大伴男人らへの科断が監臨主守盗でありながら免職、降位に終っているのはかかる伝統に影響されているのである。

大化改新詔が唐の律令を学んだ帰朝留学僧・生らをブレーンとして立案されていることに疑いなく、唐令とともに唐律の知識が朝廷において絶えず参照されていたとみてよいのであるが、一方に固有刑法思想が強力に存在しており、男人らの坐贓事件は唐律をスムーズに受容し得ない状況を適確に示しているのである。既述した石尾芳久氏の日本では固有刑法思想が強固だったので、唐律の導入が困難だったとする理解は、監臨主守盗に除名を適用できず降位を科している持統天皇七年（六九三）の坐贓事件で確かめることができよう。

律編纂の進展

天武天皇四年（六七五）四月庚寅に次の詔が布告されている。

詔二諸国一曰、自レ今以後、制二諸漁猟者一、莫下造二檻穽一、及施中機槍等之類上。(24)

右の詔令が唐雑律の、

諸施二機槍一作二坑穽一者、杖一百。以レ故殺二傷人一者、減二闘殺傷一等一。若有標幟者、又減二一等一。

によっていることが明らかであり、天武天皇朝前半の頃から唐律の導入が図られていることが窺われ、個別立法の蓄積が考えられるのであるが、固有刑法思想と矛盾するようなケースにあっては慎重な配慮がなされていたのである。大伴男人らの坐贓事件を伝える『日本書紀』の記事中にみえる律は、中国律と日本の固有刑法思想を勘案した上で作られた個別立法なのであろう。

天武天皇四年（六七五）四月の檻穽、機槍を造施することへの禁令は唐律導入の一環であり、唐制に倣った刑事制度の整備を窺うことができる。前節でとりあげた天武天皇十年（六八一）二月甲子に天皇が皇后とともに大極殿で親王以下廷臣に下した詔では、「今ヨリ更律令ヲ定メ、法式ヲ改メント欲フ」と述べており、令とともに律を編纂することも意図されていたと解される。結果として廿二巻からなる浄御原令を編んだものの律を作ることはできず、後者の編纂は大宝二年（七〇二）に至り大宝律として完成するのであるが、天武天皇が法典編纂の専業部署として設置した造法令殿で令の編纂に併せて律のそれも鋭意進められたことと思う。律令・法式の改定が指令されてから二カ月後の『日本書紀』天武天皇十年（六八一）四月辛丑条に次の記事が掲記されている。

立㆓禁式九十二条㆒。因以詔之曰、親王以下、至㆓于庶民㆒、諸所㆓服用㆒、金銀珠玉、紫錦繍綾、及氈褥冠帯、并種々雑色之類、服用各有㆑差。辞具有㆓詔書㆒。

この日、金銀以下の服用に関し九十二条の禁式が立てられたということであり、禁式とあるので律令とは異なるが、造法令殿での事業として定立されているとみてよいだろう。改定の対象である律令・法式の後者が敢えて前者と異なるとすれば格式を指すようであり、格式整備の一環として禁式九十二条が立てられたとみることができそうである。宮城栄昌氏はこの禁式を朝儀に関わる服務規定とみ、後の弾正台式の服装に関する教令ないし禁令を纏めたものと推定している(25)。恐らくこの所見に従ってよく、延喜弾正台式の条数は百五十九であるから禁式の九十二という条数はその六割弱となり、かなり整備された式集成ということになろう。詔が出てから二カ月後に右禁式を作っているのであるから、造法令殿での作業は急ピッチで進められていたことが推知される。後の弾正台に関わるらしい禁式は儀礼関係を主にするにしても、刑罰絡みも含んでいたことであろう。『延喜式』弾正台の中にも科刑を指示する条文が少なくない。即ち九十二条の禁式撰定作業は律の撰定とも関わっていたとみてよく、禁式撰定に並行して律編纂への努力も傾注されていたのである。

罪人の糺弾、追補

天武天皇十一年（六八二）十一月乙巳に次の詔が出されている。

詔曰、親王・諸王及諸臣、至于庶民、悉可聴之。㋑凡糺弾犯法者、或禁省之中、或朝庭之中、其於過失発処、即随見随聞、無匿弊而糺弾。㋺ⓐ其有犯重者、応請則請。当捕則捉。若対捍以不見捕者、起当処兵而捕之。ⓑ当杖色、乃杖一百以下、節級決之。ⓒ亦犯状灼然、欺言無罪、則不伏弁、以争訴者、累加其本罪。

内容からみて㋑と㋺の二節からなり、後者はⓐ～ⓒの三部に分けることができる。㋑は犯罪を見聞したならば糺弾すべきことを指示しており、唐闘訟律「諸監臨主司、知所部有犯法不挙劾者、減罪人罪三等、（中略）即同伍保内在家有犯知而不糺者、死罪徒一年（下略）」に関連する内容と言ってよいだろう。この唐律条は養老闘訟律に継受されているが、㋑では禁省、朝庭という内裏、朝庭における犯法絡みを内容としており、全ての官司から五保に至るまで糺劾を義務づけている監臨知有犯法条と大分相異している。唐律監臨知有犯法条を踏まえつつ朝廷内秩序を守るという看点から立法されているようである。㋺は延喜弾正台式犯重応捕条、

凡犯重応捕而拒捍者、発当処兵捕之。若犯状灼然不肯伏、弁事争訴者、累加本罪。

の原拠法の様相があるが、ⓐは重罪を犯した犯人をどうするかについての規定で、犯人の身分等により天皇に奏請する必要がある場合は天皇に奏請し、捕捉する必要がある場合は捕捉し、抵抗する時は当処の兵士を発興して逮捕せよと定めている。犯罪捜索に当たり皇帝・天皇に奏上すべきケースについて唐律令や後の日本律令では身分、犯罪類型を明確に規定しているが、右詔文の「犯重」は少なからず曖昧で奏請すべき類型を明確にしていない。重罪に関し天皇に奏請した上で逮捕すべき犯人を逮捕するという詔文の指示は、唐律令の仕組みを学びつつもストレートにそれを移入し得ない当時の日本の状況に関わっているとみることができそうである。ⓑは杖百以下の科刑についての処分で杖刑、笞刑各五段階を執行するの意であり、唐律の杖笞刑規定をそのまま導入していると解してよいだろう。ⓒは証拠により犯人であることが明らかなのに判決に従わずなお争うような場合は、本罪に累加して科刑するということであるが、日唐の律令にかかる累加規定を見出すことはできず、罪人が犯状を認めたことを記した伏弁がなくても再度の審理を行うことにより科刑することができた。ⓒの立案者は有罪でありながら伏弁しない者を懲らしめるという立場にたっているのであろうが、かかる累加規定は唐律体系の枠をはみだしており、唐律を体系的に導入しようとした日本律の中へ組みこむことができず、律外の式として弾正台式の中に定着するようになったのであろう。このように考えると、累加規定を唐の法思想と稍性格を異にする在来の刑法思想に由来するとみることができそうである。

以上天武天皇十一年（六八二）十一月詔について検討してきたが、ここにおいて認められるのは、唐律を学びその導入を図っていることは疑えないにしても、唐律を体系的に導入する環境が整っていなかったり唐律と多少とも異なる法思想が存在し、曖昧な立法や唐律体系の枠をはみだした立法がなされていることである。杖笞刑の導入は唐律そのままであるが、唐闘訟律監臨所部有犯条や重犯の奏請ないし累加規定に唐律の体系的移入が困難だったことが推知されるのである。これは先に検討した持統天皇七年（六九三）紀の坐贓事件の時に監臨主守盗に対し唐名例律を念頭におけば除名となるところをそうせず異質な免官、降位を科しているあり方に通じるものがあると言ってよく、天武天皇朝の造法令殿における律編纂が頗る困難な状況にあったことを思わせるのである。造法令殿での作業開始後間もなく禁式九十二条を作り、天武天皇十一年（六八二）十一月には律絡みの詔を出し鋭意作業は進められているのであるが、右述した困難により浄御原令は編み得ても律は作り得なかったのである。

双六の禁

尤も持統天皇朝に入ると三年（六八九）二月に刑部省（刑官）の判事の任命が行われ、翌年正月には解部の任官が行われていて刑獄官司の整備が進展しており、刑事関係の法制もより整えられてきていると思われる。但し『日本書紀』持統天皇三年（六八九）十二月丙辰条の記事、

禁㆓断双六㆒。

に注目すると、唐律では雑律博戯賭物条で賭物による博戯を禁止し、賭物を欠く博戯は武芸絡みを除き許容していたが、日本の朝廷では賭物の有無に拘わらず双六は禁止すべきだとし、右引記事の禁断となっており、養老雑律博戯賭物条逸文では「双六樗蒲、雖㆑不㆑賭即坐」と定めている。博戯対策という点において日唐法思想の間に相異があったことが認められ、持統天皇朝における唐律移入による体系的な律編纂に困難のあったことの一端を窺知することができるのである。かかる困難を伴いつつ持統天皇三年（六八九）六月の浄御原令班賜後も律編纂は進められ、恐らく文武天皇朝に入り、新しく律令編纂事業、大宝律令の編纂が開始された段階で、大宝律の編纂事業に引き継がれていったのであろう。

逃亡奴婢の容止

『続日本紀』文武天皇二年（六九八）七月乙丑条は次の通りである。

以三公奴婢、亡二匿民間一、或有三容止不二肯顕告一。於レ是始制二笞法一。令レ償二其功一、事在二別式一。

浄御原令時代も末期に近い時期の立法で、逃亡奴婢について官司へ顕告しない者への笞法を定めている。滝川政次郎氏は逃亡奴婢を捉獲した時は五日以内に官司に送ることを定め、送った者への賞を規定している養老捕亡令捉逃亡条に関わるとみ、日限内に送らないと笞刑に処すことにするとしていると解釈している。(26) この滝川氏の解釈を批判する長山泰孝氏は逃亡奴婢の略盗、蔵隠を規定する賊盗律略奴婢条に関わるとみ、略取、隠蔵した奴婢を不法に駆使した分に対する賠償を定めているとみ、長山氏の所見は新日本古典文学大系本『続日本紀』注釈の採るところとなっている。(27)

滝川・長山両氏の見解の相異に関しては、右引天武天皇二年（六九八）七月条の記事で言っていることは、民間に亡匿（逃げ隠れること）する奴婢を容止、顕告しないことへの禁制であり、容止とは容認するとか見過ごすという意味で、積極的にかくまい自分のものにするという含意の蔵隠とは概念を異にしているので、右引制に奴婢略取や蔵隠を適用して解釈した長山氏の理解は誤りということになるように思われる。笞法を制したというのは顕告許容日限を超えた場合の処分で、滝川氏の指摘する養老捕亡令捉逃亡条の奴婢捉獲後五日以内に官司へ送れとする規定に類似したそれが念頭にあるとみてよく、日唐の雑律違令条で律に刑罰規定がない令規違反を笞五十に問うとする規定のあることを考慮すると、笞法は顕告日限違反に対し笞五十を科すということであろう。「ソノ功ヲ償ハシム」とは、逃亡奴婢を捉獲、顕告した者へそれを遂行するに要した労功への費用弁償に他ならない。長山氏は逃亡奴婢を不法に使役した分の賠償を払わせるの意としたのであるが、右引制が不法使役に関わるとするのは文脈的に無理と言わざるを得ない。禁制の対象は逃亡奴婢の容止、不顕告でしかないのである。

文武天皇二年（六九八）という浄御原令施行期における後の養老捕亡令捉逃亡条に相当する制の布告を考慮すると、浄御原令には同条相当の令条を欠いていたことが判る。制では捉獲者への費用弁償を別式で定めているとしている。捉逃亡条では逃亡奴婢の価値を値踏みし本主から徴収して賞して給すとしており、価値を決めるに当たっての詳細な式を定めているのであろう。文武天皇二年制の布告は浄御原令が養老令に比べ不備があったことを示すとともに、後の違令罪に相当する刑罰観念が浸透している状況を看取することができ、唐律令に即した法典編纂の進展している様子を窺うことができるように思われるのである。

注

（1）青木和夫「浄御原令と古代官僚制」（『古代学』三巻二号、一九五四年）。
（2）井上光貞『飛鳥の朝廷』「近江朝廷と律令」（小学館、一九七四年）。
（3）天智天皇十年（六七一）正月の奉宣内容は通常大・小氏の制と民部・家部のことと考えられている。青木和夫前掲論文参照。
（4）青木和夫前掲論文。
（5）『日本書紀』天武天皇九年十一月戊寅条。
（6）滝川政次郎『律令の研究』第一編第二章（刀江書院、一九一七年）。
（7）林紀昭「浄御原律令に関する諸問題」（『史林』五三巻一号、一九七〇年）。
（8）井上光貞前掲書。
（9）滝川政次郎前掲書。
（10）青木和夫前掲論文。
（11）田中卓「天智天皇と近江令」（『神道史研究』八巻六号、一九六〇年）。

（12）虎尾俊哉『班田収授法の研究』第三章（吉川弘文館、一九六一年）。
（13）井上光貞前掲書。
（14）林紀昭前掲論文。
（15）井上光貞「日本律令の成立とその注釈書」（日本思想大系『律令』、岩波書店、一九七六年）。
（16）滝川政次郎前掲書。坂本太郎『日本古代史の基礎的研究』「飛鳥浄御原律令考」（東京大学出版会、一九六四年）、林陸朗「近江令と浄御原律令」（『国史学』六三号、一九五四年）。
（17）利光三津夫『律の研究』「最近における律令研究の動向」（明治書院、一九六一年）。
（18）小林宏「日本律の成立に関する一考察」『日本法制史論集』（思文閣出版、一九八〇年）。
（19）青木和夫前掲論文。
（20）石尾芳久『日本古代法の研究』「律令の編纂」（有斐閣、一九五九年）、井上光貞前掲注（15）論文。
（21）林紀昭前掲論文。
（22）『日本書紀』大化元年八月庚子条。
（23）『続日本紀』同日条。
（24）『日本書紀』同日条。
（25）宮城栄昌『延喜式の研究』論述篇第二編第一章（大修館書店、一九五七年）。
（26）滝川政次郎『律令賤民制の研究』「逃亡奴婢に関する律令の法制」（角川書店、一九六七年）。
（27）長山泰孝「浄御原律の存否についての一史料」（『続日本紀研究』一五一号、一九七〇）、新日本古典文学大系『続日本紀』一（岩波書店、一九八九年）。

第三章　統治機関の整備

第一節　近江朝の官制

大化の官制

乙巳の変後朝廷では従前の大臣、大連に代えて左右大臣を置くようになり、大化元年（六四五）六月に阿倍内麻呂を左大臣、蘇我倉山田石川麻呂を右大臣に任じている。大化五年（六四九）三月に内麻呂が死去し四月に石川麻呂が謀反の嫌疑を受けて自経すると、巨勢徳太が左大臣、大伴長徳が右大臣になり、長徳が白雉二年（六五一）七月に死去すると右大臣は欠員になり、斉明天皇四年（六五八）一月に巨勢徳太が死去すると蘇我連子が後任となり、天智天皇三年（六六四）五月に連子が死去すると左大臣も欠員になっている。その後天智天皇十年（六七一）一月に至り大友皇子が太政大臣に就任し、蘇我赤兄が左大臣、中臣金が右大臣に任じている。大化から天智天皇朝初に至る間の左右大臣について井上光貞氏は、唐の尚書省の左右僕射に倣ったとみる一方で大化前代の大臣、大連の要素を残し、後の律令時代の左右大臣とは異なり、太政官という一つのメカニズムをなす機構内の官職とみることはできないと論じている。(1) 大化前代においては大臣、大連が国政の中心になり天皇の御前にあって事を奏する官の意である大夫、マヘツキミらと政務執行に当たっていたが、左右大臣はヒダリ・ミギノオホキマヘツキミであり、従前の国政執行に当たる最高指導者の謂に他ならず、左右僕射を模しているにしても前代の要素が濃厚なのである。更に大化から天智天皇朝初に至るまでの間においては太政官なる官制が置かれておらず、左右大臣を太政官機構内の官職とみることはできないとする井上説は頗る妥当な所見と言ってよい。

天智天皇十年の官制

大化から天智天皇朝初までの左右大臣を太政官機構と関わらないとする井上氏は、天智天皇十年（六七一）の太政大臣、左右大臣は近江令に基づくとみ、後代の律令制下の大臣と同性格と把握し得ると論じている。この井上説については、既述した如く私見によれば近江令は存在しないのであるから、天智天皇十年の左右大臣を後代のそれと同性格とするのは当たらないように思われる。大友皇子が就いた太政大臣より太政官なる機構が創出されていた可能性なしとしないが、ここは天下の政治、天皇の行う政の意である太政を処理する最高執政官として太政大臣、オホキオホマヘツキミを置いたということであり、令に基づく太政官なる官制まで想定する必要はないように思われる。天智天皇十年（六七一）の任官では左右大臣の下に蘇我果安、巨勢人、紀大人の三人が御史大夫の官名で任命されている。御史大夫は唐で言えば監察に当たる御史台の長官であるが、『日本書紀』の注記によれば後代の大納言に当たる宰相であり、天智天皇十年の官制では左右大臣、御史大夫が最高執政官である太政大臣の下で宰相として国政の処理に当たるようになったのである。有体に言えば、大化前代の大臣、大連、大夫制を太政大臣、左右大臣、御史大夫制に組み替えているのである。これは朝廷の最高指導部ということになろう。

御史大夫について坂本太郎氏は『日本書紀』の文飾でなく天智天皇朝当時の官名とし(2)、井上光貞氏もこの所説を踏襲している。『続日本紀』慶雲二年（七〇五）七月条の紀大人の子麻呂の伝記に「近江朝御史大夫贈正三位大人之子」とあり、坂本・井上両氏の所見に従ってよいのであるが、御史大夫の任官例は蘇我果安・巨勢人・紀大人を除くとその後全くみられず、天武天皇朝に入ると御史大夫が比定される後代の大納言に近似する納言の任官例が知られ、御史大夫は天智天皇朝末年の右三人の任命以外になかったと推測される。近江令肯定説に立つ坂本・井上両氏は太政大臣、左右大臣とともに御史大夫も近江令に基づく官名と考えているのであるが、令という多少とも永続的施行を想定しているであろう法に基づく官名が非常に短期間しか存在しないのは、稍不可解なように思われる。即ち天武天皇朝に入ると御史大夫は廃止されているとみざるを得ず、この事は御史大夫が令に基づく官名とはなし難いと考えられるのである。御史大夫が唐代では御史台の長官とはいえ秦漢時代には宰相相当の職であったのであるから、近江朝において左右大臣に次ぐ宰相の官名として不都合はないのであるが、永続しない官名の案出は、大友皇子を皇嗣に認定しようとして焦燥感に駆られていた天智天皇の周辺により急遽なされたとみるのが相応しいだろう。天智天皇十年（六七一）の太政大臣、左右大臣、御史大夫の任官は令とは無関係であり、多分に大友皇子を擁護する朝廷最高指導部として構想されたとみるべきものである。

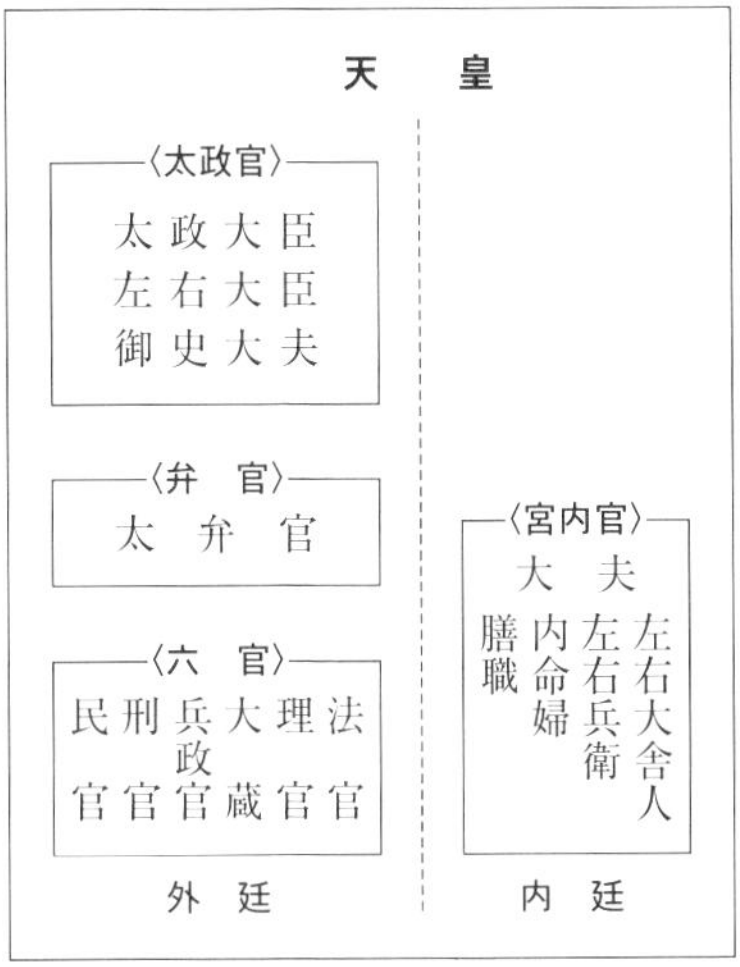

井上光貞氏による近江令官制

六官

大化五年（六四九）紀二月条によれば、高向玄理と僧旻に詔を下して八省・百官の設置を指示している。八省（官）が置かれるようになるのは浄御原令によってであるので、右指示の八省・百官には文飾があり、詔の内容は官制の整備を行えという程度のことだったと思われるが、白雉元年（六五〇）十月紀に将作大匠がみえ、『続日本紀』和銅元年（七〇八）八月丁酉条に摂津大夫高向麻呂が孝徳天皇朝の刑部尚書大花上国忍の子供であるとあり、養老元年（七一七）三月条に左大臣石上麻呂が孝徳天皇朝の衛部大華上宇麻乃の子であるとみえている。将作大匠は唐の宮室の造営などに当たる将作監の長官であり、刑部尚書は唐尚書省六部の一、衛部は唐兵部尚書に対応すると考えられている。衛部は唐官制に一致するわけでないが、将作大匠と刑部尚書は唐官制と全く同じであり、唐からの帰国留学僧・生である僧旻や玄理が唐制を直截的に模倣して案出したのであろう。刑部尚書が置かれ兵部尚書相当の衛部があったとすれば、他の唐尚書省六部も置かれていた可能性があるようである。尤もこれらの官名が官司としての実態を伴っていたかとなると相当に疑問であり、廷臣中でそれぞれの業務を統括する責任者に与えられた呼称のようである。しかし斉明天皇朝から天智天皇朝へと進むに従い官司としての実態を伴うようになったようであり、天智天皇紀十年（六七一）正月条の冠位を授かっている百済渡来人中に法官大輔沙宅紹明と学職頭鬼室集斯がみえている。後述する天武天皇朝の官制である六官の一に法官があり、紹明が大輔となっている法官は右六官の一と考えてよい。大輔がいれば長官がいたことも確かとみてよく、官司としての体制が整ってきていることを示すと解される。法官は唐尚書省六部に当てれば吏部であるから、官名も唐制の直截的模倣から大分脱却していることになろう。天智天皇紀十年（六七一）十一月条にみえる大蔵省は六官の一である大蔵に当たり、六官が天智天皇朝の末年には総て揃っていたと見得るようである。集斯が頭となっている学職は後の大学寮とみてよく、『懐風藻』序に天智天皇が「爰ニ則チ庠序ヲ建テ、茂才ヲ徴シ、五礼ヲ定メ、百度ヲ興シタマフ」とあり大学を建置したことが知られるので、管理に当たる大学寮に相当する学職が置かれていたことが確実とみてよいだろう。後代の律令制下では大学寮は式部省の被管であるが、天智天皇朝において学職と式部省に相当する法官との間に管、被管関係があったか定かでない。管、被管関係は官司制がある程度成熟して来ないと出現しないようであり、天智天皇朝の法官と学職の間にそれを想定するのは難しいようである。

先に私は天智天皇朝末年の太政大臣、左右大臣、御史大夫の任官について令に基づくとはいえないとし、官制としての太政官の存在は考えられず、朝廷最高指導部ととらえればよいとしたが、官司としての体制を整えてきている六官も官としての太政官の管摂を受けるというより、最高指導部としての太政大臣、左右大臣、御史大夫の指導、統率下にあったと見得るようである。

地方官制

地方制度に関しては大化に東国国司が派遣され造籍、校田、兵器収公等を任とし、立郡（評）の事に当たっていた。『常陸国風土記』からこの国司は総領を称していたと考えられ、かなりの広域を管轄範囲とし、『日本書紀』の記述によれば長官、次官、主典よりなっていたとされる。『日本書紀』は総領を後代の国司と同様の官とみ、国司と書き換えているのである。但しこの国司、総領は地方へ常駐する官でなく、臨時に派遣され事に当たっていたと考えられている。白雉元年（六五〇）二月紀にみえる穴戸国司や斉明天皇紀にみえる越国守も東国国司同様かなり広い地域を管轄する総領であったとみてよいだろう。恐らく穴戸国司は周防、長門方面を管轄し、越国守は越前以北の日本海沿いの地域を管轄下に置いていたと考えられる。越国守阿倍比羅夫は渟代、津軽二郡の郡領（評造）を定めることを行っている。

即ち孝徳天皇朝から斉明天皇朝にかけて広域を管轄する国司、総領が派遣され立郡に当たり改新政治の実施に着手していたが、天智天皇朝に入ると総領の管轄地域内に後代の国に相当する行政単位が設定され、後代の国司に当たる国宰が置かれるようになっている。『住吉大社神代記』播磨国賀茂郡椅鹿山領地田畠条の、

即乙丑年十二月五日、宰頭伎田臣麻、率二助道守臣壱夫、御目代大伴沃田連麻呂等一、尋二大神御跡一奉二寄定一。

は、乙丑年（天智天皇四年、六六五）に播磨国宰頭が助らを率いて住吉大社に杣山の寄定を行ったという記事で、天智天皇朝の前半の頃、国宰、頭、助の制度が実施されていたことを示している。壬申の乱に関わる天武天皇紀上によれば、美濃、尾張両国司が天智天皇の山陵築造を名目に人夫を動員してその武装化を図り、尾張国守（頭）小子部連鉏鉤は二万の衆を率いて天武天皇方に帰順し、伊勢国宰守三宅石床と介（助）三輪子首は共に天武天皇方に加わっている。これらの国宰頭、助は天智天皇朝段階において任命されていたとみてよく、常置の官として任国で施政に当たっていたと考えられ、天智天皇朝において後代の国司制に匹敵する制度が行われるようになっていた。尤も律令四等官制が行われる以前に長官―次官―判官（主典）という三等官制が布かれていたと考えられており[3]、国宰制度においては頭―助―主典という構成だったようである。

国宰制度の展開は、国より広い範囲を管轄する総領の派遣を不必要にしたことが考えられるが、白村江での敗北後の国防態勢強化が目指された中で西日本に軍事官の性格を帯びる総領が置かれている。この総領の詰める官衙は大宰ないし総領所を称している。九州方面を管轄するものとして筑紫大宰、瀬戸内方面を管轄するものとして周防大宰、吉備大宰、伊予大宰が置かれている。天智天皇紀十年（六七一）十一月条に対馬国司（宰）が筑紫大宰府に唐使郭務悰が多数の船団を組んで来航したことを注進している。大宰は国司に対し指揮、命令を発する権限を有していたようである。

第二節　天武天皇朝の官制

天武天皇朝の太政官

前節で御史大夫が天智天皇朝の末年にのみ置かれた官で令規に基づく官とは解し難いとし、当時太政官なる官制は創出されていなかったと指摘したが、近江令の非在を念頭におけば太政大臣、左右大臣にしても令に基づく官職であったとは考え難く、近江朝の滅亡に伴いこれらの官に就いていた者が失脚すると、以後天武天皇朝を通じて置かれず、浄御原令が班賜された持統天皇三年（六八九）六月から約一年後の四年七月に至って高市皇子が太政大臣に任じ丹比嶋が右大臣に就いている。この任官は浄御原令に基づく太政官制に即したそれであり、天武天皇朝から持統天皇朝に入り浄御原令が施行されるまで令規に基づく太政大臣、左右大臣および大臣を補佐する宰相からなる太政官制は存在していなかったとみてよい。但し天武天皇六年（六七七）十二月上旬に葬られた小野毛人の墓誌銘に、

飛鳥浄御原宮治㆓天下㆒天皇御朝、任㆓太政官㆒兼㆓刑部大卿㆒、位大錦上。

とあり、小野毛人が太政官に任じ刑部大卿を兼任していたことが知られる。ここの太政官は、後代の某官が役所を含意とする一方で官職名となる事例のあることを考慮して、毛人が就いた官職名であるとともに太政官なる官司の存在を示していると解されている。朱鳥元年（六八六）九月の天武天皇の殯葬の場で布勢御主人が太政官事を誄しており、太政官なる官司の存在が知られるのであるが、この太政官に天武天皇六年（六七七）の頃小野毛人が出仕していたことになろう。布勢御主人は持統天皇元年（六八七）正月にも納言の肩書で殯宮で誄を奉っており、官司太政官に出仕する官人の官職名は納言であったと考えられ、天武天皇朝から持統天皇朝初にかけて令に基づく官制ではないが太政

官が設置されていて、納言がそこに出仕する官人の職名であったと解されるのである。天武天皇九年（六八〇）紀七月戊戌条に、

納言兼宮内卿五位舎人王、病之臨死。

とあり、五位舎人王が納言に就任していたことが知られるが、太政官に納言の肩書で出仕していたことが判明する。後代の律令制太政官は事務機関である弁官を除くと太政大臣、左右大臣および大・中・少納言からなっているが、天武天皇朝から浄御原令施行以前の太政官は前二者の大臣を置かず、専ら大・中・少を冠さない納言を置いていたと解されることになろう。納言兼刑部大卿や納言兼宮内卿は後代の大・中・少納言が各種の官職を兼任することが珍しくなかったことを考慮すれば、後代のあり方の先蹤と見做すことができる。猶、毛人の刑部大卿の大は、卿に尊称の意で付されたものであろう。

太政官の権能

ところで近江朝の大友皇子の就いた太政大臣は『懐風藻』の伝に百揆を総ね万機を親しくしたとあり朝廷における最高執政官に当たり、井上光貞氏によれば左右大臣は唐尚書省の左右僕射を範型として「統二理衆務一、挙二持綱目一」を任とし、国政全般を管掌下に置いていたと考えられている(4)。これに対し納言は唐門下省の長官である侍中に当たり、侍従や上奏文書を審査して署名し、皇帝に対し駁正を任とする役職である。太政官なる名称からみてそれは天下の政、天皇（皇帝）の行う政に関わる官司であり、納言らも国政全般に関わる宰相としての権能を有していたことが確実であるが、大臣を欠き納言のみで構成される太政官は、天皇と対抗するという看点からすると多少とも弱体なところがあったと見得るようである。屢々説かれる天武天皇の専制的傾向は、太政官を納言のみで構成したことに窺う

ことができそうである。猶、納言に宰相としての権能があったであろうことについては、唐門下省侍中（納言）について『大唐六典』巻八に、

侍中之職、掌㆘出㆓納帝命㆒、緝㆓熙皇極㆒、総㆓典吏職㆒、賛㆗相礼儀㆖、以和㆓万邦㆒、以弼㆓庶務㆒。所㆑謂佐㆓天子㆒而統㆓大政㆒者也。凡軍国之務、与㆓中書令㆒参而統焉。坐而行之、挙而行之。此其大較也。

とあり、同書巻九に、

中書令之職、掌㆓軍国之政令㆒、緝㆓熙帝載㆒、統㆓和天人㆒、入則告之、出則奉之。以釐㆓万邦㆒、以度㆓百揆㆒。蓋以佐㆓天子㆒而執㆓大政㆒者也。

とある中書令とともに、正宰相として太政を補佐する任にあったことを考えてよいだろう。唐制侍中、納言は二員を定員とするが、漢代にあっては加官で定員がなく、四十人に上ることがあったという[5]。この太政官制には、大化前代の大夫制に近似する性格が見出せるようである。太政官という器の中に納言という職名で大夫制を盛りこんだということである。尤も天武天皇朝の太政官に納言が数十人もいたとは考え難く、たかだか十人前後からなり大政を執統して天皇を補佐したと考えられる。十人前後としたのは、大宝・養老令の太政官の太政大臣、左右大臣、大納言、少納言を併せると十人になるのを目安にして導いたものである。持統天皇三年（六八九）紀五月甲戌条に、次の記事が採られている。

命㆓土師宿祢根麻呂㆒、詔㆓新羅弔使級飡金道那等㆒曰、太政官卿等、奉㆑勅奉宣、二年、遣㆓田中朝臣法麻呂等㆒、相告㆓大行天皇喪㆒。（中略）汝道那等、奉㆓斯所㆑勅、奉㆓宣汝王㆒。

勅の内容は省略したが、天武天皇の死去に関わり派遣されてきた新羅弔使の位階が違例であることと新羅調の貢納怠倦を説諭する勅を太政官卿が奉じ、土師宿祢根麻呂に命じて弔使金道那に詔らせたということである。右引文中の太

政官卿が納言に当たり、納言は勅命を奉受すると必要な部署に伝達することを行っていたことが判る。土師宿祢根麻呂は右記事の三カ月前の二月己酉に判事に任命されている人物で、勅伝達使に起用された理由は定かでないが、或いは新羅語に通じている才を買われてのことかもしれない。

猶、早川庄八氏は天武天皇朝から浄御原令施行以前の知られる納言の位階が五位級であることを根拠に、納言には国政に関わる宰相の権能を欠き侍奉官としての性格が強かったとみている。(6) この早川説については、天武天皇朝の頃どの程度官位相当制が実施されていたか疑問であることと、天智天皇十年（六七一）一月の任官で任命された左大臣蘇我赤兄が大錦上、右大臣中臣金が大錦中、御史大夫巨勢人が大錦下であることを考慮すると、知られる天武天皇朝から持統天皇朝にかけての宰相権限を有する納言が後代の五位級官人であっても不思議でないように思われる。大錦上、中、下となると後代の四位級であり、左右大臣、正従二位相当、大納言、正三位相当とする大宝・養老令制と大分相異している。左右大臣にして四位級であるとすれば、五位級納言にして宰相権限を有することがあっても異とするには足らないのではなかろうか。矢張り私は太政が天下の政、天皇の政を意味する語であること、唐の侍中、納言が正宰相であることから、太政官納言に宰相権限があったとみて不都合はないと考えるのである。先の持統天皇三年（六八九）五月の新羅弔使への勅宣伝に当たり太政官卿らは単に侍奉官として宣伝の任に就いたというより、宰相として勅の内容について審議するところがあったのではないかと思うのである。

太政官と大弁官

天武天皇七年（六七八）紀十月己酉条に次の詔がとられている。

詔曰、凡内外文武官、毎レ年史以上其属官人等公平而恪勤者、議二其優劣一、則定二応レ進階一、正月上旬以前具記送二法官一。則法官校定、申二送大弁官一。

右引詔より当時大弁官なる官司の存在が知られ、朱鳥元年（六八六）紀三月丙午条より官職としての大弁官に羽田真人八国が就いていたことが知られ、采女氏塋域碑より采女竹良が天武天皇朝の大弁官に任じていたことが判明する。大弁官は大宝・養老令制の弁官の前身と考えられており、詔の内容は養老考課令の、

凡内外文武官初位以上、毎年当司長官考二其属官一、（中略）議二其優劣一、定二九等第一、八月卅日以前校定。京官畿内、十月一日、考文申二送太政官一。

および選叙令の、

凡応レ叙者、本司八月卅日以前校定、式部起二十月一日一、尽二十二月卅日一、太政官起二正月一日一、尽二二月卅日一。

に相応している。詔文の法官が令文では式部省に代えられ、大弁官が太政官になっている。前者の変化はかつての法官が大宝・養老令制下では式部省に改称されているので、当然の変更である。大弁官が太政官になっている点については、大宝・養老令制の弁官が太政官の内部部局になっているので、格別問題にする必要はないかの如くであるが、八木充氏は詔で太政官と言わず大弁官と言っていることに注目し、天武天皇朝当時においては大弁官は法官等の六官を管掌しつつ太政官とは別個の官司として設置されており、大弁官と太政官とは併存する状態であったと推論している。[7] この八木説は井上光貞氏も肯定し、天武天皇朝においては考選文を「太政官と大弁官が区別されていたので大弁官に送れと書き、養老令では弁官局が太政官に含まれていたので、太政官に送れと書いたのである」と述べている。[8] 但し氏は大弁官は太政官の下にあったとみ、太政官―大弁官―六官という系列が確かめ得ると論じ、実質的に大宝・養老令制太政官に相異しないあり方を想定している。

かかる井上説と異なり、早川庄八氏は大弁官が太政官とは別個の官司とみる八木説を受けつつ、大弁官は太政官と

相拮抗する天皇直属の機関であったと論じている。氏は大弁官の法官等の六官に対する管摂関係を形式的なものとみ実質を欠いていたと解釈する一方で、諸国に対しては太政官とは没交渉で勅命を下達する権限を有していたと論じている。早川氏によれば、大宝令に特有の勅命下達書式である勅符は在外を対象に弁官のみにより案成されることが確認され、この事実は弁官の前身大弁官が太政官とは別個に勅を奉じていたあり方の遺制と解されるという。

八木充氏の大弁官が太政官とは別個の機関とする所見に依りつつ井上光貞氏と早川庄八氏の見解は大きく相異するが、大弁官の藍本である唐の尚書省左右丞の職掌についてみると、それぞれ、

（左丞）掌下管二轄諸司一、糺二正省内一、勾二吏部・戸部・礼部等十二司一、通中判都省事上。

（右丞）掌二管兵部・刑部・工部等十二司一。余与二左丞一同。

とあり、[9]日本の六官に当たる吏部以下六部（部は四司に分かれる）を管轄しているのであるが、その上庁として「統二理衆務一、挙二持綱目一、総二判省事一」を任とする左右僕射がおり、その統率下で任務遂行に当たっていたことを考慮すると、大弁官が天皇に直属するというよりは何らかの統率官の下にあったとする方が相応しいようであり、太政官の下にあったとみる井上説の方が正鵠を射ているように思われる。先引天武天皇七年（六七八）十月己酉詔について言えば、毎年各官司内で考課を行い進むべき階位を定めて法官に送り、法官で審査したあと大弁官に申送するとしているのであるが、大弁官は更に太政官に送ったとみてよいのではなかろうか。早川氏は大弁官を官人の考選文書の最終受理機関とみているが、天武天皇七年（六七八）十月詔では大弁官から太政官への文書送申を省略していると解することができるように思うのである。

勅符式勅符

大宝令に特有な勅符式勅符については、重要史料として㋑公式令符式条集解古記、

古記云、（中略）問、勅直云二勅符一。未レ知、勅符。答、不レ依二中務一直印、太政官為二勅符一、遣宣。故太政官得レ為二勅符一。注云、勅符其国司位姓等。不レ称二太政官一。知、太政官勅符者、以二大弁一署名耳。

㋺紅葉山文庫本令義解公式令書入令釈師説、

釈云、若勅直之(云)二勅符一也。師説云、其勅符者、以二勅字一代二太政官一、以二勅到字一代二符到一、而注二年月日付使人位姓名及鈴剋一耳。雑官不レ着(署)。

があり、「勅ヲ直ニ勅符ト云フ」とあることより正勅を勅符として下すものであり、㋺より符式の「太政官」と「符到」をそれぞれ「勅」「勅到」に置換した書式であることが知られ、書様は、

勅符其国司位姓等
其事云々。勅到奉行。
大弁位姓名　史位姓名
年月日　使人姓名

の如くとなると考えられ、「勅到奉行」とあることから勅符は勅そのものである。この勅符の作成手続きについて早川氏は㋑の傍線部に「不レ依二中務一、直印二太政官一、為二勅符一」と返点を打ち、中務省が関与することなく作られる書式で、太政官印を捺して勅符としたと解釈し、大宝・養老令制の原則である詔勅の案成は中務省が行うという方式に拘束されず、弁官のみで案成して在外、国司等へ発給されるとしたのである。この早川説に関し直ちに出てくる疑問は「直印二太政官一」とした返点で、「太政官ニ印ス」と読むにしても「太政官ヲ印ス」と読むにしても甚だ意味をと

りにくいことである。太政官は役所名であり、転じて官職名であるにしても、それに捺印することができなければそれを印の如く使用して捺印するものでもないだろう。私はかく考えることから㋑の傍線部分についての早川氏の読み方は成立せず、㋑で示した如く返点を打つべきだと考える。かく返点を打てば、中務省が関与することなく直ちに踏印し、太政官が勅符を作るの意と解すことができることになる。「不依中務」は「直印」に関わる副詞句であり、「太政官」は勅符を為る主体である。これに関連して延喜主鈴式には、

凡下二諸国一公文、少納言奏二請印状一、訖主鈴印レ之。但勅符并位記、少納言印。

とあり、諸国へ発給する公文書への捺印は太政官の官員である少納言が請印して中務省所属の主鈴が行うことになっているが、勅符と位記については少納言が踏印すると定められている。より詳細な執行次第を定めている『儀式』飛駅儀、駅伝儀に当たると中務省官人が勅符の端を抑えるような補助作業をすることになっているが、踏印作業自体は主鈴式に規定する通り太政官の少納言が行うことになっている。即ち式、儀式より勅符への踏印は太政官の少納言が執行していることが判り、㋑傍線部を中務省の関与することなく捺印が行われるとする解釈と符合するのである。以上より「不レ依二中務一」を中務省の関与することなく勅符の案成が行われるとした早川説は根拠を失い、右語句は踏印作業という限定された次第に関わるに過ぎないのである。

勅旨式

私は勅符の案成は大宝・養老令制の原則に従い中務省が行っていたとみて不都合はないと考える。因みに勅符は大宝公式令において符式の付則として定められているのであるが、令の勅案成原則と異なる案成方式だとすれば、独立した書式として立条されていて然るべきところではなかろうかと思われる。ここで勅符が関わるとみられる公式令の

勅旨について検討してみると、『令集解』古記から復元される大宝公式令勅旨式は、

勅旨云々。
年月日　大録位姓名
中務卿位姓名
大輔位姓名
少輔位姓名
奉二勅旨一如レ右、符到奉行。
年月日　史位姓名
大弁位姓名
中弁位姓名
少弁位姓名

となり、ほぼ養老令文と同じであるが、養老令文では「大録位姓名」を欠き、『令集解』古記より大宝令制では「奉二勅旨一如レ右、符到奉行」までを中務省で注記し太政官へ送るとともに、疏注に「若送二諸司一者、連署留レ案、更取二諸司返抄一」とあるので、諸司へ直接頒付する規定であったことが知られる。養老令制では「奉二勅旨一」以下を太政官で記載し、太政官を介さない諸司への直接的頒行方式は廃されている。これより大宝令制下で中務省が作成し弁官や諸司へ頒行される勅旨は、中務省が「符レ到奉行」と書いているのであるから中務省符という性格を有していたと解されることになる。中務省が被管関係にない弁官や諸司へ符を出すのは不可解であるが、弁官が事に因り諸司を管隷したのに准じ、勅を奉受する中務省が優位に立ち弁官や諸司へ符を発給したとみればよいであろう。ここで私は中務

省作成の勅旨は符として諸司へ直接頒行されたが、在外の国司等へ下すとなるとそれらを管摂していない上に在外なので直接的な下附に困難があり、諸国を管下に置く弁官へ符として送り、そこで勅符に作りなして遣宣することになったのではないかと考える。本来なら国司等へも中務省作成の勅旨、符が下附されて然るべきところを、便宜を欠くことから諸国を管する弁官を介しての送付となり、そこで勅符が作られたとみるのである。養老令制で勅符が廃止されると、勅旨を盛った謄勅官符が作られるようになっている。正勅を中務省に非ざる弁官が勅として発給する不都合を解消する方向で、勅符の謄勅官符への変更が図られているのである。

大弁官の性格

以上大宝令に特有な勅符について稍詳細に渉る考証を行ってきたが、これを根拠に天武天皇朝から持統天皇朝初にかけての大弁官が太政官と並存する天皇直属の機関で勅命の奉受を行っていたとする早川庄八説は成立しないことになろう。私は井上光貞説に従い、大弁官は太政官の下で六官また諸国を統率する官司とみるのが妥当だと考える。大弁官という名称は太政官と相拮抗するかの如き印象を与えるが、六官や諸国を統率（弁）するトモヒノツカサ、弁官となると大を付したオホトモヒノツカサ、大弁官が相応しいようであり、この大弁官にしても天下の政、太政を任とする太政官との関係となると、その下に位置づけられていたとみて不思議でないのではなかろうか。『日本書紀』朱鳥元年（六八六）九月条の天武天皇の殯葬の儀場で当時の諸官司が誄詞を奉っているが、大弁官の名前が上っていない。早川庄八氏は諸国司事を誄している穂積虫麻呂が大弁官であったのではないかと推測しているが、大弁官は諸国司のみならず六官等をも統率していたのであるから、大弁官としての誄詞となれば諸国司事では済まなかったはずであり、虫麻呂が大弁官事を誄したとは考え難い。大弁官が太政官と拮抗する天皇直属の官司であったならば、誄詞奉上の官司としてでてきていてよいところであり、誄詞を奉っていないのは太政官の下部機構として独立官庁扱いされておらず、布勢御主人が奉った太政官事の誄詞の中に大弁官絡みが含まれていたと見得るように思われる。勿論当時設置されていたことが明らかな学職や糺職・兵庫職などが誄詞奉上に名をみせておらず、誄詞奉上官司中に大弁官がみえなくても不思議でないとも言えるのであるが、独立有力官司であったならば誄詞奉上を行ったはずであり、矢張り大弁官は太政官に包摂されるような形の官司であったのであろう。

朱鳥1年（686）9月奉誄官司

日付	奉誄官司	相当する大宝令官制
9月甲子	壬生	？
	諸王	宮内省正親司？
	宮内	
	左右大舎人	中務省左右大舎人寮
	左右兵衛	左右兵衛府
	内命婦	中務省縫殿寮・宮内省采女司 後宮内侍司
	膳職	宮内省大膳職＋内膳司
9月乙丑	太政官	太政官
	法官	式部省
	理官	治部省
	大蔵	大蔵省
	兵政官	兵部省
9月丙寅	刑部	刑部省
	民官	民部省
	諸国司	諸国司
	隼人	衛門府隼人司
	倭・河内馬飼部造	
9月丁卯	百済	
	国造	国造

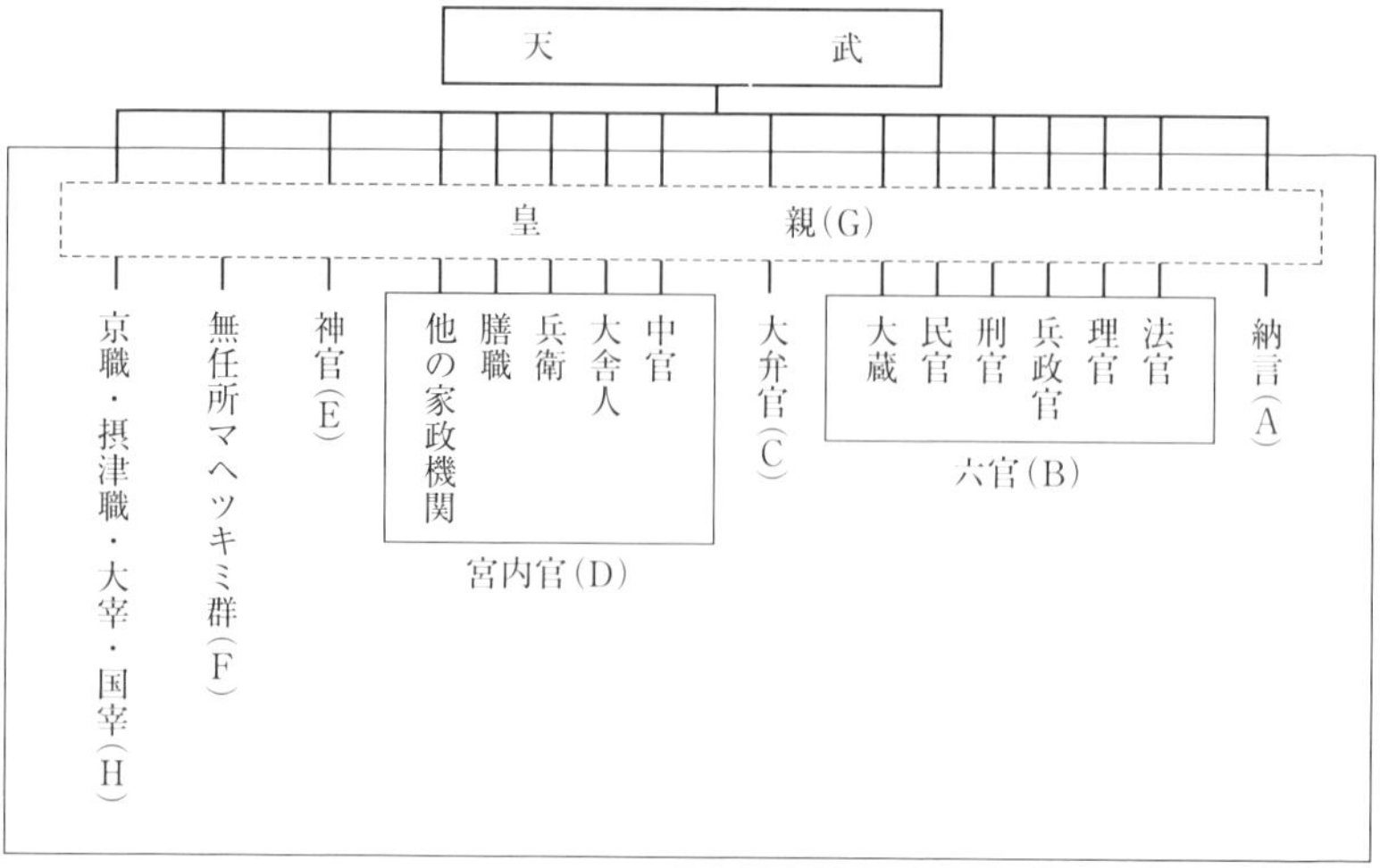

倉本一宏氏による天武朝官制概念図（太政官）

太政官制についての倉本一宏説

大弁官に統率される六官等については天智天皇朝末には成立しており、長官、次官、判官以下という官人構成をとっていたとみてよいだろう。前節で触れた如く天智天皇紀十年（六七一）正月条に法官大輔沙宅紹明がみえ、天武天皇四年（六七五）紀三月条に栗隈王が兵政官長に任じ、大伴御行が同大輔に任命されている。既述した太政官、大弁官の設置を併せ考えると大宝・養老令官制の原初的形態が出現していると解されるが、かかる所見とは甚だ異なる理解が倉本一宏氏により展開されている(10)。いま氏の所説を紹介すると、天武天皇朝においては次のような支配機構が作られていたという。


A納言という地位を成立させる。

B六官を成立させる。

C大弁官を成立させる。

D大王家家政機関を拡大・整備し、宮内官と総称する。

E神官を成立させる。

F以上AからEまでを分掌した官司に属するマヘツキミの他に、どの官司にも属することなく、臨時に設けられた官職や使節に拝されるために待機する無任所のマヘツキミ群を置く。

GAからFまでのマヘツキミの上部に皇親を位置させ、それぞれの官司・官職・使節を統括させる。

H京職、摂津職、他に軍事上の要地に大宰を置き皇親に統括させ、他の地方には国宰を置き、マヘツキミ層でない官人を任じた。

I以上のAからHまでをまとめて太政官と総称し、それに属する皇親とマヘツキミを構成員とする臨時的な合議体を構成させる。

倉本氏の天武天皇朝の官制理解は私のそれと甚だ異なっているが、太政官が納言から始めて地方の大宰・国宰まで包摂した概念とするとらえ方は、太政なる語の意味からみて不可解なように思われる。既述した如く太政とは天下の政、天皇（皇帝）の行う政治の謂であり、先示した『大唐六典』巻八にみえる門下省の侍中ないし中書省の令が天子を補佐して執統する政務であり、宰相が事とする任務に他ならない。六官や大宰・国宰などは太政を受けて実施に当たる機関であって、太政官という名称の官制にはそぐわないのである。天武天皇朝の官制構想者が右述した太政概念を知らなかったとは考え難く、太政官が六官から大宰・国宰までを含んでいたとは考えられないのである。天武天皇六年（六七七）に死去した小野毛人の墓誌銘には「任二太政官兼刑部大卿一」とあり、毛人が太政官と刑部卿を兼任していたことが知られるのであるが、倉本氏の理解によれば刑部卿を戴く刑官は太政官の一翼を担う六官の一であるから、刑部卿であることは太政官の一員であることになり、太政官に任じていれば更めて刑部卿を兼任するということにはならないのではないかと思われる。精々「任二太政官一行二刑部大卿之事一」というような表記になるのではないか。毛人が太政官と刑部卿を兼任したということは、官司としての太政官と刑官とが全く別箇の官司であることを示している。官職としての太政官は納言に当たると考えられるので、毛人は納言に任じた上で刑部大卿に任命されているのであろう。勿論刑部大卿に就いた後太政官、納言に任命されたとみてもよい。

太政官卿の奉宣

先に『日本書紀』持統天皇三年（六八九）五月甲戌条により土師根麻呂が太政官卿らが奉受した新羅弔使を説諭する勅を新羅使に宣詔していたことに触れたが、倉本一宏氏は「土師宿祢根麻呂が『判事』に任じられていながら、みずからを『太政官卿』と称し」ていたと解釈し、根麻呂は太政官卿の立場で判事の任に就いていたとみている。しかし説諭の勅を奉受、宣詔に至る過程は、まず太政官卿らが奉勅しそれを判事土師根麻呂が受けて新羅弔使に宣詔しているのであって、太政官卿→根麻呂→新羅使という手順を経ていることが判明する。根麻呂に宣詔を命じた主体が何かを『日本書紀』の記事では明示していないが、前後の文脈から奉勅した太政官卿らであり、

命二土師宿祢根麻呂一、詔二新羅弔使級飡金道那等一曰、太政官卿等、奉レ勅奉宣。（下略）

の「奉レ勅奉宣」とは太政官卿らが勅を奉受して根麻呂に宣し、受命した根麻呂が新羅弔使に説諭の勅旨を伝えたのである。根麻呂は奉勅を行った太政官卿の一員でないことが明白であり、太政官卿の指示で詔の伝宣に当たる立場の官人だったのである。倉本氏の持統天皇三年（六八九）紀五月甲戌条の解釈は不適切と言わざるを得ず、この記事から窺えるのは判事根麻呂が太政官卿、納言でないことと、太政官卿が詔勅を奉受し下命するという機能を有していたことであり、既述した如く宰相としての権を有していたと考えられるのである。繰返すことであるが、朱鳥元年（六八六）九月の天武天皇の殯葬の場で太政官が法官以下の六官と並んで誄を奉っているのは、太政官が法官等と同様に一の官司であることを示している。

六官の階等制

六官の官人構成について倉本一宏氏は実務官人である政人（判官、史等）、マツリゴツヒトの上に太政官公卿を称される人たちが責任者として置かれ、更にその上に皇親が配置されて統括していたとみ、律令官司制を特徴づける長官、次官、判官（史）という階等制は出現していなかったと論じているのであるが、天智天皇紀十年（六七一）条には法官大輔沙宅紹明と学職頭鬼室集斯がみえ、天武天皇紀四年（六七五）条には兵政官長栗隈王と同大輔大伴御行がみえるのであるから、長官―次官制を採っていたとみてよく、長官、次官と政人からなる階等制が出現していたと解される。倉本氏は天武天皇朝から持統天皇朝にかけて散見する長官―次官からなる階等制に関わる官職名は、原史料に某官に任命するなどとあったものを後代の人が長官なり次官に当たると解釈したものに過ぎないと論じている。しかし栗隈王が就いた兵政官長についていえば、倉本氏に従い王が兵政官に就いたとの原史料があり、『日本書紀』の編者がそれを兵政官→兵部省の長官に当たる職名と解釈したとすれば兵政官卿としたはずであり、長とあるのは原史料に長とあったので、それをそのまま踏襲していると解されるように思われるのである。因みに天武天皇紀六年（六七七）十月条には民部卿に河辺百枝を任命したとの記事がみえている。先に触れた小野毛人の肩書は刑部大卿であった。民官ないし刑官に任命されたとの史料を後代の人が解釈して民部省、刑部省の長官である卿と書き換えることはあり得るが、兵政官の長官を長とするのは考え難く、ここも書き換えたとすれば、兵政官卿ないし兵部卿とでもないと落ち着きが悪いと言わざるを得ないだろう。私は兵政官長の例から、六官の長を単に長と称していた蓋然性は大きいと考える。即ち河辺百枝は民官長であり、小野毛人は刑官長だったのであろう。長では直截的ではあるが、簡明に過ぎ異和感なしとしないが、官司制創出の早々の頃であることを考慮すれば六官の長を単に長と呼称したとして不自然でないように思われよう。前節で天智天皇朝初の頃国宰制が成立しており長官、次官が置かれていたことが確認され、それぞれ頭、助を職名としていたことを指摘したが、頭、助も甚だ単純明解であり、同様に六官の長官を長と呼称することも十分にあり得たのではなかろうか。

沙宅紹明の法官大輔および大伴御行の兵政官大輔については、大宝・養老令制の省次官の呼称に一致し、『日本書紀』の編者が紹明、御行の就いたある官職を大輔に当たると解釈して表記している可能性があるが、兵政官大輔が元来の職名と考えられる兵政官長と並記されていることから、元来の呼称、用字を踏襲しているとみてよいように思われる。鬼室集斯の学職頭は後代の大学頭に当たるとみてよいが、『日本書紀』が学職を敢えて大学寮と書き換えず元来の官司名を踏襲しているらしいことを顧慮すると、頭も原資料にあった可能性を考えてよく、頭が置かれていたとすれば、国宰の場合の頭—助に準じて次官が置かれていたことを想定してよいように思われる。以上より私は天武天皇朝の六官等については長官、次官の階等制が行われていたとみてよいと考えるのである。

階等制を欠く官

臨時の官であるが、天武天皇朝から持統天皇朝初にかけて五度発遣されている遣新羅使は大使・小使（副使）の構成を採っており、長官、次官の階等制を敷いていたことが知られる。即ち六官から始めて臨時の官に至るまで天武天皇朝の官制では長官、次官と政人からなる階等制を採ることが原則になっていたと考えられる。尤も官職によっては階等制をとることが不適切とされたケースもあり、そこでは複数の大夫を称する後代の五位級官人の下に判官（史）が置かれるという構成をとることがあったらしい。天武天皇紀四年（六七五）四月条に美濃王と佐伯広足を龍田へ派遣し間人大蓋と曽祢韓犬を広瀬に派遣して風神祭と大忌祭を挙行しているが、それぞれの二人の使人の間に階等はなかったようであり、ともに祭使として遣わされているとみられる。この両祭は以後恒例神事として実施されていくが、

使人の構成の一例を時代が降った長和四年（一〇一五）にとると、

左弁官下大和国

使従五位下為済王　従肆人
従五位下藤原朝臣栄光　従肆人
従五位下行神祇　大祐直宿祢是盛　従肆人
神部　壱人　従壱人
已上広瀬使
従五位下信忠王　従肆人
従五位下三善朝臣興方　従肆人
正六位上行神祇　少祐卜部宿祢兼忠　従参人
神部　壱人　従壱人
已上龍田使
執幣各二人
御馬参疋

右来月四日為レ奉二広瀬・龍田両社幣帛一、差二件等人一充レ使、発遣如レ件者、国宜二承知依レ件行一レ之。使者経レ彼之間、依レ例供給。路次之国、亦宜レ准レ此。官符追下。

長和四年三月廿九日　少史紀朝臣行信
少弁源朝臣（11）

とあり、広瀬・龍田両使ともに一貫して階等を欠いた複数の使人からなっていたことが判る。右の例では王族と臣下および神祇官官人が使に宛てられているが、複数の使人がそれぞれの立場で事に当たっているのである。天武天皇四年（六七五）の二名からなる祭使も上下というよりは水平的なかたちで任務を分掌していたのであろう。天武天皇十一年（六八二）三月には三野王と宮内官大夫らが新城の地形を視察するために派遣されているが、三野王以下の大夫らに上下の階等はなく、それぞれの立場で視察を行ったらしい。後年延暦三年（七八四）五月に長岡京遷都のため中納言藤原小黒麻呂・藤原種継・左大弁佐伯今毛人、参議紀船守、大中臣子老、右衛士督坂上苅田麻呂、衛門督佐伯久良麻呂、陰陽助船田口らが山背国乙訓郡長岡村へ遣わされているが(12)、これらの使人も階等差をもった編成をなすことなく視察に当たっている。祭使や遷都予定地の視察に当たる官人編成では、天武天皇朝もそれ以降の時代においても長官、次官制をとらない方式が行われていたのである。

天平十四年（七四二）八月に聖武天皇は紫香楽宮の造営を開始するが、造離宮司として智努王および高岡河内ら四人を任命し、行幸次第司として、

前次第司　塩焼王、阿倍沙弥麻呂ら六人
後次第司　石川王、多治比真人牛養ら六人

の任命を行っている(13)。右の名前のあげられた官人らに階等差はなく六位以下の実務官人を指揮して事に当たったとみてよい。八世紀以降になると、天皇が死去すると葬儀を執行するために各種の官司が設けられている。天平勝宝八歳（七五六）五月に死去した聖武太上天皇の葬儀の場合を例にとると、次の官司が編成されている(14)。名前のあがっている者は、いずれも五位以上である。

御装束司　藤原豊成、文室珍努、菅原永手、安宿王、黄文王、橘奈良麻呂、多治比国人、石川豊成、六位已下十

人

山作司　多治比広足、百済敬福、塩焼王、山背王、大伴古麻呂、高麗福信、佐伯今毛人、小野田守、大伴伯麻呂、

六位已下廿人

造方相司　大蔵麻呂、六位已下二人

養役夫司　佐味広麻呂、佐々貴山親人、六位已下六人

造方相司のみは五位が一人であるが、他は五位以上が複数配置され、実務に当たる六位以下が六人ないし二十人程付属している。複数の五位以上に長官、次官という階等差があったとは考えられず、五位以上が六位以下を駈使して事に当たったとみてよい。以上八世紀の造離宮司や行幸次第司、葬儀諸司等の編成において長官、次官という編成を行わず、複数の五位以上官人と六位以下の実務官人により構成されていたことが判る。

『日本書紀』天武天皇二年（六七三）十二月条に美濃王と紀訶多麻呂を造高市大寺司に任じたとの記事がみえている。この両人の間に長官、次官という階等関係はないようであり、私は既述した聖武天皇朝の造離宮司に通じる階等を欠いた編成をみることができると考える。八世紀以降の造東寺司を始めとする造寺司は四等官制をとるのが原則となっているが、天武天皇朝においてはこの原則の採用以前だったのであろう。天武天皇紀十二年（六八三）十二月条に伊勢王、羽田八国、多品治、中臣大嶋らに判官・史・工匠らを付属させて、諸国の境界を確定する任務に当たらせている。伊勢王ら名前のみえる四人は後の五位以上に当たる小錦下以上を帯び、判官以下は六位以下の実務官人とみてよい。伊勢王ら四人に長官、次官という階等性はないようであり、先に触れた新城の地形を視察するために派遣された官人や延暦三年（七八四）に長岡京遷都のための視察に遣わされた藤原小黒麻呂以下の官人集団と同性格の編成を行っていたとみてよい。私は天武天皇朝において見出される長官、次官制を伴わない官人編成は、八世紀以降の律

令時代において確認される同様のあり方と同性格と見得ると考える。即ち天武天皇朝の官人編成では六官、国のように階等性を採用している官司と然らざる複数の小錦以上級官人と実務官人からなる組織との二様があったのである。倉本一宏氏は天武天皇朝の官制を専ら後者をもって一般化し、王卿を称される諸王と卿、大夫、マヘツキミにより組織されていたとしたのであるが、不当な一般化と言わざるを得ない。

宮内の官

六官は大宝・養老令制の八省のうちの中務・宮内両省相当官司を除いたものに当たるが、天武天皇紀九年（六八〇）七月条に納言兼宮内卿舎人王の死亡記事がみえ、同十一年（六八二）三月条に三野王と宮内官大夫らが新城の地形視察に出かけたとの記事があり、朱鳥元年（六八六）九月条に天武天皇の殯葬で県犬養大伴が宮内の事を誄したとある。ここに宮内・宮内官なる語がみえるのであるが、宮内は宮廷内の意で宮内官は宮廷内の事を掌る諸官司を指すと考えられる。奉誄の記事では犬養大伴の奉上の後に誄詞が奉られている、

左右大舎人　（河内王奉上）
左右兵衛　（当麻国見奉上）
内命婦　（采女竺羅奉上）
膳職　（紀真人奉上）

が宮内の官に相当するとみてよい。宮内の官の大夫は右記した官の如きに出仕する大夫の意であり、大夫は後の五位以上に当たる小錦以上の官人とみることができそうである。舎人王の就いている宮内卿については、宮内の事を統括する後代の宮内省相当の官司は未出現の段階であるから、宮内省卿相当の官職ではあり得ない。舎人王の宮内卿は太

政官の納言と兼任を称されているのであるからそれなりにしっかりした職名のはずであり、結局宮内の官のうちのいずれかの長官のことのように思われる。舎人王は諸王五位であるから小錦クラスと言ってよく、宮内の官の長官に似つかわしいと言えそうである。舎人王の就いていた宮内の官の長官がどのような呼称、用字であったか不明であるが、『日本書紀』の編纂者はそれを卿と表記したのである。

天武天皇紀五年（六七六）正月丙午条や八月丁酉条・十年（六八一）十月条等に「小錦以上大夫」なる語がみえ、後の五位以上に当たる小錦以上の者を特別扱いする記事が散見する。この人たちは群卿、王卿、諸臣などとも称され、百官人と称される大山以下の冠位を帯び諸官司に実務官人として勤務する人たちと区別されていたことが判る。大宝・養老令制下で五位以上と六位以下を待遇や就き得る官職で差別していることはよく知られているが、天武天皇朝においてかかる慣行を見出すことができる。天武天皇朝時代に関わる『日本書紀』の記事中に散見する王卿等の語はオホキミ、マヘツキミであり、官職概念というよりは後代でいえば王臣五位以上といった意味合いの身分概念と言うべきであろう。

第三節　浄御原令官制

浄御原令官制の実施

浄御原令は持統天皇三年（六八九）六月に諸司に班賜され、順次施行に移されていったと考えられるが、官制についてみると持統天皇四年（六九〇）七月庚辰紀に、

以二皇子高市一、為二太政大臣一、以二正広参一、授二丹比嶋真人一、為二右大臣一。并八省百寮、皆遷任焉。

とあり、この日に浄御原令に基づく太政大臣以下の任官が行われている。浄御原令の逸文は知られていないので、大宝官員令・養老職員令相当の官制規定がどのようなものであったか不詳と言わざるを得ないが、浄御原令施行期に関わる『日本書紀』『続日本紀』の記事や他の史料から頭を長とする神祇官が設置され、太政官に太政大臣、左右大臣、大・中・少納言、左右大弁が置かれていたことが判明している。神祇官の頭は国宰の頭に通じる用字で、大宝・養老令制では寮の長官に使用する文字を神祇官にも用いているらしい。右引記事の八省は従前の六官の後であり、『日本書紀』の編纂者が原史料の官を省に改めていると解される。八官は天武天皇朝の六官、法官・理官・民官・兵政官・刑官・大蔵に後代の中務省に当たる中官と宮内省に当たる宮内官を加えたものに他ならない。右引文の百寮は八官以外の多数の諸司の謂であり、大宝・養老令制に一致するとは必ずしも言えないが、それに近似する官司が設置されるようになっていることを示している。

浄御原令制太政官

太政官についてみると、太政大臣がかつて大友皇子が就いた「総二百揆一以試之、（中略）親二万機一」を任とした最高執政官なのか、大宝・養老令制の「師二範一人一、儀二形四海一、経レ邦論レ道、燮二理陰陽一」を任とする適任者がいなければ欠員のままとする則闕官なのか定かでないが、左右大臣、大中少納言を置き、従前の大弁官を左右に分かち大中少弁を置くようになっているらしいあり方は、大宝・養老令制太政官にほぼ一致する官制になっているとみてよいだろう。大弁官を左右に分かったのは統率する六官が八官に増加したことに対応し、官職としての弁官が大中少になったのは従前の納言が大・中・少になったことに連動しているようである。尤も早川庄八氏は、氏の理解する従前の太政官の納言に宰相権限がなかったとするあり方が浄御原令太政官制においても継承され、大・中納言に宰相権限がなかったと推測されると論じ、その点で大・中納言に宰相権限が付与されている大宝・養老令制下と異なっていると述べている。(15)氏説の根拠は『続日本紀』文武天皇四年（七〇〇）八月丁卯条、

依巡察使奏状、諸国司等、随其治能、進階賜封、各有差。阿倍朝臣御主人、大伴宿祢御行、並授正広参。因幡守勤大壱船連秦勝封卅戸、遠江守勤広壱漆部造道麻呂廿戸。並褒善政也。

で、地方を監察した巡察使の奏状による進階、賜封者の中に因幡守、遠江守に並んで当時は大納言であった阿倍御主人と大伴御行がいることに注目し、この二人が大納言ながら巡察使の監察の対象となる地方官に任じ赴任していたとみ、国司兼任は相応しくないのでいずれかの惣領に任命されていたと推測されるとし、宰相であるならば多忙であるのに地方に赴任しているのは、この両人に宰相権限がなかったからだと考えたのである。早川氏は右引史料を総領関係のそれに付加できると述べている。しかし私は、疑問が大きいように思う。当時の総領となると筑紫・周防・伊予・吉備におかれたものが考えられるので、御主人と御行が総領だったとすれば右の四総領のいずれかということになる。ところで巡察使奏状による褒賜の一カ月後の十月己未に総領・国司の任官が行われており、次の如くである。

筑紫総領　直大壱石上麻呂
　大弐　直広参小野毛野
周防総領　直広参波多牟胡閉
吉備総領　直広参上毛野小足
常陸守　直広参百済王遠宝

筑紫総領は直大壱（正四位上相当）石上麻呂が任命されているが、周防・吉備総領に任命されているのは直広参（正五位下相当）であり、大分位階が低いことが知られる。右の補任に伊予総領がみえないが、周防・吉備総領と同格の

直広参程度とみてよいだろう。御主人と御行は正広参になる前は正広肆（従三位相当）であるから、右の筑紫・周防・吉備総領に任じている者の冠位に比べて相当に高く、この二人が総領であったとすると冠位とのバランスが不適切なように思われるのである。筑紫総領になった石上麻呂は中納言との兼任であり、稍バランスを欠くにしても大納言正広肆の御主人、御行が筑紫総領になることがあり得ないことではないだろうが、筑紫総領以外の総領は直広参クラスが任じるものとみてよいだろうから、正広肆大納言が就くには相応しくないと言わざるを得ないだろう。仮に御主人、御行の一方が筑紫総領であったとすれば、他が就く総領職はないことになる。かく考えることから私は、御主人と御行がいずれかの総領であったであろうとする早川説は成立しないと考えるのである。仮に総領であったならば、二人の肩書に船秦勝と漆部道麻呂に倣い某総領と付したのではないかと思う。そもそも右引進階・賜封記事は諸国司を対象にしているのであって、総領を対象にすると言っていないことにも、留意があってよい。

大納言の権限

以上より私は御主人と御行が総領であったとは考えないが、右引記事の文章構造からみて二人の進階が巡察使奏状に関わっていたことも否定し難いように思う。ここから先は多分に推測になるが、当時の太政官は老齢の左大臣多治比嶋を措くと、御主人と御行が大納言として並び政治指導に当たっていたことが判る。太政官の公卿クラスとなると、他は中納言である石上麻呂、藤原不比等、大伴安麻呂、紀麻呂の四人であり、御主人と御行が最高指導者であったとみてよい。私はこの二人が今回の巡察使派遣の立案を行い、治能のある国司を見出すなど地方政治の監察に成果を挙げたことにより、進階に預かっているのではないかと考える。巡察の結果ではないが、適切な巡察行政を実施、指導したことにより、冠位を進められたとみるのである。かく考えれば、二人の進階が褒賜の対象となった国司らへの賜封と並んで記事化されていても不思議でないだろうと思う。かく推考して大過なしとすれば、御主人と御行は太政を執統する宰相として天皇の下で任務に励んでいたことになる。早川氏は二人の大納言が任地に赴いていたとみ、それより執政官としての権能は殆どなかったとしたのであるが、事実は逆で、大納言は朝廷で国政指導に精励していたのである。先に私は天武天皇朝の太政官納言について、太政官の太政が天下の政、天皇の行う政の意であり、納言の藍本である唐門下省の侍中、納言が宰相であることから、宰相権限を有していたとしたのであるが、浄御原令制太政官の大納言にその権能は引き継がれていたのである。

天武天皇朝から持統天皇朝初の太政官は納言のみにより構成されていたのであるが、浄御原令では大・中・少納言に分け、太政官の政務事項のうち小事は専ら少納言に担当させ、国政の重要事項は中・大納言に当たらせ更にその上に太政大臣・左右大臣を置くようになったと解される。中・大納言は宰相であり、太政大臣・左右大臣の設置は、従前に比べ太政官の権威を昂めたはずである。

中官

天武天皇朝の六官が浄御原令で八官になったのは、中官と宮内官の新設を意味するが、中官の主要任務は詔勅の起草に他ならない。唐制で言えば中書省の権能ということになる。六官時代の詔勅の作成となると、全面的に太政官が事に当たっていたとみざるを得ない。先に持統天皇三年（六八九）五月の新羅弔使説諭に関わる太政官卿らの奉勅と土師根麻呂への宣詔指示をとりあげたが、勅意を受けた太政官卿、納言らが詔文を纏めあげ天皇の承認を仰ぐなどして最終決定をし、根麻呂に命じて新羅弔使に伝達したという経路が考えられる(16)。ここでは勅意の奉受、正文化が専ら太政官卿によりとり行われていたと解され、後の中務省の起草事務が太政官卿により行われていたことが窺知される。

中官の設置は、右述した太政官の詔勅作成過程のうちの起草権能を分離し当たらせるようにしたのである。唐制では詔勅の起草は中書省が事とし審査に門下省が当たっていたのであるが、天武天皇朝においては両権限を太政官、納言が当たり、浄御原令制に至り起草に当たる官司として中官が置かれるようになったのである。唐制では中書省と門下省は並立する官司であるが、浄御原令制の中官は太政官の下の八官の一とされている。中官の任務が太政官の権能の一部を分離、独立させたものなので、太政官の下に位置づけられるようになっているのであろう。

先に検討した『令集解』公式令勅旨式条古記によれば、大宝令制下の勅旨は中務省が案成すると中務省符の形で在京諸司へ伝達され、在外へは弁官へ送られそこで勅符に作りなして送達されることになっていた。大宝令制下において正式公文書たる勅旨が中務省から諸司へ送られるあり方は甚だ異例であるが、詔勅の起草から布告までを行っていた天武天皇朝の太政官の権能を引き継いでいる浄御原令制中官が起草のみに終わらず一部については下達まで行い、それが大宝令制勅旨や勅符に継承されているとみることができそうである。中官は詔勅の起草に限定されるべきなのであるが、太政官から分離したという経緯があってその布達を行うことがあり、大宝令制勅旨・勅符に受け継がれ養老令制に至り揚棄されるに至っていると解される。

中官の被管

中務省には侍従、内舎人、内記、監物、主鈴、典鑰等の品官が置かれているが、早川庄八氏はこれらが何時頃置かれるようになったか、また中務省の品官になったかを検討し、内舎人は大宝令により新設された官であること、侍従、内記、主鈴は明確に大宝令により新設されたと言えないもののその可能性が考えられること、監物、典鑰は浄御原令官制に存在していたと考えられるものの中務省の品官になったのは大宝令施行に伴うとみられることを確認し、浄御原令に置かれていた中官は八官の一とはいえ制度的に整備されておらず、四等官制も存在せず、内記の不在から詔勅の原案作成も十分に行い得なかった状態であったと推測している[17]。四等官制が行われていなかったとする所見の論拠は藤原宮跡出土木簡であるが、甚だ断片的であり依拠とするには不十分と言わざるを得ず[18]、天武天皇朝の六官等に長官、次官制が行われているのに浄御原令制の中官に官等制が置かれていなかったとは考え難いように思われる。内記が置かれていなかったとすれば詔勅起草を十分に行い得なかったであろうとの推測は尤もと言えそうであるが、明らかに内記がいなかったであろう浄御原令以前の太政官において詔勅起草に当たっていた機能を中官が引き継いでいるとすれば、内記を欠いたにしても中官が詔勅作成に対応することは不可能でなかったはずである。持統天皇三年（六八九）五月の新羅弔使への説諭詔を作った太政官の機能を中官が引き継いでいることを考えてよく、制度としての内記の有無は中官の詔勅起草機能の存否に必ずしも関わらないのである。

中務省の被管である左右大舎人寮と内礼司が大宝令制に始まるとみて福原栄太郎氏は、中官が浄御原令制の中に置かれていたとみず中務省は大宝令制において始まると論じている[19]。この福原説については中官と被管とはそれぞれ別個なのであるから被管の設置と中官の始まり如何とは自ずと別なことであり、方法的に疑問ありとせざるを得ない。詔勅起草が中官の最重要任務なのであるから、被管の存否をもってその設置如何を論ずることはできないのである。福原氏は中務省官人の職掌に侍従があることに注目し、大宝令施行とともに侍従を職務の一とする中納言が廃止された代りに中務省に設置されたと論じている。確かに侍従という職務に関し中納言と中務省官人とは共通する面があるが、前者の侍従は駁正を旨とする唐制門下省の立場のそれであるのに対し、後者の侍従は皇帝の秘書官である唐制中書省の立場のそれであるから、同日に論じるのは失当と言わざるを得ず、中務省が中納言の代替官司とみる所見は成立しない。そもそも中務省の主要任務は詔勅起草なのであるから、中納言の職掌とは没交渉である。

確実な中官・中務省の設置を示す史料がないので先学は中務省の品官や被管の存否をもって議論してきているのであろうが、繰返すが品官、被管の有無と中官、中務省の設置如何とは各別である。私は持統天皇四年（六九〇）七月の八省百寮の遷任を行ったとの『日本書紀』の記事より、浄御原令において中官は設置されていたと結論してよいと考える。既述した如く大化五年（六四九）の八省百官は後代の八省に拠る舞文であろうが、持統天皇四年七月紀の八省は前年に班賜された浄御原令の八官に拠っているとみるのである。天武天皇紀から持統天皇紀にかけて百寮なる語が頻出している。これは多くの官司の謂であり、天武天皇紀においては六官を含めて百寮なる語が使用されているとみてよいだろう。持統天皇紀四年の官司の遷任を行ったとする記事も単に「百寮皆遷任焉」とあってよいところを敢えて「八省・百寮皆遷任焉」としているのは、原史料に八官が明記されていたことに由るのではないかと考えるのである。勿論『日本書紀』では官を省に換えている。持統天皇紀四年七月条の「八省」は十分に顧慮されてよい重みをもつ文言である。

宮内官

中官とともに八官の一となった宮内官は既存の宮の内、宮廷に関わる多くの官司を束ねる官として発足したようである。因みに養老令制宮内省は十八の職寮司を管下においている。朱鳥元年（六八六）九月の天武天皇の殯葬の場で奉誄している膳職は後代の大膳職と内膳司を併せた官司のようであり、天武天皇朝においては独立した官司として存在していたが、浄御原令に基づく宮内官の発足に伴いその被管とされたとみられる。この殯葬で奉誄しているものに官司を示す官や職とはないものの、諸王事、左右大舎人事、左右兵衛事、内命婦事があり、それらはそれぞれ後代の正親司、左右大舎人寮、左右兵衛府、縫殿寮絡みとみてよく、天武天皇朝の頃それらに関わる官司が存在し、諸王、左右大舎人、内命婦関係の官司は後代の省に管摂される形でなく置かれていたと解される。但し、右記した官司のうち正親司は大宝・養老令制では宮内省被管になっており、その前身官司は浄御原令制下で宮内官の被管にされたのではなかろうか。左右大舎人寮と縫殿寮は後代の中務省被管であるが、浄御原令制下において中官被管となったと推測し得るように思う。勿論、宮内官、中官が被管を置くようになったとする右述した私案に積極的な根拠はないが、大宝・養老令制下の宮内省の所掌となると被管官司の調・雑物の出納や官田・園地の管理、諸方貢進の口味程度に過ぎず、被管の管掌が最大の任務であったと考えられ、かかるあり方は浄御原令制下に遡上させてよいだろうから、同令制下の宮内官も宮内絡みの諸官の管摂を最大の任としていたと解され、後代の大膳職や内膳司・正親司を始めとする宮内の諸官司を被管とするようになったとみられるのである。左右大舎人寮と縫殿寮は大宝・養老令制では中務省被管であり、浄御原令の施行に伴い多くの宮内の官司が宮内官の被管とされていく中で、左右大舎人寮と縫殿寮の前身官司は中官の被管となったのであろう。宮内官と中官の設置は、両者に従前は独立していた官司を被管として管摂させることを一の目的としていたようである。

被管の割り振り

即ち左右兵衛絡みのような軍事関係を除き六官の外に置かれていた官司が浄御原令制下で、被管とされるようになったと考えられるのであるが、その多くは宮内、宮廷関係であり、宮内官の被管とされる一方で、一部は天皇の秘書官的性格を有する中官の被管とされていったことが確認される。宮内官と中官への被管の割り振りが如何なる原則で行われたか問題になるが、石母田正氏は「宮内省には天皇または王室の私的、経済的領域が、中務省には天皇の公的、儀礼的領域が、それぞれ制度化され、両省にどのような被管の職・寮・司を配分するか、またどのような権限を附与するかは、その原則にしたがって決定される」と述べている。[20] この石母田説には、福原栄太郎氏が私的、経済的領域ないし公的、儀礼的領域という形で明弁することは困難であるとの立場から批判を展開している。例えば朝廷全体での医療を掌る典薬寮が宮内省被管であるのに対し、天皇の個人的医薬を任とする内薬司が中務省被管となっているのは石母田説では説明しきれないという。確かに福原氏の石母田説批判には首肯せざるを得ないところがあるが、大きく言えば石母田氏の言う原則を認めてよいようであり、私的、経済的ないし公的、儀礼的という範疇により区別することは可能なように思われる。ここは多少の矛盾を胎みつつ石母田氏の言う原則に従って割り振りされているということでよいように思う。内薬司について言えば、天皇の保健に関わる機能を有するのであるから天皇の秘書官的立場にいる中務省の被管とすることが合理的であり、典薬寮は薬物の収取という看点からすれば経済的領域に踏みこんでいると言えるだろう。私は大きくは石母田氏のあげる二様の原則を認めてよく、更に立ちいった要素を勘案した上で中宮と宮内官への被管の割り振りがなされていたとすればよいのである。

国宰と総領

地方官制についての浄御原令制は天智天皇朝以来の国宰制を継承し、西日本には筑紫、周防、伊予、吉備に大宰、総領が置かれ、主として軍事官としての任に就いていたらしい。早川庄八氏は『続日本紀』文武天皇四年（七〇〇）六月庚辰条、

　薩末比売・久売・波豆・衣評督衣君県、助督衣君弖自美、又肝衝難波、従二肥人等一、持レ兵剽二却覓国使刑部真木等一。於レ是勅二筑紫惣領一、准レ犯決罰。

に注目して浄御原令制下の惣領が評督、助督らへの進止権を有していたとみている。[21] 浄御原令以前の大化の東国国司、

総領が立評や評造の補任に当たり、総領とみてよい斉明天皇朝の越国守が征服先で郡司の任命を行っていることを併考すると、右早川説はかなりの妥当性を有しているとみてよいだろうと思われる。大宝二年（七〇二）三月丁酉紀の「聴㆓大宰府専銓㆒擬所部国掾已下及郡司等㆒」は浄御原令制下の筑紫総領による評司を進止していたあり方を継承しているとみることができる。但し筑紫総領と他の総領との管轄地域の広さの違いや着任している官人の冠位の差異を考慮すると、筑紫総領のみが評司への進止権を有していた可能性も否定できないようである。

注

（1）井上光貞『飛鳥の朝廷』「近江朝廷と律令」（小学館、一九七四年）。
（2）坂本太郎「大化改新の研究」第四編第一章（『坂本太郎著作集』第六巻、吉川弘文館、一九八八年）。
（3）東野治之「四等官制成立以前における我国の職官制度」（『ヒストリア』五八号、一九七一年）。
（4）井上光貞前掲書。
（5）『大唐六典』門下省。
（6）早川庄八『日本古代官僚制の研究』「律令太政官制の成立」（岩波書店、一九八六年）。
（7）八木充『律令国家成立過程の研究』「太政官制の成立」（塙書房、一九六八年）。
（8）井上光貞「太政官成立過程における唐制と固有法との交渉」（『井上光貞著作集』第二巻、岩波書店、一九八五年）。
（9）『唐令拾遺』、『大唐六典』。
（10）倉本一宏『日本古代国家成立期の政治構造』「律令制成立期の政治体制」（吉川弘文館、一九九七年）。
（11）『類聚符宣抄』第一。
（12）『続日本紀』延暦三年六月己酉条。
（13）『続日本紀』天平十四年八月甲午条。

(14) 『続日本紀』天平勝宝八歳五月丙辰条。
(15) 早川庄八前掲書「大宝令制太政官の成立をめぐって」。
(16) 詔勅文の具体的な起草となったら太政官卿、納言らの下に置かれていたであろう後代の内記、外記に類する官人が当たったことであろうと思われる。卿、納言の下に書記役に相当する者がいないはずはないと考えられる。
(17) 早川庄八前掲注(6)。
(18) 福原栄太郎「『中務省の成立』をめぐって」(『ヒストリア』七七号、一九七七年)。
(19) 福原栄太郎前掲論文。
(20) 石母田正『日本の古代国家』第三章(岩波書店、一九七三年)。
(21) 早川庄八「律令制の形成」(『岩波講座日本歴史』2、岩波書店、一九七五年)。

第四章　公地公民制の展開

第一節　班田と造籍

公地公民制

大化改新により朝廷の直轄領地たる屯倉および豪族の私有地である田荘の廃止が宣言され、名代・子代および部曲の廃止と併せて公地公民制が打ち出されている。大化元年（六四五）八月には東国国司と倭国六県へ使者が派遣され造籍と校田が実施されている。この校田はすべての田地を把握し国家の支配下に置くことを意図していたとみてよいだろう。後代の古代国家が第一に支配下に置くことを図ったのが水田であることを考慮すれば、大化元年の校田が目指したのは水田を中心とした耕地の把握であり、それ以外の土地は対象外であったとみられる。耕地以外となれば山川・藪沢・林野等の未開地ということになるが、それらについては朝廷、豪族の独占を認めず百姓らとともに利用することを令している。大化元年八月に東国国司と倭六県への使者を派遣した後、九月に諸国へ使者を派遣して人口調査を行うに当たり、次の詔を発している。

自㆑古以降、毎㆓天皇時㆒、置㆓標代民㆒、垂㆓名於後㆒。其臣連等、伴造国造、各置㆓己民㆒、恣㆑情駈使。又割㆓国県山海・

林野・池田一、以為二己財一、争戦不レ已。或者兼二併数万頃田一。或者全無二容針少地一。進二調賦一時、其臣連伴造等、先自収斂、然後分進。修二治宮殿一、築二造園陵一、各率二己民一、随レ事而作。易曰、損レ上益レ下、節以二制度一、不レ傷レ財、不レ害レ民。方今、百姓猶乏、而有レ勢者、分二割水陸一、以為二私地一、売二与百姓一、年索二其価一。従レ今以後、不レ得レ売レ地。勿二妄作レ主、兼二併劣弱一。百姓大悦。

臣連・伴造国造らが広大な土地を占め多くの民を支配下に置いていることを活写している。土地をもたない細民は臣連・伴造国造らの従属民とならざるを得ず、有勢者の土地を賃租して生活せざるを得ない状況にあり、公地公民制の宣言はかかるあり方の廃絶を謳っていることになろう。

賦田制

有勢者による人・土地の兼併にかわる方策として打ち出されたのが大化二年（六四六）正月に出された謂ゆる改新詔中の班田収授であり、大化二年八月に諸国へ発遣された国司へ宣示された詔では、前年八、九月に派遣された国司が実施した政務を承けて、

以二収数田一、均二給於民一、勿レ生二彼我一。凡給レ田者、其百姓家、近二接於田一、必先二於近一。

と指示している。前年の国司らによる校田で確認された田を百姓に均給するという方策である。石母田正氏は右引詔の均給を、持統天皇元年（六八七）紀三、四月条にみえる投化高句麗人五十六人、同新羅人十四人、同新羅僧尼・百姓男女二十二人を常陸、下野、武蔵等の国に居住させ田を賦《たま》い生業を維持させている例に倣い、賦田制と称することを提唱している。（1）氏によれば、当時は籍帳制は行われておらず戸や戸口の総数を把握しても戸口の性別・年齢別のそれができていなかったことや調の人身賦課以前であることを反映して、戸を対象としその戸口数を基準として班給

され、戸口の課・不課とは無関係に給田されていたとみられ、還授規定を伴わない一回きりの支給であったという。石母田氏はこの賦田制を浄御原令班田制に先行するあり方とみ、唐制と異なる女子・奴婢への給田や年齢制限を欠く浄御原令制のあり方の由来を賦田制に求め得ると述べている。

浄御原令制の班田に先行するものとして賦田制を想定する石母田正氏の所見は興味深いが、当時の戸口調査が後代に比べ不十分なものであったことが確かであったにしても、男女の性別や年齢別の把握ができていなかったとまで言い切れるかは疑問であり、再考を要するようである。先に触れた大化二年（六四六）八月の諸国司らへ出された詔では先引部分に続けて、

凡調賦者、可レ収二男身之調一。凡仕丁者、毎二五十戸一一人。

と指示しており、調は男子に課すことと仕丁の差発を言っているのである。仕丁に関して詔は男女、また年齢の多少について何ら規定していないが、後代の正丁が念頭にあるとみてよいだろう。即ち石母田氏が賦田制を令しているとする詔において男身の調ないし男丁である仕丁の差発を言っているのであるから、当時の戸口調査において男女性別、年齢の把握も行われていたとみざるを得ないように思われるのである。大化二年（六四六）正月の謂ゆる改新詔第三条では田の調、戸別の調を言っており、男女性別、年齢の多少に関わらない調の収取を布告しているが、八カ月後には後代の律令制の方式である男丁に課すそれに改めていることになる。改新詔に言う田調制は一町（五百代）につき布一百平方尺、絹、絁だとそれぞれ布の場合の四分の一ないし二分の一になり、非常に計算しやすく、改新詔立案者が机上で考案した方式に相応しいのであるが、この立案者らは田調方式を立案後間もなく人身課税方式に改めていることになり、この背景には国司らによる人口調査に基づく戸籍作成がかなり進展していたことを推測可能なように思われるのである。私は石母田正氏が賦田制の前提とした戸口の男女性別、年齢の多少について把握ができていな

かったという状況を想定する必要はなく、大化元年（六四五）八、九月に派遣した国司らにより右事項について調査が進められ、それを記入した帳簿、戸籍が作成されていたと考える。かように戸口の実態について把握がなされていたとすれば、大化二年八月詔の給田指示に当たり調負担の有無により給田額に差をつけることや、給田を固定的に一回きりとせず時の経過による戸口の変動に応じ手直しをすることが意図されていた可能性が考えられるように思う。右詔では均給を言っているのであるが、調負担をする男身であるか否かにより差をつけることは均給の原則に背くことになるまい。調負担者とそれ以外に差をつけてもそれぞれに均しく給田すれば、均給と称して不都合はないだろう。

白雉三年の班田

『日本書紀』白雉三年（六五二）正月条に、

自正月至是月、班田既訖。凡田、長卅歩為レ段。十段為レ町。段租稲一束半、町租稲十五束。

とある。この記事は正月条に懸けられているのに「正月ヨリ是ノ月ニ至リ」とあり不審があることが確実で、白雉三年に先行する某年の正月から白雉三年の正月に至るまでの謂の可能性があるが、農繁期にかかる班田実施は考え難く、右記事の前に「二月戊子朔」が落ちている可能性が高いようである。かく推考して可とすれば、白雉三年正月から二月にかけて班田が実施されたことになる。二カ月で班田が終了したとなると期間的に短すぎるのではないかという疑点が出来しかねないが、以前に行われた給田を基にした班田だとすれば、二カ月で終了していても不思議でないだろう。白雉三年（六五二）は百姓への均給を指示した大化二年（六四六）八月から六年めに当たるので、後代、大宝令の六年一班制の知識に基づき『日本書紀』の編者が偽作した記事の可能性を排さないが、六年一班制下の班田は前年十一月一日から開始して年明けの二月三十日までに終了することになっているので、正月より二月までの班田期間と食い違っている。更に『日本書紀』では右引記事の二カ月後の四月条に、

是月、造戸籍。凡五十戸為レ里、毎レ里長一人。凡戸主皆以二家長一為之。凡戸皆五家相保、一人為レ長、以相検察。

とあり、班田に引き続いて戸籍を作ったことが知られる。大宝令制によれば戸籍を作った後班田を行う定めになっているので、班田↓造籍という推移は令制と異なっているのである。私は白雉三年紀の班田↓造籍という記事が後代の令制と異なっていることからみて『日本書紀』編者による舞文の可能性はなく、事実を伝えているとみてよいと思うのである。

田積記載

尤も班田記事に付された田積についての記載「凡田、長卅歩為レ段、十段為レ町」は「広十二歩」を欠くものの大宝田令田長条に一致し、段租・町租についての記載は田長条の「段租稲二束二把、町租稲廿二束」を改訂した慶雲三年（七〇六）九月二十日勅に基づいている。浄御原令以前の段階において田積単位として町は使用されず代が用いられていることを顧慮すると、右引班田記事の田積記事は本来のものではあり得ないだろう。この記載は班田記事に必要不可欠な文句とはいえないように思われるが、後代の知識により作った文章を付加しているのは班田記事の原史料に田積記事が付いていたことによるのではなかろうか。敢えて推測すれば『日本書紀』が依った班田記事の原史料に「凡田、広一歩、長五歩為レ代」「百代租稲三束」の如き文章があったので、編者はそれを大宝令制ないし当時の現行法に基づき改変して書きこんだということである。但し班田記事に付された田積、田租についての記載は大化二年（六四六）正月紀の改新詔第三条に類似した文句がみえており、班田記事に書きこむことは不要と言ってもよいもの

である。私は班田記事の原史料に田積、田租絡みの文句が付されていたのは、白雉三年（六五二）の班田が田積をきちんと定め田租を法定しているところの、最初のそれであることに由るのではないかと考える。先例を受けた班田関係であるならば田積、田租に言及する必要はないが、最初の班田となると言及する必要があり、原史料に付されていた田積、田租についての文句を『日本書紀』の編者は強いて省くことなく改変した上で採録しているのであろう。

右のように考えると大化二年（六四六）八月の均給の指示は何であったのか問題になるが、改新の詔で宣言していた公地化に沿う田の均給を旨とし、田積や田租については統一的な方針を出していなかったのではなかろうか。田積、田租について明確な指示を行ったのは白雉三年（六五二）の班田に際してであり、それが班田実施の史料とともに『日本書紀』の編者の手許に伝わっていたのであろう。既述した如く大化二年（六四六）の給田に次いで白雉三年（六五二）の班田となると大宝・養老令制の六年一班を思わせるところがあるが、両者の間には班田実施時期や造籍時期との関わりにおいて相異があり、後代の令制班田制以前とみられ、私は、この段階で六年一班制が行われるようになっているとみるのは困難なように思う。

班田と造籍

白雉三年（六五二）二月に班田が終了し四月に戸籍が作成されたとなると、この推移は十一月から十二月までに田地の収授を完了し翌年の三月末までに戸籍を作ることになっている唐のあり方に近似することになる。私は唐の田地収授、造籍のあり方を知る当時の日本の制度立案者が、唐制を踏まえ班田→造籍という制度設計をしたことを想定してよいように思う。僧旻を始めとする長期に渉り在唐し唐の制度、文物を知悉する留学僧・生らが大化の改新に参画していたことは、論ずるまでもないことである。これらの人たちの知見が、班田→造籍というシステムの立案に関わっていたとみるのである。唐制では、戸籍に田地の受田状況を記すことになっている。先行する田地収授の結果が書きこまれることになるが、白雉三年（六五二）の戸籍にも先行する班田の結果が記入されていた可能性があるように思われる。後代大宝二年（七〇二）西海道戸籍には口分田受田額が記入されている。唐制戸籍への近似性を思わせるのであるが、白雉三年以来の受田額を記入する戸籍のあり方を継承しているのではなかろうか。白雉に戸籍が作られた後、斉明天皇朝から天智天皇朝、天武天皇朝にかけて班田の実施を示す史料を欠くが、大化二年（六四六）八月の段階において男身への課調が打ち出されていることからその後適宜戸口調査が行われ、それに伴い田地の収授が行われていた可能性が大きいように思われる。天智天皇朝の著名な庚午年籍に連動する班田が行われていても不思議でないだろう。但し六年一班や六年一造籍のような定期的な班田、造籍が行われていたかとなると、疑問なようである。

持統天皇六年の班田

白雉三年（六五二）に班田が行われた後確実に実施されたことが確認されるのは、持統天皇三年（六八九）六月に班賜された浄御原令に基づくとみてよい同六年（六九二）のそれである。浄御原令を班賜すると間もなくの持統天皇三年閏八月に朝廷は戸籍作成を指示するが、従前、恐らく庚午年籍を作った時の造籍方式と浄御原令のそれとの間に相異があり、国司（宰）たちがどちらによるべきかで混乱したらしく、翌年（六九〇）九月に「凡造戸籍者、依戸令也」との指示を出し、浄御原令の戸令に定める方式で行うべきことを令している。これが庚寅年籍で『続日本紀』和銅四年（七一一）八月丙午条に「酒部君大田、粳麻呂、石隅三人、依庚寅年籍、賜鴨部姓」とある如く、後代に至り定姓や賜姓の資料として利用されている。庚寅年籍は持統天皇四年（六九〇）の冬に作成されたことになるが、この戸籍に基づき田地受給者が定められ、その一方で校田が進められ、持統天皇六年（六九二）紀九月辛丑条に「遣二班田大夫等於畿内一」とあり、班田業務が開始されているのである。白雉三年（六五二）の班田、造籍にあってはまず班田が行われ次いで造籍が行われていたのであるが、浄御原令制下、持統天皇朝においては戸籍作成が先行しそれに基づき班田が行われていると解される。尤も白雉三年の班田、造籍は前者が一、二月、後者が四月という期間的に余り間をおかず実施されているので、班田に先立ち行われていたであろう人口・戸口調査の結果が造籍に利用されていた可能性が考えられるようである。班田のためには土地と人口の把握、確定が必要であるが、その過程で得られた資料が造籍に利用されたらしい。そこでは班田と造籍の作業は、一体化して進められていたのではないか。

西海道戸籍と班田

大宝令施行期に入るが、浄御原令に基づくと思われる戸籍に大宝二年（七〇二）の西海道戸籍がある。この戸籍の特色として戸ごとに口分田受田額が記載され、かつ口分田の支給に年齢制限がなく全戸口に支給されている。大宝・養老令制下で口分田受給資格に年齢制限があったか否かについては議論のあるところで、後論する予定であり、結論をいえば六歳以上給田という制限があったとみるべきなのであるが、西海道戸籍では一歳以上の者総てが給田対象となっているのである。この戸籍では大宝二年、寅年生まれと覚しき刀良、刀良売というような名前の子が一歳でなく二歳として付籍されていることなどから、大宝三年（七〇三）に入り作られた蓋然性が高いようであり(2)、大宝三年の翌年慶雲元年（七〇四）に班田が行われたと推測されているので、受田額記載はこの班田で支給される受田額と見得るようである。西海道戸籍は豊前、筑前、豊後三国のものが伝存し、後掲する如く、そこに記載されている一人分の受田額は三国それぞれにつき異なっている。この異同は国内の田地の多少により受田額を変動してよいとする大宝・

養老令制の郷土法に従っていることに由ると思われるが、支給額は一人につき歩の単位に渉る詳細な数字が基数になっており、戸口調査による人口調査と校田結果とをつきあわせて算出されていることが知られる。西海道では大宝二年（七〇二）が造籍年ということで戸籍の作成が開始され、実際には三年に入りその年の戸口の実態に基づくかたちでの作成がなされ、その一方で校田作業も進められており、校田により確認された田数と戸籍作成過程で得られた人口数より一人分の受田額を割り出し、戸ごとの受田額を定め記入していると解されるのである。この受田額を翌慶雲元年（七〇四）の班田で授けたのであろう。

造籍と班田

養老戸令造戸籍条は次の通りである。

凡戸籍六年一造、起二十一月上旬一、依レ式勘造。里別為レ巻、惣写二三通一、其縫皆注二其国其郡其里其年籍一、五月卅日内訖。

前年の冬から翌年の夏にかけて作成する定めで、大宝令制も同様であったとみてよい。また養老田令班田条は、

凡応レ班レ田者、毎二班年一、正月卅日内、申二太政官一、起二十月一日一、京国官司、預校勘造レ簿、至十一月一日、総二集応レ受之人一、対共給授、二月卅日内使レ訖。

とあり、これも大宝令制との間に異同はなかったとみてよい。班田条に付された『令集解』穴記に、

問、籍造与二班田一年行事如何。答、戸籍、元年十一月造始、二年五月造訖。即同二年正月、申二班田由一、十月一日申レ官預造レ簿、十一月一日始授、以二三年二月一授訖。

とあり、この次第が多くの明法家の共通認識で当時の現行のあり方であったらしい。造籍も班田も二年にわたるので、

籍年、班年と称するのが作業開始年か終了年か問題になるが、造戸籍条の『令集解』釈云に、

釈云、案元年十一月始造者、以二元年一為二籍年名一。

穴記に、

穴云、問、称二籍年一者、始年歟、為当終年歟。答、今説、始之年是。跡云、同レ之。時行事亦如レ之。但穴云、太椋橋部等先衆不肯許耳。

とあり、籍年については多くの明法家が造籍開始年のことと解釈し、時の行事より朝廷の現行方式も開始年を籍年とする方式だったことが判る。班年については班田条で班年ごとに太政官に申告して班田業務が進められると言っていることを根拠に『令義解』が業務開始年を班年とすると主張しているが、田令六年一班条の『令集解』朱云に、

朱云、（中略）凡何年可レ注二班年一歟、畢年歟。後度、貞不レ明。決云、与二造籍条一、可二同義一者。而則貞志、訖年可レ云二給年一耳。

とあり、同じ条の古記云に、

古記云、（中略）問、於二二月一授レ田訖。十二月卅日以前身亡。何為二初班一也。答、以二作年一為二初班一也。仮令、自二元年正月一至二十二月卅日一以前、謂二之初班一也。

班田条『令集解』古記云に、

古記云、十一月一日、総集対共給授。謂此不三名為二初班之年一也。二月卅日内使レ訖。謂此名為二初班年一也。

とあり、明法説では連続する二年のうちの班田終了年を班年と解釈していることが知られる。この明法注の根拠は班給されて耕作した年を班年とするということであり、それなりに根拠を有しているというべきであろうが、班田条で班田業務を開始する年を班年としている事実は尊重されるべきで、『令義解』説を是としてよいように思われる。班

田業務が二年に渉るにしても、令規によれば開始年の段階で既に校田や授口関係の帳簿は作られていることになっているのであるから、授給者と班給地は決定しているわけであり、開始年を班年とするのは理に適っているだろう。強いて班田終了年を班年とする必要はないのである。

以上大宝・養老令制の造籍から班田に至る経過について検討してみたが、大宝二年（七〇二）を籍年として造籍を開始し慶雲元年（七〇四）に班田を行っているとみられる一連の過程は大宝・養老令制のあり方を示し、持統天皇四年（六九〇）を籍年とする庚寅年籍が作られ同六年（六九二）に畿内班田大夫が任命されて班田が実施されている経過も、大宝・養老令制に一致しているとみてよいだろう。

校田帳と班田帳

ところで三谷芳幸氏の大宝・養老令制の班田手続の具体的なあり様についての追究によれば、班田業務の一環である校田について、

①大宝令制施行当初においては、校田結果を伴わない校田の終了報告がなされ、それに対し班給開始を命ずる報符が下された。

②養老期頃までに田地の状況を把握した校田帳が作成され、その提出により朝廷は各国の田地の現状を把握した上で班給開始の報告を下すようになった。

③天平期頃に校田帳に副えて授口帳が進官されるようになり、一人当たりの班給額等を含め諸国が班給計画を提出する体制となり、朝廷は諸国の班給内容を掌握した上で班給開始を命ずるようになった。

という展開を述べている[3]。三谷氏が右のような展開を考えた根拠は、養老元年（七一七）に青苗簿式が頒下されて朝

廷による田地掌握のための整備が進められていることが知られるので、養老期までには校田についても帳簿が作られ上進されるようになっていたであろうと推測され、逆に校田帳上呈制度ができる以前にあっては校田結果の上進は行われていなかったと考えられ、班田図が成立し田地に対する管理体制が天平期に発展しているので、その頃授口帳が進官され班給内容を朝廷が掌握する体制が確立していたとみられる、ということであり、八世紀以降の朝廷による全般的な田地掌握進展の流れの中に校田・授口帳の進官を位置づけ結論を導いていることが判る。大きな流れとの関連で考察していて三谷説はそれなりに説得性を有しているが、直接的な証拠に裏づけられていないことも確かであり、再考を要するようである。私は朝廷による班田行政の掌握如何を論ずるに当たっては、大宝二年（七〇二）西海道戸籍の戸ごとの受田額記載に注目する必要があると考える。既述した如くこの戸籍は大宝二年に着手して同三年の戸口の実態をもとりいれつつ作成され、校田結果を踏まえた上で戸ごとに計上した受田額が記入されていた。この戸籍は大宝三年のある時期から慶雲元年（七〇四）の前半にかけて進官されていたとみてよいだろう。大宝・養老令制によれば戸籍は五月卅日までに完成し太政官へ提出することになっているから、遅くとも慶雲元年（七〇四）夏のうちには進官されていたと考えられる。朝廷はこの戸籍により西海道方面での授口の状況や班給内容について知ることができ、西海道諸国では戸籍に記載されている受田額に基づき慶雲元年の冬に班田ができたはずである。右の過程の中に校田帳や授口帳の進官は認められないが、実質的に戸籍が両帳の機能を有していたことになり、戸籍の上進により朝廷は国ごとの班給内容を掌握していたことになろう。三谷氏は天平期に至り朝廷が校田・授口帳の上進により班給内容を事前に掌握できるようになったと考えたのであるが、浄御原令に基づくとみられる西海道戸籍により大宝令制初の段階で右掌握が可能になっていたのである。私は戸籍への受田額記載を浄御原令に基づくとみ、大宝・養老令制による造籍では廃止されたと考えている。同じ大宝二年（七〇二）に作られた戸籍ながら御野国戸籍に受田額記載がないのは、浄御原令でなく大宝令に依拠して作られたことに由るのである。大宝二年ともなれば庶務万般は大宝令に即して執行されるべきところであるが、遠朝廷を称する大宰府管内にあってはその特殊性に由り大宝二年戸籍を作るに当たり浄御原令に依拠しているのであろう。

校班田帳簿

浄御原令による造籍、班田の開始となると既述した如く持統天皇四年（六九〇、庚寅）の前者、同六年の後者であるが、それに続く造籍、班田として籍年を大宝二年（七〇二）とする西海道戸籍、班年を慶雲元年（七〇四）とする班田がある。既述した如く、西海道戸籍は浄御原令に基づいている。庚寅年籍は持統天皇四年に着手され同五年にかけての時期に作成されて班田のための戸別の受田額が記入されており、それに基づき持統天皇六年の班田が執行されているのであろう。畿内班田大夫の派遣が持統天皇六年九月であるから、一の想定として庚寅年籍の進官はこの年の夏のうちになされ、季秋に班田が開始され冬のうちに完了したとみることができそうである。浄御原令に依る班田では、朝廷は戸籍により国内の戸口の現況とともに校田に基づく戸ごとの班給内容を掌握していたことになるが、大宝・養老令制下では戸籍に受田額記入がないので朝廷は戸籍を介しての右掌握が不可能になったことになる。かかる状況に対応するために作成されるようになったのが校田帳であり授口帳のように思われる。既に浄御原令制下で校田とそれに基づく班田が実施されているのであるから、大宝令制下において校田帳を作ることに困難があったと思われず、戸籍、計帳に基づく授口帳作成も容易だったはずである。『延喜式』制の授口帳に関し、左右京職では歴名様の膨大な書類が作られていたようであるが、諸国から進官されるものは統計的帳簿だったようであり、戸籍、計帳があれば作成に困難はない。『令集解』田令班田条古記には「預校勘造簿、謂㆑造㆓田文㆒也」とあり、田文なるものを作るとしている。古記は別なところで「為㆔依㆑籍造㆓田文㆒故也」と述べているので、田文は田地の現況に関わるとともに戸籍に依拠して作成され授田口とも関連しているようで、校田・授口両帳絡みの帳簿と推測可能である。三谷芳幸氏は班田に先立つ諸国から太政官への進官に三段階の発展を想定したのであるが、具体的な帳簿のあり様は不詳としても校田・授口帳類似の帳簿の進官は大宝令制当初の頃から行われていたのではなかろうか。

猶、私は白雉三年（六五二）の班田に関し、それが行われた後戸籍が作られているので、班田結果が戸籍に書きこまれていたのであろうと推測したが、浄御原令制では造籍→班田と進行しており、戸籍に記入された戸別の班田額に基づき籍年の翌々年の班年に班給されている。造籍と班田が一連の行事として執行されている点で白雉三年の班田と浄御原令制のそれとの間に相異がないが、前者はより唐制に近似しており、帰朝した留学僧・生らが大化改新早々の段階で立案した方式として相応しく、後者は白雉三年（六五二）から四十年を経過した段階での方式として唐制直輸入から多少とも工夫を図っているとみることができそうである。

持統天皇九年籍

天智天皇九年（六七〇）に庚午年籍が作られた後の造籍のあり方について『続日本紀』宝亀十年（七七九）六月辛亥条に「自㆓庚午年㆒至㆓大宝二年㆒四比籍」とあり、庚午年籍と大宝二年籍との間に二度の造籍があったことが知られる。一は勿論庚寅年籍であり、他については庚寅年籍と大宝二年籍との間に作られていたとみ、庚寅年から六年めの持統天皇十年（六九六）に作られたとする説がある。(4)この説によれば庚寅年籍から大宝二年籍まで六年ごとに三戸籍が作られていたことになり、六年一造籍を定めている大宝・養老令制を念頭におくと非常に判りやすいのであるが、『続日本後紀』承和六年（八三九）八月戊寅条に、

改㆓加賀国人正六位上百済公豊貞本居㆒、貫㆓附左京四条三坊㆒。豊貞之先、百済国人也。以㆓庚午年㆒被㆑貫㆓河内国大鳥郡㆒、以㆓乙未年㆒被㆑貫㆓加賀国江沼郡㆒也。

とあり天智天皇朝の庚午年籍により河内国大鳥郡の人とされた百済公豊貞の先祖が乙未の年の造籍により加賀国江沼郡へ改貫されたことが知られ、この乙未は持統天皇九年（六九五）に当たると考えられるので、持統天皇十年でなく同九年に造籍が行われていたとみられるのである。更に南部昇氏の研究によれば、西海道戸籍において持統天皇九年以前出生者については大宝二年（七〇二）戸籍において機械的に持統天皇九年当時の年齢に大宝二年に至る間の七歳分を加算して年齢が記載されているのに対し、持統天皇十年（六九六）以降の出生者については実際に戸籍が作成された大宝三年当時の出生年に応じた年齢が記載されていることが確認されることなどから、持統天皇九年に造籍がなされたとの推定が得られている(5)。これより持統天皇十年（六九六）でなく同九年に造籍がなされていたことは確実といってよく、浄御原令制施行に始まる造籍は持統天皇四年（六九〇）→同九年（六九五）→大宝二年（七〇二）に行われていたことになる。造籍の間隔はそれぞれ五年、七年で六年になっていない。この規則的とは言い難い造籍年のあり方について南部氏は、庚寅の前年である持統天皇三年（六八九）に造籍を指示する詔が出されているのに注目して、庚寅籍は元来は己丑（持統天皇三年）籍と呼ばれて然るべき戸籍であり、次の造籍は持統天皇三年から六年めの乙未、持統天皇九年に行われ、その次の造籍は持統天皇九年から六年めの大宝元年（七〇一）に行われるはずのところを、浄御原令から大宝令への切替え時期に遭遇して一年延期した大宝二年になったのだ、と論じている。庚寅には浄御原戸令により造籍せよとの詔が出されているが、前年己丑に始まる造籍過程に関わる詔令であり、籍年としては庚寅でなく己丑が当たるとの理解である。持統天皇九年に造籍が行われていたことは否定し難く、不規則にみえる造籍間隔についての南部氏の説明に説得性を認めてよいようであり、となると浄御原令制下において造籍は六年一造を法制としつつ事情により一年の前後があったということになろう。本来己丑籍と呼ばれるべき戸籍が庚寅籍と称されているのは、前年に造籍指示があったとはいえ実質的な造籍年は庚寅であり、庚寅当時の戸口の実態に基づいて編籍されていることによるのであろう。

毎年班田説

浄御原令制下の造籍について検討を行ってきたが、同令制下では造籍を行う一方で校田を実施し戸ごとの受田額を算出して戸籍に記入し、籍年の翌々年に班田を実施することになっていたのであるから、持統天皇四年（六九〇）の造籍との関連で同六年に班田が実施され、同九年、乙未の造籍との関連で文武天皇元年（六九七）に班田が実施されていたと考えられる。尤も米田雄介氏は浄御原令制下で確認される造籍が六年一造となっていないことから、六年一造籍は制度化されていなかったと考え、六年一造籍が六年一班に関連するとの理解から六年一班制も未成立だったとみ、浄御原令制下においては毎年班田が行われていたと推測している(6)。次述する受田資格と年齢の問題について浄御原令制下では年齢制限がなかったということを、毎年の班田に関わらせることができると論じている。この米田説については、浄御原令制下において変則的ながら六年一造籍が行われていることが確認され、造籍と班田が密接していることから六年一班が制度化されていたとみてよく、信拠性を欠いていると言わざるを得ない。六年一班制と年齢による受田資格の有無との間に論理的関連性がある、とは言えない。年齢による資格制限のない状況下で六年一班が行われていても、不思議でないのである。

一歳以上受田説

ところで年齢に関わる受田資格に関し、養老田令口分条に、

凡給二口分田一者、男二段。女減二三分之一一。五年以下不レ給。（下略）

とあり、通説的に「五年以下不レ給」の部分を五歳以下の幼童には給田しないの意と解釈し、大宝田令口分条も同文であったとみられるので、大宝、養老両令を通じ六歳以上を給田対象とするとの受田資格が設けられており、これは一歳以上の全戸口を対象とする西海道戸籍から窺える浄御原令制と大きく異なると考えられてきたのであるが、赤石一紀氏が「五年以下不レ給」を六年という班年に至らない間の意と解釈して、大宝・養老令制下においても浄御原令制下と同様に受田資格に年齢制限を措くことをしていなかったと論じ(7)、通説を是とする虎尾俊哉氏らにより反論が出されている一方で(8)、山尾幸久氏が赤石説を擁護する主張を行っている(9)。赤石説の論拠は、令において年齢を示す時は某歳、年某と表記するのが通例で、某年とするのは多分に古典に基づく特異な戸令国守巡行条の「問二百年一」のみであり、某年なる語は行政上の年度、期間を示す場合に用いられているので、「五年以下不レ給」の五年は五年間という期間を示していると解されるということであり、班田から班田までの期間を班、六年と称する用法のあることを踏まえて、五年以下は班年に至るまでの間の意であると断じたのである。赤石説は真に理路整然としているのであるが、特異な例とはいえ令条中で百歳の老人を百年と称し、令条を別にすれば天平九年（七三七）「和泉監正税帳」に、

依九月廿八日恩勅、賑給高年八十年已上壱伯弐拾伍人、稲穀壱伯伍拾弐斛百年三人別三斛、九十年廿一人別二斛、八十年一百一人別一斛。

とある如く某年で年齢を示す例があるのであるから、「五年以下不レ給」の五年が期間の意でなく五歳を意味している可能性は猶、否定しきれないように思われる。赤石氏は、「五年以下不レ給」の意味を六年ごとに巡ってくる班田の時以外には給田しない、班年に至らない五年間以下にあっては支給しないのだと解したのであるが、養老田令六年一班

条には、

凡田六年一班。神田・寺田、不レ在二此限一。若以二身死一応レ退レ田者、毎レ至二班年一、即従二収授一。

とあり、「田六年一班」については大宝令も同文であったとみられ、ここで班田は六年ごとに実施すると明規しているのであるから、班年以外に給田しないことは右条文で定めていることが明らかであり、同一内容のことを口分条で規定しているとすれば、田令において重複規定をするという体系法においてあってはならないことを犯していることになろう。赤石氏の解釈する「五年以下不レ給」は六年一班を別な形で表現したに過ぎず、体系法において後者があれば前者は不要なのである。ここは通説的解釈に従い、口分条はまず男女それぞれに支給する田額を定め、次いで「五年以下不レ給」で五歳以下の者には支給しない、と言っているとしてよいのである。

六年の意味

『令集解』田令還公田条跡記には、

跡云、応レ還、謂凡田不二乱授一、但抄出授耳。然至二六年一、直収二死人分一耳。

とあり、右引文中の六年は六年めごとにやってくる班年のことであり、六年なる語が班年、班期を意味する語として使用されていることが確認される。ここの六年という語は班年、班期の別称であって、六年という期間を示す語ではない。右引跡記の文章は、死者口分田は死後六年めに収公するということでなく、死後最初の班田の時に収めるということで、班年の一年前に死亡した人がいれば、その人の口分田は一年後に収公することになるのである。六年一班条の『令集解』古記に、

人生六年得レ授レ田。此名為二初班一、為当、死年名二初班一、未レ知二其理一。答、以二始給レ田年一為二初班一。以二死年一為二

初班一者非。

とある。赤石氏は「人生六年得レ授レ田」の六年を班年の意とみて、人は年齢の多少に拘わらず班年に至ると受田するとしているが、その意味ならば前引跡記の文章にみる如く六年の前に至を付し、「人生至二六年一得レ授レ田」とあって然るべきように思われる。ここは人は生まれて六歳にして田を授かるというのが素直な解釈であり、六歳受田説を裏づけていると解されるのである。『令集解』田令官戸奴婢条古記に、

問、家人奴婢六年以上、同二良人一給不。答、与二良人一同、皆六年以上給之。但今行事、賤十二年以上給。

とあり、この注釈に関連して『続日本紀』養老七年（七二三）十一月癸亥条に、

令三天下諸国奴婢口分田、授二十二年已上者一。

とみえている。養老七年十一月の政令が古記の今行事に当たるが、赤石氏は右引文の六年、十二年を生後最初の班年ないし二度めのそれと解釈し、受田年齢とは無関係な措置とみている。しかし六年、十二年に班年を意味する用法があるにしても、班年に給田するということであるならば「六年以上給之」「十二年以上給之」は不可解な構文ではなかろうか。矢張り「至二六年一給之」「至二十二年一給之」の如き文章になるように思われるのである。既に虎尾俊哉氏が指摘しているところであるが、班年ないし班期を意味する六年に以上、以下という数量的表現はなじまないと言わざるを得ず、官戸奴婢条古記および養老七年（七二三）十一月政令は官戸奴婢への給田も六歳以上授田が原則であるが、それを改めて十二歳以上に給田することにする、ということであろう。口分条の「五年以下不レ給」に戻れば、この文章が赤石氏の解釈するような含意だとすれば、ここも「不レ至二六年一不レ給」の如き構文になったのではなかろうか。

生年加算

『類聚国史』巻百五十九、口分田、延暦十一年（七九二）閏十一月壬辰条に、

勅、今聞畿内百姓奸詐多端、或競増二戸口一、或浪加二生年一。宜下勘二真偽一乃給中其田上。若致二疎略一、処以二重科一。

とある。延暦十一年は班田の年に当たっており、百姓がより多くの口分田を得るために戸口の増加を図ったり、生年の加算を行っていたという。生年の加算は五歳以下の者は給田対象とならないので六歳以上と申告することであり、給田に年齢制限があったことに関わるとみられるのである。正丁を耆老とし不課扱いを求めて加算することも考えられるが、ここは口分田を詐取するための方策であるからすでに受田している正丁を耆老とする必要はなく、五歳以下の幼童のことを言っているとみるのが妥当である。また『類聚三代格』天長五年（八二八）五月二十九日太政官符「応レ糺二正詐偽百姓戸計帳一事」では、

比二校籍帳一、弘仁三年九月損益同、天長元年多二隠首一。或一嫗戸頭、十男寄口。尋二彼貫属一、所生不レ明。或戸主耆耄、群幼新附、以レ父言レ子。物情已乖。

と述べ、口分田を得るために群幼の不正な付籍が行われていると指摘している。ここの群幼を五歳以下の幼児とみ、それらが給田対象なので付籍が図られていると解すことができるが、十歳を示す幼学なる語があることから幼には十歳前後の子供をさす字義があり、群幼、即五歳以下の幼児とする必要はないのである。即ち『類聚国史』の延暦十一年（七九二）閏十一月壬辰条や『類聚三代格』天長五年（八二八）五月二十九日太政官符から口分田支給に年齢制限がなかったとするのは困難であり、大宝・養老令制において口分田を支給するに際し六歳以上という年齢制限があったのである。

五歳以下不給の理由

六歳以上に給田するという大宝・養老令制の方式は年齢制限を欠く浄御原令のあり方と大きく異なるが、年齢制限を行った理由として幼児死亡率が高かったことがあげられることがある(10)。かかる説明にもそれなりの妥当性があるのだろうが、私は受田口数の削減を図るため五歳以下を不給とする制度の導入を図ったと考えてみるのも一案だと思う。西海道戸籍の受田例に当たると、男子一人につき筑前国島郡川辺里では六〇〇歩、豊前国上三毛郡と仲津郡では五九五歩、豊後国では四七八歩であり、大宝・養老令制の七二〇歩、二段とは大分径庭があるのである。大宝・養老令制の二段を基準に授田するとなると田地不足となるので、それを緩和するために五歳以下の幼童への給田を止めることにしたとみるのである。西海道における田地の不足が直ちに全国的なあり方とみることはできないが、西海道三国においてかなりな不足が認められるということは全国的にみても少なからざる諸国で不足していたと推測可能であり、大宝・養老令制の受田口の年齢制限の由来を右のように想定してみるのも、強ち荒唐とは言えないように思う。大宝・養老令の立法者が口分田用地の不足を認識していた可能性は十分にあり、それへの対応策として受田口に年齢制限を設けたことは十分にあり得るのである。

戸籍受田額の性質

浄御原令の受田に年齢制限を設けないあり方から大宝令の五歳以下不給に切替える時点において、六歳以上の者はすべて受田しているので新規に授田する必要はなく、班田収授は死者の分を収公することが主要任務になるはずで、切替えにあたり格別の面倒な事態の出来は想定されないだろう。切替え後二度めの班田では最初の切替え後に死亡した人の口分田を収め、新たに六歳以上になった者に新規授給をすればよいのである。猶、田中卓氏は西海道戸籍の受

西海道戸籍の受田額（田中卓氏による）

国	郡	里	良		賤	
			男	女	奴	婢
豊前国	上三毛郡	塔　　里	595歩	396歩	198歩	132歩
		加目久也里	同上	同上	同上	同上
	仲津郡	丁　　里	同上	同上	同上	同上
筑前国	島　郡	川辺里	600歩	420歩	180歩	120歩
豊後国	？	？	478歩	318歩	？	？

することはなかったとみている。

田額について一応の目安を記入したもので、和銅二、三年（七〇九、七一〇）の頃に予定されている班田のための準備作業として算出されている数字だと述べている。(11) この所見に関しては、戸籍が朝廷へ提出されて天皇の御覧に供するものであることを考慮すると、確定以前の準備作業の数字を記入しているなどとは解し難く、信拠性を欠いていると言わざるを得ない。また鎌田元一氏は西海道戸籍の受田額が当地における最初の班田に関わるとみ、この班田で一歳以上の全戸口に授田することにしているのは、こうしないと次回の班田で一〜五歳の未受田の人たちに給田しなければならなくなる一方で、想定される大宝田令の六年一班条では始めて田を受ける初班後六年間の死者の口分田は死後二度めの班年に収公となると考え、当地方の二度めの班田では死者の口分田の収公が期待できないので、それより予見される不都合に対応するためだと論じている。(12) 確かに氏の想定の通りならば、二度めの班田で田地不足という困った事態の出来は十分に考えられることである。但し私は大宝令の六年一班条で初班死後二度めの班年に至り収公すると規定していたとする点に疑問があり、二度めの班田の際に未受田者へ班給するために必要とする田地と収公する死者口分田との間に極端なアンバランスが発生

初班死者口分田の収公

死者口分田の収公について養老田令六年一班条では、既引した如く初班如何を問わず死後最初の班年に収公することにしているのであるが、大宝令では初班死の人の口分田は死後次の次の班田の時に収公するという説があり、鎌田説はこの学説に依拠して立論されている。この学説は現段階通説化していると言ってよい扱いを受けているが、私は成立し難いと考えるのである[13]。『令集解』六年一班条の古記には、

初班、謂六年也。後年、謂再班也。班、謂約二六年一之名。仮令、初班死、再班収也。再班死、三班収耳。

とあり、大宝令では始めて田を受けて次の班田までの間に死亡すると次の班田の時に収め、二度めの班期である再班に死亡すると三度めの班田の時に収める方式であったことが判り、初班、再班を問わず死亡すると死後最初の班田の時に収めるとする養老令制と異ならないのである。大宝令では初班死者の口分田は死後すぐの班田で収公しないとする所見の有力な根拠として、大宝令六年一班条が北魏令の、

諸還二受民田一、恒以二正月一。若始受レ田而身亡及売二買奴婢牛一者、皆至二明年正月一乃得二還受一。

を継受しているとされることが多いが、右引北魏令文は始めて田を受けた人が死亡すると翌年の正月に返還すると規定しているのであって、始めて田を受けて死亡した人が翌々年の正月に返還するという文意ではない。北魏令の文章は初班死を特別扱いするというより、再班死と同じ扱いをする方式の論拠とする方が相応しいのである。養老令制と同様に大宝令においても初班死者口分田が再班時に収公されるとなると、大宝令に基づく班田施行開始時早々の時点において鎌田元一氏が想定した、新規受口と確保すべき田地との間に深刻なアンバランスが出来するような事態はあり得ないことになろう。私は浄御原令班田制から大宝令制のそれへの切替えは、既述した如くごくスムーズに行われたとみるのである。

浄御原令制の法定受田額

浄御原令制下の班田では籍年の二年目に班田が行われ、全戸口に給田し、男口一人につきどの程度の支給を法定していたか未詳であるが、既述した如く西海道戸籍において筑前国六〇〇歩、豊前国五九五歩、豊後国四七八歩であることを考慮すると大宝・養老令制並の二段（七二〇歩）であったとは考え難く、筑前国の整った数字である六〇〇歩が法定受田額であった可能性があるようである。仮にこの想定を是とし得るとすれば、大宝・養老令制では五歳以下不給とすることにより法定受田額の増加を図ったと解することができる。それは措いて給田額が六〇〇歩ないし二段以下ということになれば、一人の人間が耕作可能な面積と言ってよいだろう。人力のみで水田を耕作するとなれば、一人につきほぼ二段が限度に近いところである。土地所有のあり方として、限度額を設ける限田制と田地を割りつけ耕作させる屯田制とがある(14)が、浄御原令制のあり方は大宝・養老令制と同様に屯田制を旨としていたとみてよい。

均田制

日本の班田制の母法である唐均田制では、北魏の男夫一人に桑田二十畝と露田として正田、倍田各四十畝を支給する方式を改め倍田を正田に組みこんだ北斉のそれを導入し、一人につき桑田を改めた収授の対象とならない永業田二十畝、収授の対象となる露田からなる口分田八十畝、都合百畝、一頃を支給する定めになっている。一頃はほぼ五・八ヘクタール、五町八段に当たる。北魏、北斉の制にみられていた女子への給田は廃止され、寡妻に限って口分田三十畝を支給することにしている。唐田令では右支給額を法定額としているが、実際には占田限度額として定められていると言ってよく、戸籍に記入されている戸の実際の受田額に当たると法定額を支給されている例は皆無である。唐の戸籍の実例では法定受田額を応受田とし実際に授給されている分を已受田としているが、已受田が応受田額に達している例はないのである。水田耕作を原則とする日本の耕営と異なり畠田の多い中国で一人の可耕面積がどの程度か判然としないが、満額支給されたとすると可耕面積を大幅に越えることが確実であり、唐均田制の下での給田が限田制を旨としていたことが明白である。永業田について復元された唐令文では、

諸戸内永業田、毎レ畝課レ種二桑五十根以上、楡・棗各十根以上一、三年種畢。郷土不レ宜者、任以二所レ宜樹一充。[15]

と定めており、桑楡棗からなる有用樹木を植栽する土地としている。口分田が中男・丁男に授けられ死亡すれば収還されるのに対し、永業田の方は有用樹木を植え収公されることなく世業として伝えることを法定しているのであるが、現実のあり方をみると露田化しており、口分田との相異が定かでなく、永業田が口分田扱いされ収授の対象となっていたのが現実であったらしい。唐代沙州敦煌県の給田の実例では、まずは男夫一人につき二十畝の永業田を授給することが行われ、その上で口分田を支給することが行われていたようであり、農民には最低保障として永業田を支給することが行われていたらしい様子を看取できそうである。[16]永業田に関する令規と実態とで大分乖離しているが、元来の永業田は有用樹木植栽地であったにしても、北斉の武成帝河清三年（五六四）の詔では、

職事及百姓請二墾田一者、名為二永業田一。[17]

と言っており、墾田を永業田とする沿革があった。かかるあり方を継承して唐令では永業田を桑楡棗地と明規する一方で、露田を永業田とする実態が出現していたのであろう。

この露田永業田は確実に百姓に保障された田種であり、この制度が日本の口分田に継承されているとみることが

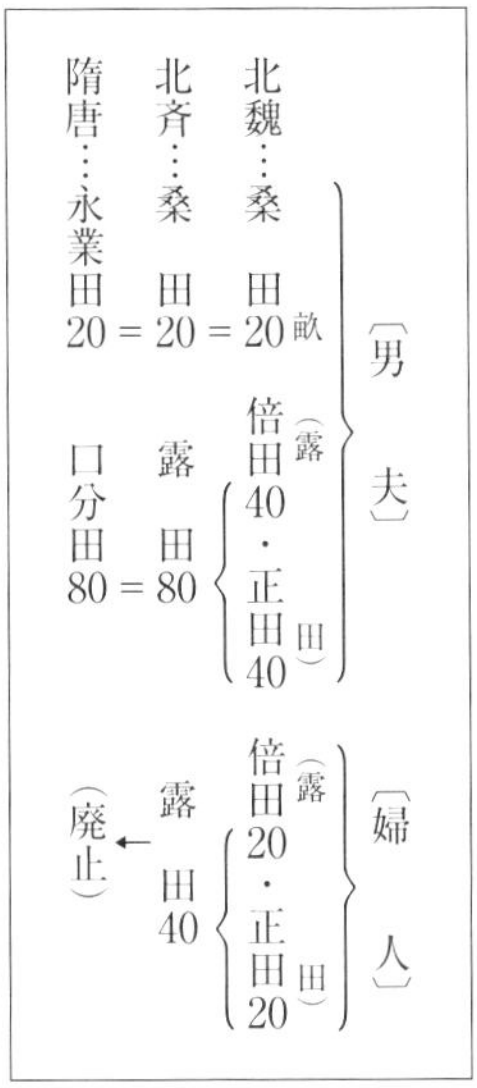

均田制の変化
（吉田孝氏による）

できそうである。大宝律令の撰定に加わっている伊岐博徳や土師甥・白猪骨らは在唐経験を有し、浄御原令の編纂にも加わっていたとみてよい。彼らは均田制下の百姓らに実態的に保障されている田である永業田について見聞を有し、その知見により百姓に支給、割りつける田として口分田を案出し、浄御原令、また大宝律令内に立条したのではなかろうか。日本の口分田が名称としては均田制下の口分田を継承していることに疑いはないが、内容的には永業田を受け継いでいるのである。

開墾地

日本の班田制においては常時展開していたであろう百姓の開墾田を制度化していないが、唐均田制にあっては永業田、口分田として授給された田地額が限度額に至っていることはまずないので、開墾田は限度額に至らない未受田分に充当するかたちで処理されていた。限田制の下では限度額を越えない範囲で開墾田を許容されることになるが、屯田制下では開墾田を制度化するとなると特別の立法が必要であり、百姓に十町の開墾を認めることにした天平十五年（七四三）五月墾田永年私財法は更めて墾田の制度化を図った立法ということになるのである。猶、吉田孝氏は唐においては永業田が未開地に当たり、百姓はそれを墾田化して未受田分に組みこむことができたと考え、墾田の制度化が図られていたとみている。(18)限田制をとる唐において墾田の制度化がなされていたとの所見はその通りであるが、永業田の実態は既述した如く露田であるから、永業田を媒介にして百姓の墾田を考えるのは失当と言わざるを得ない。吉田氏は天平十五年の墾田永年私財法を唐制永業田の制度をとりいれたものとみているが、この点も唐制百姓の戸内永業田が未開地というよりは多分に既開田なのであるから、妥当な所論とは言い難いことになろう。

限田制を採らない日本では、百姓の墾田は校田により確認されると収公されるのを原則としていたのであろう。後

代であるが、弘仁二年（八一一）一月二十九日太政官符では陸奥・出羽両国管内を対象にして、

大納言正三位（中略）藤原園人奏状偁、（中略）今聞、百姓之間、土人浪人随レ便墾レ田。国司巡検皆収レ公。黎庶嗷々向レ隅且多。愚臣商量、天地之利不レ如二人和一。百姓離レ心何守二辺隅一。望請、件国開田者、雖レ無二公験一特蒙二聴許一。又依二天平十五年五月廿七日格一、任為二私財一、永年莫レ取。（中略）右大臣宣、奉レ勅依レ奏。(19)

という布告を行っている。百姓の開墾田を国司が巡検して収公しているということであり、かかるあり方が屯田制を旨とする日本の一貫したあり方であったとみてよいだろう。右官符では天平十五年（七四三）の墾田永年私財法の再確認を行っているが、この法の在地における浸透の程を示しているようであり、百姓が開墾田を自らのものとして所有することに少なからざる困難があったことが窺われる。墾田永年私財法が出された天平十五年に先立つ和銅四年（七一一）十二月丙午に、

詔曰、親王已下、及豪強之家、多占二山野一、妨二百姓業一。自レ今以来、厳加二禁断一。但有下応レ墾二開空閑地一者上、宜下経二国司一、然後聴中官処分上。(20)

という詔が出されており、親王以下の有勢者に対しては墾田を認めていたが、百姓墾田は確認に従い収公され、墾田永年私財法発布後においても私財とすることが容易でない状況があったのである。猶、『令集解』田令荒廃条の古記に、

古記云、替解日還レ官収授、謂百姓墾者、待二正身亡一、即収授。唯初墾六年内亡者、三班収授也。公給熟田、尚須二六年之後一収授。況加二私功一、未レ得二実哉。挙レ軽明レ重義。

とある。この注釈より大宝令制下において百姓墾が制度化ないし慣行として認められていたと解し得る如くであるが、古記は多分に机上の解釈として百姓墾の収授について検討しているようであり、百姓墾が現実に認められていたとは

考え難い。慣行ないし式で認められていたとすれば今行事として言及するなり「式云」として説明してよいところであろう。天平十年（七三八）頃成立した古記のことであるから養老七年（七二三）四月に出された三世一身法を踏まえている可能性があるが、右引文では単に百姓墾と言い三世一身の区別について触れていないことからみて、その可能性は小さいように思われる。

園宅地・林地

西海道戸籍に記入されているのは口分田額のみであるが、唐代の戸籍では永業田、口分田とともに園宅地額が記されている。先に日本令の構想者が永業田を農民に確実に保障されている田とみて口分田に翻案して日本令内に立条したらしいことを指摘したが、これより日本令構想者は唐制の永業田が如何なる性質の田であるかを知っていたとみてよいだろう。西海道戸籍に永業田記載がないのは右の事情を考慮すれば当然のことであるが、園宅地について唐令では三口に一畝の割合で支給する定めになっているものの、大宝・養老令制では園地については地域の土地の多少に応じて均給し、宅地については分財や売買の対象とするとの規定を置きながら、支給如何についての定めを欠いている。浄御原令において園地、宅地についての規定があったかどうか不詳と言わざるを得ないが、前者は蔬菜・菓蓏用地、後者は居宅用地であり百姓にとり不可欠の土地であるから、浄御原令において地目の設定がなされていたか否かは別にして農民が利用していたことに疑いない(21)。大宝・養老令において地域ごとの均給といったり支給規定を措いていないのは、適宜生業従事地の近隣で空地を園地に開きなし宅地を造成すればよいとの了解があったように思われる。このためには生業地、水田耕営地の近隣に園地や宅地になし得る土地が十分になければならないが、七、八世紀代の竪穴からなる農民集落址をみると周辺に空地と思われる土地が拡がっていることが多く、園地、宅地を得ることは容易であったとみてよい。

園地は蔬菜・菓蓏用地であるが、九世紀の明法注釈書である『令集解』穴記や『令義解』では園地に桑柒を植えるとしている。日本令の桑柒地は唐令の桑楡棗地に当たり有用樹植栽地の謂であり、既述した如く唐令では永業田に植えるとしている。日本でも大化改新詔以来調絹の貢納を定めており、百姓が桑柒地を確保することは必須だったと思われるが、永業田が実質的に露田であることを見聞しているとみてよい日本令構想者は永業田を翻案して口分田として導入し、桑楡棗地→桑柒地目を立てることをしなかったらしい。格別の桑柒地目を立てなかった日本令構想者は、居所の周辺の空地に桑柒を植栽することを想定していたように思われるのである。穴記や『令義解』が園地に桑柒を植栽するとしているのは、令内に格別の桑柒地目がないので田・宅に並ぶ地目である園地に目をつけそれが桑柒地に当たると解釈したことに由るのであろう。慶雲三年（七〇六）三月丁巳詔では、

氏々祖墓及百姓宅辺、栽レ樹為レ林、并周二三十許歩、不レ在二禁限一。(22)

と指示している。山沢の私的占有を禁止するとの原則の下で百姓が宅辺に植樹して有用林を造成することを認めているのであるが、その実体は桑柒地なのであろう。山沢等の私的占有は既に天武天皇四年（六七五）に禁止されていたが、百姓が宅地を設定したり園地を開き、有用樹林に栽成することは一貫して認められていたのではないか。時代は降るが、寛平八年（八九六）四月二日太政官符では東大寺以下の採材用の杣地内に口分田を有し居住する百姓について、

既由二口分一、何无二居宅一。(23)

と指摘している。口分田、生業地があれば近くに居宅があるのは当然ということであり、百姓が生業を行っていれば近くに宅地をもつものであり、更に園地や有用樹植栽地を有することも想定していたと考えられるのである。

第二節　編戸制の展開

王民制

大化二年（六四六）の改新詔では名代・子代および部曲の停止が宣言され、それらの人たちの公民化が図られている。石母田正氏は大化前代の国制秩序のあり方を王民制と称することを提唱し、姓名、カバネナを賜与された国造、伴造らが部民を率い王権に奉仕する体制と説明し、部民も本来的には王民を分割したもので王民に他ならない存在であるが、漸次王民の私民化が進行し王民制としての統一体の解体とそれによる混乱が生ずるようになり、重大な政治課題として提起され、大化の公民化宣言に至ったとの見通しを述べている。(24) 乙巳の変に先行する社会状況を示すものとして皇極天皇紀元年（六四二）条に、上宮王（聖徳太子）家の壬生部を蘇我蝦夷・入鹿父子が役使する事態を歎いて上宮大娘姫王が「蘇我臣、専擅二国政一、多行二無礼一。天無二二日一、国無二二王一。何由任レ意悉役二封民一」と述べている記事が採られている。かかる混乱に対処する方策として打ち出されたのが王民の公民化であり、王族や伴造らによる王民の謂ゆるタテ割り的支配から居住地において地域的、包括的に把握して編戸する方式への転換であった。大化改新詔第三条で、「初造二戸籍・計帳・班田収授之法一。凡五十戸為レ里、毎レ里置二長一人一。掌下按二検戸口一、課二殖農桑一、禁二察非違一、催中駈賦役上」と規定しているところの戸籍を編み、五十戸を一里とする行政単位の設置である。(25)

里制

この編戸と里の設置は着々と進んだようで『常陸国風土記』によれば、己酉年（六四九）に中臣□子と大中臣兎子が総領（国司）高向大夫に申請して下総国海上国造部内の一里と常陸国那賀国造部内の五里を併せて鹿島神郡とし、癸丑年（六五三）に物部河内と物部会津が同じ総領に申請して筑波・茨城郡の七百戸を分離して信太郡を置き、同じ年に壬生麻呂と壬生夫子が茨城地八里・那珂地七里を併せて七百余戸からなる行方郡を置いたことがみえている。右の三例は直接的には郡設置記事であるが、その前提として既に編戸に基づく里が設けられていたことを示している。行方郡を構成することになる茨城、那珂の十五里は七百余戸であるから、各里は五十戸からなり、七百余戸とは七百五十戸を概数表記していると解されるのである。改新詔の布告は大化二年（六四六）正月であるから、己酉・癸丑に至る数年の間に五十戸一里の制度の実施は確実に進展していたと言えよう。大化の段階において編戸と里の設置がそれほどスムーズに展開していたであろうか、との所見にもそれなりの論拠なしとしないが、『常陸国風土記』の立郡関係の記事を否定しなければならない格別の理由はなく、大化二年（六四六）の改新詔布告とともに直ちに編戸と里の設置が開始されたとみられる。

猶、弥永貞三氏は改新詔第四条で、

凡仕丁者、改旧毎卅戸一人、以一人充断也。而毎五十戸一人、以一人充断。以充諸司。

と規定しているのに注目して、五十戸一里制の前に三十戸一里制が行われていた可能性を指摘している。(26) 仕丁の差発が三十戸ごとであったということから直ちに三十戸一里制の先行を言うのは安易であるが、『播磨国風土記』揖保郡条に「所以号皇子代者、勾宮天皇之世、寵人但馬君小津、蒙寵賜姓為皇子代君而造三宅於此村、令仕奉之。故曰皇子代村。後至上野大夫君結卅戸之時、改号越部里」とあり、持統天皇朝の頃のようであるが、三十戸で一里を立てている例が知られ、『令集解』戸令為里条古記は六十戸が存在する場合の処理に関し二分して各三十戸の里とするとしており、三十戸一里の制ないし観念が遺存している様子が窺えるのである。更に天智天皇朝から天武天

皇朝にかけての百戸未満の小規模な封戸支給例に当たると、

天武天皇六年五月　大博士許率母に三十戸
　十年一月　境部石積に六十戸
　十四年十月　僧常輝に三十戸
朱鳥元年六月　槻本君勝麻呂に二十戸
　六月　僧法忍・義照に各三十戸

の如くであり、三十戸ないしその倍数である六十戸が多いことが判明する。封戸の設定はまとまった戸数からなる集落を単位にして行うのが便宜であろうから、三十戸、六十戸の封戸設定は三十戸が一の纏りをなしていたあり方を反映している可能性があり、弥永氏の三十戸一里制が五十戸一里制に先行して行われていたのではないかとの推論を、無下に否定することはできないように思われるのである。仮に大化の段階において既に三十戸一里の編戸が行われていたとすれば、大化で五十戸一里の制度を実施することは頗る容易であったであろう。旧著で私は後の郡規模の屯倉で丁籍・名籍が作られていたことを指摘し、大化の段階において造籍のための行政能力がかなりなものになっていたことを推定したことがある[27]が、郡規模の名籍が作られていたとすれば、そこにおいて地域区分が行われ、三十戸を単位とする編成があっても不思議でないのではないか。

里制と国際情勢

ところで五十戸一里の編成について当時の東アジアの国際情勢を踏まえて、一戸から一兵士を徴発するという軍事的意図の下で実施されたと論じられることが多い。吉田孝氏は日本の編戸制は軍団組織と密接して構想された可能性

が強いとし、

律令政府が一戸の平均課丁数を四丁と想定していたことは、位禄や封戸の計算基準、調の絹・絁の丈量単位などから想定されるが、兵士の点兵率も、浄御原令・大宝令を通じて四分の一（四丁のうち一人を兵士）であったと推定されるので、両者から一戸＝四丁＝一兵士の基準が浮び上がってくる。このように日本の編戸制の背後には、一戸から一人の兵士を出すという基準ないし慣行が想定されるので、（中略）戸―保―里の行政組織と、兵士―伍―隊の軍団組織とが密接に対応することになる。

と述べ、山尾幸久氏も「五十戸組織の施行は、徹頭徹尾、国家的必要（その核が対外的な軍事力である）によると見る」と論じている[28]。五十戸一里の編成を軍事力に結びつける所論は真に明解な趣があるが、翻って思うに五十戸一里制を言っている改新詔では兵士制について一言も言っていないことが顧みられてよいように思う。改新詔第二条では地方制度に関し規定を行い、軍制に言及しているものの、

初修京師、置畿内・国司・郡司・関塞・斥候・防人・駅馬・伝馬、及造鈴契。（下略）[29]

としか言っておらず、軍事絡みとして関塞・斥候・防人のことを言いつつも兵士、軍団のことには及んでいないのである。後代の防人は軍団兵士の中から選抜された者が充てられ九州方面の対外防備に就いたのであるが、右詔文の防人は軍団を介すことなく差遣されることになった兵士のように思われる。防人に関し天智天皇紀三年（六六四）条に対馬島・壱岐島・筑紫国に烽とともに配置したことがみえ、同十年（六七一）十一月条に多数の船団を組んで来日を図った百済鎮将の使人郭務悰が突如接岸して防人と衝突する事態になることを惧れ、前もって使人を遣わして来朝の意を披陳してきたとの対馬国司の報告が採られている。天智天皇紀三年の防人配置は白村江での敗北に伴う国防態勢強化の一環であり、同十年条にみえる防人は天智天皇三年に始まるそれということになろう。軍団については次章で

論ずる予定であるが、天智天皇紀にみえる防人は、推古天皇紀十年（六〇二）二月条の征新羅将軍来目皇子の下に組織された神部・国造・伴造らの軍衆二万五千人のうちの国造に率いられた兵士に相応するように思われる。軍団兵士制が出現する以前の軍事力として国造・伴造らが組織していたものを考えてよく、それが九州方面へ差遣されて天智天皇紀の防人の実態となっていたとみるのである。

大化前後の頃の東アジアの状況となると、唐と新羅が結び、それと高句麗、百済が対立を深めつつあり、任那失陥以来日本は新羅と対立関係にある一方で百済とは伝統的に良好な関係を結んでいた。舒明天皇四年（六三二）に唐使高表仁が来日して親唐・新羅路線を採るよう働きかけを行っているが、路線を転換させるに至っていない。皇極天皇三年（六四四）には唐太宗の高句麗征討の詔が出され、翌年には百済と新羅との間にも戦闘が始まり、以後朝鮮半島において不安定な状況が続くが、斉明天皇朝の末年まで日本が軍事的に介入しようとしたとの徴候はなく、東アジア状勢が朝廷に多大な影響を与えていたことは確実なものの、国防態勢構築のために一戸から一兵士を徴発するような軍国体制を意図したとは考え難い。私は当時の朝廷が朝鮮半島をめぐる動きに注視し対応策に心を摧いていたにしても、編戸制に軍団組織的な性格を付与しようとしていたとは考え難いと思うのである。朝鮮半島に対しても伝統的に国造が組織してきた軍事編成での対応が、大化の頃の朝廷が構想していたものではなかったか。

里の枠

大化の頃設定された里は霊亀三年（七一七）に郷と改称されるが、殆ど改変されることなく、後代へ引き継がれていったとみられている。先示した『常陸国風土記』にみえる十四里からなる新設信太郡の『和名抄』にみえる郷数は駅家郷をいれて十四であり、十五里からなる行方郡のそれは十六であるから、平安時代に至っても殆ど変動がないの

である。郷数の経年的状況を示す長元元年（一〇二八）「上野国交替実録帳」戸籍伍百伍拾巻の詳細は、

庚午年玖拾巻（管郷捌拾陸、駅家戸肆、）　五比戸籍肆佰陸拾巻、天暦五年戸籍玖拾弐巻（管郷八十四、駅家四、）　応和元年戸籍玖拾弐巻、康保肆年戸籍玖拾弐巻、天延元年戸籍玖拾弐巻、天元参年戸籍玖拾弐巻(30)

とあり、庚午年（六七〇）籍当時の駅家をいれた上野国郷数九〇が平安中期に至って九二になるという変動でしかなく、郷の枠が固定的に維持されていたことを示している。猶、「上野国交替実録帳」にみえる戸籍巻数は郷ごとに戸籍が作られるので自ずと郷数を示すことになるのであるが、『延喜式』兵部省から知られる上野国駅家は五であり、天暦五年（九五一）以下の戸籍の巻数と内訳との間には四巻の出入がある。いずれかの数字に誤りがあると言わざるを得ないが、郷の枠がほぼ一貫して維持されていた様子を看取できるのである。

編戸の原理

先に大化の編戸が軍事編成とは無関係であったと指摘したが、改新詔第三条では里に置かれる責任者として里長をあげ、「按二検戸口一、課二殖農桑一、禁二察非違一、催二駈賦役一」を任とするとしていた。この職掌規定は大宝令文の転載であり、本来のものとは考え難いが、恐らく近似した文章である唐令の里正に関する規定を参照するなどして作文されていた原詔の文言を大宝令文により修定していると解され、大化の頃の里長も大宝令の里長と職掌を同じくし、戸口の把握と治安維持および勧農・収税を任としていたとみてよい。ここで戸を如何にして編成し、五十戸をもって一里としたのは何故かが問題になるが、『令集解』賦役令封戸条古記所引慶雲二年（七〇五）十一月四日格に、

以二四丁一准二一戸一也。

令釈所引天平十九年（七四七）六月一日格に、

毎二一戸一以二正丁五六丁、中男一人一為レ率。則国郡郷別課口二百八十、中男五十、擬為二定数一。其田租者、毎二一戸一以二三十束一為レ限、不レ令二加減一。自レ今以後、永為二恒例一。

とあり、封戸という稍特異なケースであるが、標準戸の規模およびそれに基づく標準郷別の課丁数や田租額を定めているので、かかる標準戸を念頭において編戸が行われ、それを五十戸集めて里の設定を行ったと推測してよいように思われる。天平十九年六月一日格の規定する戸の規模は、封主を優遇する意図で正丁の加増がなされているようである。それを措いて一戸に四丁となると戸口数はほぼ二十人前後となる。里の設置を行うに当たっては二十人前後を一の纏まった単位とし、それを五十集合させて一里としたのであろう。吉田孝氏は二十人前後の集団を代表できるような有力者を戸の編成責任者、戸主としたとみ、まず五十人の戸主を選ぶことにより里を作ったと推論しているが、現実の里の設定過程としてみれば氏の推論は説得的である。二十人前後を基礎集団としたのは、現実の村落において二十人前後が一の纏りをなし、生産や消費の単位をなしていたことによる可能性を考えてよいだろう。吉田孝氏は当時、畿内先進地域に課丁四人程度を含む平地住居に住む上層農民の家族の集合体が存在していたとみ、それが朝廷支配者から望ましい支配の単位として想定され、これが全国的な編戸に当たっての基準とされたと考えている。氏は基準のあり方を畿内の上層農民に求めたのであるが、当時の農業事情に畿内と畿外との間でさ程の違いがあったか疑問といえば疑問であり、全国的にみても戸員二十、課丁四人くらいの集合体が広まっていたとする見方が可能かもしれない。五十戸を一の纏りとし里としたのは、里長が勧農、収税を行うに当たって程よい規模であったことに由るのであろう。

猶、霊亀三年（七一七）から天平十二年（七四〇）にかけて従前の里を郷と改称し郷の下に二〜三の里をおきそれぞれの里に里正を配置し、戸の内部に複数の房戸を定め、房戸を班田や収税の単位とする改定を行っている。約二十人の戸員となれば複数の小家族群からなることは言うまでもないことであり、房戸は小家族の実態に近似したものとみることができそうである。新設里、房戸は従前に比べより立ち入った支配を可能にし、勧農や収税に細かな対応が可能になったことと思う。五十戸を一人の里長が管掌するより複数の里正が分担した方が、行き届いた行政を可能にするようになるだろうことは、言うまでもないことであり、房戸が支配の対象となるということは支配がより浸透することに他ならない。しかしこの改定が二十余年ほどで廃止されているのは謂れのあることで、二十人前後の戸口を戸としてとらえ、五十戸を一人の郷長が管掌するのが適切だったことに由るのであろう。

編戸と兵士制

先引した吉田孝氏の文章にある如く浄御原令と大宝令では正丁四人につき一人の割合で兵士を差点し、養老令では三丁に一人を兵士とすることに定めており、これより少なからざる論者が日本の編戸制は一戸から一兵士を差点することを基準として定められていたとしているのであるが、既述した如く編戸制は浄御原令以前、大化の頃から始まっているのであるから、その背後に点兵率が意識されていたとは考え難く、点兵率と無関係なところで戸の基準や五十戸一里の制度は定められていたとしなければならない。点兵率が意識される以前の段階で四正丁からなる戸を基準とした編戸が行われていたので、浄御原令と大宝令で四正丁に一兵士という規定をした結果、一戸より一兵士、一里より兵士五十人というあり方になったということである。日本の編戸はそれなりの当時の村落の現状を踏まえ、勧農、収税の適当な単位として行われたのである。ともあれ大化に始まる五十戸一里制はその後一貫しており、この枠組の固定から一戸四正丁というあり方が当初からのものであったとみてよいであろう。

戸の実態

戸籍作成に当たりまず戸主となるのに相応しい人物五十人を選び里を作っていったであろうことは吉田孝氏の説く通りであろうが、戸主を中心に戸を編むとなると戸主の親族、姻族により編成することを旨とし、ケースによっては必ずしもそれにとらわれることなく関係する者を編入することを行っていたとみてよいだろう。平均的な戸が二十人前後からなるとすると複数の小家族からなるのを通例とし、戸内小家族の相互のあり方となるとある程度の関連を有して生産、消費生活を営んでいたことと思われる。古代の戸籍については擬制説が説かれる一方で戸を世帯共同体とみる見方が行われており、所説は定まっていないが、戸の実態は全く擬制的なケースがあれば、世帯共同体と称してもよいようなそれがあったことと考える。戸籍から登載されている人たちの相互関係を窺うのは困難ということであるが、これはある時点においてある居所に居住する者を書き出した住民登録簿の如きと異なる、制度上同籍とされた者を書き出した戸籍の性格の然らしめるところであろう。同籍だからといって同居しているとは限らず、逆に籍を別にしているからといって同居していないとは限らないのである。但し平均的な戸が二十人前後、複数の小家族からなっていたことより、それが多くの場合一の単位をなしていたとみてよいと考える。このような現実を踏まえて戸の制度が案出されたとみるのであり、現実の裏づけがなければかかる制度が実効のあるそれとは成り難いものであろう。

猶、私は大化の頃作り出された五十戸一里のあり方がその後も一貫して維持されていると述べたが、これは古代社会において人口動態の変化が殆どなかったことと関連している。日本の人口は縄文時代から弥生時代、平安時代から鎌倉時代、戦国時代から江戸時代、江戸時代から近代、という大きな節目に農業生産の向上や新しい産業の展開により急増しているが、七世紀から八世紀にかけて人口増加がみられた徴候はなく、大化に始まる五十戸一里の枠はそのまま後代に至っても維持されていたのである。岸俊男氏は霊亀から天平十一、二年にかけての郷里制について「古代社会の発展に伴う著しい人口の自然増加と耕地面積の拡大の結果、その内容がひじょうに複雑膨張化し、従来のような簡単な機構をもっては律令体制下における地方行政の機能を十分にあげることが困難になってきたため」と論じ、古代社会における人口増加を強調しているが、(31)根拠ある所見とは思われない。寧ろ二十余年程度で郷里制が廃止されたのはそれを必要とする現実がなかったからだと考えるべきで、人口増加というような顕著な現象がなかったことを示していると解すべきであろう。

養老七年（七二三）四月に布告された三世一身法では、

太政官奏、頃者、百姓漸多、田池窄狭。望請、勧課二天下一、開闢二田疇一。其有下新造二溝池一、営二開墾一者上、不レ限二多少一、給二伝三世一。若逐二旧溝池一、給二其一身一。奏可之。(32)

と述べており、「百姓漸多」は人口の増加を言っている如くであるが、ここは百姓の数に比べて田地が不足しているの謂で、当時の農業事情では数年耕作すると荒廃して放棄せざるを得ず、その一方で新開地が十分に捕捉されていない状況があり、班田用地に事欠くような事態になっていることを言っているのである。百姓は荒廃した田を放棄する傍ら新開墾地を獲得していたはずであるが、荒廃田は国郡に申告しても新墾田については上申せず、謂ゆる隠田の如きとして耕営していたのである。天平宝字三年（七五九）十二月に巡察使により武蔵国で隠没田九百町、備中国で二百町が摘発されている。(33)隠没田の実体は未登録新開墾田であり、百姓は荒廃田の替りに耕営する新墾田を官の把握外とすることに努め、官からみると「田池窄狭」という事態になっていたのである。三世一身法の「百姓漸多」は人口増ではなく、官の捕捉する田地に比べ相対的に多いということなのである。

古代社会の人口増加如何に筆を費したが、人口変動の殆どない状況下で五十戸一里の編成は維持されていたと言ってよいのである。

戸の経営

伝統的に中国では強固な家産の共産制を特色とするのに対し、日本では別産を旨としていたと考えられている。時代は降るが、天平神護三年（七六七）に伊何我部広麻呂が東大寺へ墾田を売却している売券は次の通りである。

伊何我部広麻呂解　申売買墾田事
合弐町壱段拾陸歩
請直稲肆伯陸拾伍束伍把
西北一条十寒江町廿四寒江田七段二百六十歩、直稲百八十束四把 男伊何我部春野墾
廿一寒江田一段二百九十二歩、直稲廿八束九把 男同熊野墾
廿二寒江田一段、直稲十六束 同熊野墾
十一上味岡里八味岡田六段、直稲百卌四束、孫同野焼墾
廿六味岡田四段百八十歩、直稲百八束二把、同長野墾
右墾田、売進㆓於東大寺㆒既畢。仍注具㆑状、立券文。
天平神護三年二月廿四日外従八位下伊何我部広麻呂
上件直稲、充既畢(34)。（下略）

ここでは祖父伊何我部広麻呂の名前で墾田が売却されているが、それぞれの墾田は息子・孫の名前で立券されていて別財であったことを示している。田主は息子・孫らであり、広麻呂は恐らく戸主のような立場で官へ申告しているのであって、広麻呂が息子・孫らの墾田を処分しているとは解し難い。息子・孫らがそれぞれ田主となっているのをみると、息子・孫らは財産は別財で各別に耕営を行っているとみられ、父子という近接な間柄であっても耕営を別にし

ていた事例があったことになる。『令集解』戸令応分条令釈に、

仮有、婦随レ夫之曰、将二奴婢牛馬并財物等一、寄二従夫家一。夫婦同財故、婦物為二夫物一。父子同財、因転為二舅物一。

とあり、明法家の理解するところでは夫婦同財、父子同財の観念があったことが窺われるが、伊何我部広麻呂売券からは祖父・息子・孫がそれぞれ別財であった。父子が別財であれば、兄弟間で別財が行われていても少しも不思議でないだろう。因みに右売券において春野と熊野は各別の墾田主であり、兄弟にして別財関係であったと解される。但し私は父子、兄弟がそれぞれ別財をなし各別に耕営を行っているにしても相互に関連を有し、ユイの慣行にみられるような労働力の融通を行い、さまざまな面で協力、扶助しあう間柄であったことを想定してよいように思う。延暦九年（七九〇）四月十六日太政官符「応レ禁三断喫二田夫漁酒一事」では農繁期に個々の経営が農夫を使役して作業を進めていることを言い、殷富の人は魚酒により多くの農夫を集め順調に播殖を行い、貧窮の人は蔬食しか提供できないので農夫を集められず、苦境に陥り、貧富ともども農夫への食事提供のことで家資を竭す状態であると指摘している(35)。農繁期に集中的に農夫を集め作業を進める必要があったことを示しており、このような時に近縁者間で労働力の融通が行われたことに疑いなく、別財ながら「伊何我部広麻呂売券」にみえる父や息子・孫らは農繁期に助勢しあったとみるのである。

戸の再生産

私は戸籍に編まれている人たちの具体的なあり方となるとまちまちと言わざるを得ないが、基本的なあり方としては四正丁を出す複数の小家族からなる組織が戸を成し、それぞれの小家族は各別に経営をなす一方で、ユイにみられるような扶助、協力関係にあったとみるのである。一方に五十戸一里の枠を維持するために、経営の看点から存続が

不可能なような破片的戸口からなる戸を置く一方で、西海道戸籍にみえる一二四人もの戸口からなる大領肥君猪手の戸があり、後者は複数の平均的戸口からなる郷戸の集合体の様相を呈している。猪手の戸は分割して複数の戸になって不思議でないが、規模大であることにより郡司大領としての威勢を振うに当たり便宜があったのであろう。破片的また異常に大規模な戸を措くと、古代の村落内では右述した基本的な規模の戸が多数を占め、戸口の出生、死亡や出嫁等による変動に応じ適宜割出や移来を行い、基本的な規模の戸の再生産を行っていたとみられる。謂ゆる「陸奥国戸籍」(36)は大宝二年（七〇二）籍後、和銅元年（七〇八）造籍に至るまでの間の戸口の変動を記した帳簿であるが、寄

大伴部忍（九歳）に、

　大宝二年籍後、移出里内戸主大伴部意弥戸。戸主甥。

戸主丸子部忍（年八十四）に、

　大宝二年籍、里内戸主丸子部子尻分析。今移来。

戸主大田部赤麻呂（年二十五）に、

　大宝二年籍、郡内郡上里戸主大田部伊須伎戸戸主子。今為戸主全戸移来。

戸主大伴部久比（年四十九）に、

　上件人、大宝二年籍、里内戸主大伴部意弥戸。戸分析今移来。

という注記が施されており、戸口の移動や戸の新設が行われている様子が窺われ、五十戸一里内での戸編成の調整が行われていることが判る。このような操作を経て基本的な規模の戸の再生産が図られていたのである。

自然集落と行政区画

戸が村落内に存在する数個の小家族からなる結合組織に依拠して編成されているにしても、五十戸一里となると人為性を免れず、日本の里は人為的な行政区画ということになろう。吉田孝氏は中国史における自然集落と人為的な行政区画との二重構造に注目して、日本では後者のみを導入し前者は導入しなかったと論じている。真に尤もな議論ではあるが、五十戸一里制の里が数個の自然村落により形成されていたことも事実であろうから、そこには自然区分の要素もあったと解し得る余地があるように思われる。そもそも唐制の里正は「按二比戸口一、課二殖農桑一、検二察非違一、催二駈賦役一」を任とし、支配の末端を担っていたことが明白であるが、自然区分に関わる坊の坊正、村正は「督二察非違一」を任とするのみで勧農や収税に当たらず、専ら居住区の治安維持に当たるに過ぎない。唐における里と村坊の併存をもって二重構造をいうのは少なからず行き過ぎで、後者は前者の足らないところを補う以上でないように思われる。強いて古代日本において唐の人為区分のみを導入し自然区分を導入しなかったと強調する必要はないのではないか。

以上大化改新に始まる五十戸一里からなる公民の編戸、里の設定について論じてきたが、恐らく先行する三十戸一里制を前提として実施され、複数の小家族からなる戸を編むことを基本とし、これはそれなりに当時の村落状況を反映していたとみられ、勧農、収税の面から適切なあり方だったと推測される。里、郷が『風土記』の時代から『和名抄』の時代に至っても変動らしい変動がないまま存続しているのは、右の事情によると考えられるのである。

注

（1）石母田正『日本の古代国家』第四章（岩波書店、一九七一年）。

（2）岸俊男『日本古代籍帳の研究』「十二支と人名」（塙書房、一九七三年）。
（3）三谷芳幸「律令国家と校班田」（『史学雑誌』一一八編三号、二〇〇九年）。
（4）宮本救「造籍年次について」（『続日本紀研究』三巻三号、一九五六年）。
（5）南部曻「庚午年籍と西海道戸籍無姓者」（『古代史論叢』上巻、吉川弘文館、一九七八年）。
（6）米田雄介「大宝二年戸籍と大宝令」（『日本古代の国家と宗教』下巻、吉川弘文館、一九八〇年）。
（7）赤石一紀「班田基準についての考察─六歳受田制説批判─」（『古代天皇制と社会構造』校倉書房、一九八〇年）、同「田令口分条の『不給』規定─六歳受田制説再批判─」（『日本歴史』四一五号、一九八二年）。
（8）虎尾俊哉『日本古代土地法史論』「大宝令における口分田還取規定」「大宝田令六年一班条について」（吉川弘文館、一九八一年）。
（9）山尾幸久『日本古代国家と土地所有』第六章（吉川弘文館、二〇〇三年）。
（10）田中卓「大宝二年西海道戸籍における『受田』」（『社会問題研究』八巻一号、一九五八年）。
（11）田中卓前掲論文。
（12）鎌田元一『律令公民制の研究』「大宝二年西海道戸籍と班田」（塙書房、二〇〇一年）。
（13）拙著『日本古代の耕地と農民』「口分田収授について」（第一書房、一九八六年）。
（14）吉田孝『律令国家と古代の社会』「編戸制・班田制の構造的特質」「墾田永年私財法の基礎的研究」（岩波書店、一九八三年）。
（15）『唐令拾遺補』。
（16）池田温『中国古代籍帳研究』（東京大学出版会、一九七九年）。山尾幸久『日本古代国家と土地所有』第三章（吉川弘文館、二〇〇三年）。
（17）『通典』食貨田制下。
（18）吉田孝前掲論文。

(19)『類聚三代格』巻十五。
(20)『続日本紀』同日条。
(21)北村安裕「古代の『林』と土地経営」(『日本歴史』七三四号、二〇〇九年)は古代の園宅地や樹林について専ら貴族豪族・寺院等に関わるものとみ、一般農民とは没交渉という理解をしている。しかし農民にとり園地、宅地、林地は生活していく上で不可欠であったはずであり、労働を投下して得られる園地、宅地、林について保護を含め法規制があったことは考えられてよいだろうと思う。
(22)『続日本紀』同日条。
(23)『類聚三代格』巻十六。
(24)石母田正前掲書第二章。
(25)『日本書紀』大化二年一月一日条。
(26)弥永貞三『日本古代社会経済史研究』「仕丁の研究」(岩波書店、一九八〇年)。岸俊男前掲書「律令制の社会機構」。
(27)拙著『天智天皇と大化改新』第三章(同成社、二〇〇九年)。
(28)吉田孝前掲論文。山尾幸久前掲書第四章。
(29)『日本書紀』大化二年一月一日条。
(30)『平安遺文』四六〇九号。
(31)岸俊男前掲書「古代村落と郷里制」。
(32)『続日本紀』養老七年四月辛亥条。
(33)『続日本紀』天平宝字三年十二月丙申条。
(34)『大日本古文書』五巻六五〇頁。
(35)『類聚三代格』巻十九。
(36)『大日本古文書』一巻三〇五頁。

第五章　軍事と外交

第一節　律令軍制への過程

兵器の収公

中大兄皇子と藤原鎌足は蘇我入鹿暗殺事件である乙巳の変を成功させると、二カ月後の『日本書紀』大化元年（六四五）八月庚子条の記事では東国国司を派遣し造籍、校田を行わせるとともに、

於㆓閑曠之所㆒、起㆓造兵庫㆒、収㆓聚国郡刀甲弓矢㆒、辺国近与㆓蝦夷㆒接㆑境処者、可㆘尽数㆓集其兵㆒、而猶仮㆗授本主㆖。

と指示し、兵庫を新たに建造して地域内の刀甲弓矢等の武器を収聚することを命じている。この後九月丙寅条には、

遣㆓使者於諸国㆒、治㆑兵。或本云、従㆓六月㆒至㆓于九月㆒、遣㆓使者於四方国㆒、集㆓種々兵器㆒。

大化二年（六四六）正月条には、

遣㆓使者㆒、詔㆓郡国㆒修㆓営兵庫㆒。

という記事が採られている。民間の武器を収公し兵庫に収めるということで、改新政府が軍事に重大な関心を抱いていたことを示している。甲はともかく刀弓矢となると民間で私蔵され狩猟等の場で日常的に使用されていて不思議で

ない武具であり、かかる武具の収公は政府が民間の武力・軍事力に転用可能な物具の全面的な回収を図っていると解され、軍事クーデターという性格のある乙巳の変断行者が非常事態宣言の意味合いを込めて布告しているようである。

皇極天皇二年（六四三）十一月に蘇我入鹿に襲撃された山背大兄王は馬の骨を寝室に投棄して斑鳩宮を逃れ生駒山中に逃げこみ、従者である三輪文屋君の「請ウ、深草屯倉ニ移向キテ、茲ヨリ馬ニ乗リテ東国ニ詣リテ、乳部ヲ以テ本トシテ師ヲ興シテ還リテ戦ハン。ソノ勝タムコト必ジ（1）」という献策を受けるが、大兄王はこの策を採れば必ず勝つだろうが百姓を残害することになるとして山を出て斑鳩寺に入り、子弟・妃妾らとともに自経している。東国へ落ちのびての再起策は、当時東国方面に多数居住していたかつての上宮王（聖徳太子）家の部民で山背大兄王が引き継いでいる壬生部を憑み反攻するという軍略であり、必ずしも荒唐とは言えない案である。私は大化元年八、九月に出された民間の武器収公策は、入鹿を殺害しその父親蝦夷を自尽に至らせたとはいえ、地方に直属の部民である蘇我部を繁延させるなどしていた蘇我氏の勢力が不穏な動きを示すような事態になるのを、未然に防止しようとの意図に出ていると解し得ると考える。大化元年（六四五）九月には乙巳の変により皇位後継の望みを断たれた入鹿の従兄弟である古人大兄皇子が、蘇我田口臣堀川・物部朴井連椎子・吉備笠臣垂・倭漢文直麻呂・朴市秦造田来津らと謀反を企てたとして、討伐されている。この事件は吉備笠垂の自首により発覚し、謀議参加者の中には後に中大兄皇子に仕え功績を挙げている者がいるなどするので、中大兄皇子の側が仕掛けた策謀による可能性を排さないが、滅亡した蘇我本宗家の立場で改新政権に不満をもつ勢力がいたことは確かであり、かかる勢力が地方の蘇我氏の影響下にあった人たち、蘇我部の如きと結びつく危険性は、中大兄皇子、藤原鎌足らにとり現実味のあるものとして感得されていたのではないか。先に山背大兄王が頼りにできるものとして東国の壬生部が挙げられていたが、蘇我部も東国に居住していた。私は中大兄皇子、藤原鎌足が大化元年六月に蘇我本宗家を滅ぼし、八、九月に武器収公策を実施しているのは、右述した危険性が現実化するのを除去するためであったとみるのである。二人にとり三輪文屋君の東国へ落ちのびての再起策は参考になっていたはずであり、武器収公策はそうならないようにすることを意図しての施策であった。即ち八、九月に出された武器収公策は、軍事クーデターに伴う非常事態絡みの臨時策というべき性格のものであった。猶、先引『日本書紀』大化元年九月丙寅条の割注所引或る本によれば、武器集聚のための諸国への使者派遣は六月に始まるという。この割注に注目して石母田正氏は乙巳の変断行以前から武器収公が画策されていたと見得るとし、改新政府の軍事的関心の強さを示すと述べている[2]。石母田氏の述べているところは妥当的と言ってよいだろうが、変成功後に予測される誅滅された側の反攻を未然に防ぐという意図からの施策であり、中大兄皇子、藤原鎌足の周到な計画に出ると解されるのである。

兵庫修営

大化元年（六四五）八、九月の武器収公策が多分に非常事態絡みのそれであるのに対し、大化二年正月の兵庫修営の指示は、平時を前提とする施策で前者とは大分性格を異にするように思われる。私がこのように考えるのは、この月一日に布告された百姓の負担を定めた改新詔第四条で、

　凡兵者、人身輸㆓刀甲弓矢幡鼓㆒。

と令し、人ごとに武具である刀甲弓矢幡鼓の輸納を定めていることに由る。大化元年八、九月の武器収公が改新政府に反対する勢力の武装化を防ぐ施策であるのに対し、右詔令は税として刀甲以下の武具を納入させるということであり、武具を納入させるとなれば収蔵庫が必要になるのは言うまでもないことで、それが修営を指示された兵庫とみるのである。大化元年八月にも東国国司に収公した武器を収めるための兵庫の築造を指令しているが、この兵庫と大化

二年正月に修営を指示されている兵庫とでは性格を異にしているのである。大化元年九月に諸国へ派遣された使者も武器を収公し兵庫を建造していたとみられ、この兵庫が大化二年に修営を指示されているそれと異なるのは当然である。但し大化元年に建造された兵庫が大化二年に修営を指示されている兵庫に転用された可能性はあろう。

大化元年八月の東国国司に指示された収公武器が刀甲弓矢であるのに対し、改新詔により百姓が輸納することになった武具は刀甲弓矢に幡鼓が付加されている。石母田正氏は改新詔に軍隊の指揮に関わる幡鼓があることを疑問とし、武器輸納規定は大化元年八月の武器収公指示を基礎にした『日本書紀』編者の舞文で除外されなければならないと論じている。私は大化元年八月の収公が非常事態を意識しての施策であるのに対し二年正月の詔は恒常的なそれという相異があるので、氏のような推論をする必要はないと考える。前者では非常事態下で殺傷具として機能する武具である刀甲弓矢の没収を図り、後者では朝廷の軍事編成に必要とする武具の確保を意図して甲刀弓矢に加えて、指揮に関わる幡鼓の輸納を定めているのであろうと思われる。刀甲弓矢を人ごとに輸納させるのはそれが個人が帯びるものであるから解りやすいものの、幡鼓の輸納となると稍解し難いところがあるが、複数の人が組をなして納入するとみればよいように思われる。養老軍防令兵士備戎具条によれば兵士は弓矢刀を自弁し、私家鼓鉦条では鼓幡の類は個人が所有するものではないと定めている。この条文を念頭におくと、改新詔で幡鼓の輸納を指示しているのは奇異の感を与えるが、軍備体制の確立、充実を意図した改新詔立案者は刀甲弓矢とともに幡鼓についても百姓に作らせ収納することを企画したのである。軍備に幡鼓の必要性を認識していた立案者は百姓に輸納させる以外の手段を思いつかず、改新詔第四条の武具輸納条項の立案に至ったというのが実情なのであろう。

兵器の管理

ところで兵庫の築造ないし兵器の集聚・管理に関し大化元年（六四五）八、九月の場合では、東国国司ないし使者に発令されているのであるから、それらの人たちの責任で実施されたとみてよいだろう。現実の作業は当時の在地領域支配者とみてよい国造の支援を得て進められたことが確実であるが、責任ということになれば東国国司、使者が事に当たったと考えられる。そもそもこの兵器収公、兵庫への聚集は乙巳の変に関わる非常事態絡みで行われているのであるから、改新政権、朝廷派遣の人たちにより遂行されるのが当然であったと思われるのである。東国国司や諸国への使者は臨時の派遣官で常駐官人ではないので、恒常的に管理責任に就くのは困難だったろうが、責任ということになれば朝廷方の官人が負うことになっていたのではないか。大化二年（六四六）正月の武具輸納に伴う兵庫についても郡国に詔りして修営するとしており、築造に国造が当たるにしても国司（総領）が責任者の地位についていたとみてよいと考える。軍事クーデターで権力を掌握したばかりの改新政府が、武器というひとたび手離せば危険な存在になり兼ねない物具の管理を他に委ねるというようなことは考え難いことだろうと思う。

対蝦夷の前線

民間の武器の兵庫への聚集は改新政府を危うくするような存在を未然に除去する意図に出るが、既引大化元年八月庚子条では蝦夷の居処に近接する地域では一たん収公した武器を本主に仮授するという特別措置をとることにしている。蝦夷の居処となると陸奥、出羽方面ということになり、その近接地では対蝦夷の臨戦状態を維持する必要があり、民間の人たちが武器を側に置き即時対応できるようにしておく必要があったのである。乙巳の変に先行する八年前の舒明天皇九年（六三七）に蝦夷が反乱を起こし、上毛野君形名が将軍として討伐に向っている。形名は一度は戦闘に敗れ堡塁に逃げこみ妻の激励と策略により蝦夷を撃退することに成功している。大化の頃対蝦夷の前線で何時紛争が起きても不思議でない状況があり、蝦夷近接地域で本主に武器を仮授することは緊要の処置だったことが判るのである。

上毛野形名を将軍とする蝦夷の反乱を鎮圧する軍の発興は、大化の頃対蝦夷の軍備を整備することが求められていたことが知られ、大化二年（六四六）正月の改新詔第四条の人ごとの武具賦課やそれを収めるための兵庫修営の目的の一は、右軍備の整備に関わっているとみることができそうである。大化元年八月の武器収公に当たり蝦夷近接地域ではそれを例外的に解除しており、蝦夷問題が朝廷にとり重要なテーマになっていることが判り、全国的な武器の賦課、兵庫への貯積は一の目的として対蝦夷軍興を視野にいれた施策と解し得るように思われるのである。大化の当時朝廷は唐・新羅と対決の様相を深める中で外圧に抗する意図で軍備の整備を進めたと説かれることがある(3)が、当時朝廷が唐・新羅と事を構えるような意向を有していたか頗る疑問であり、寧ろ対蝦夷の軍備の充実に意を砕いていた様子が窺われるように思う。因みに後論する如く、斉明天皇朝に入ると阿倍比羅夫による大規模な蝦夷征討軍が派遣されている。

伴造軍・国造軍

大化の頃の軍事編成として伴造、国造らにより率いられた伴造軍、国造軍が知られている。大化元年（六四五）九月甲申の詔で当時の臣連伴造、国造らが多くの田を兼併して己が民を駈使し「己ガ民ヲ率テ、事ニ随ヒテ」朝廷に奉仕していると指摘しているが、軍事についても軍事関係の伴造ないし国造が従属民を率いて事に当たっていたのである。推古天皇十年（六〇二）二月に来目皇子を将軍とする征新羅軍が神部および国造・伴造らの軍衆二万五千人によ

り編成されている。大化の頃の伴造軍、国造軍は前代以来の伝統的なあり方であり、崇峻天皇紀四年（五九一）十一月壬午条に、

差二紀男麻呂宿祢・巨勢猿臣・大伴囓連・葛城烏奈良臣一為二大将軍一、率二氏々臣連一、為二裨将・部隊一、領二二万余軍一、出二居筑紫一。遣二吉士金於新羅一、遣二吉士木蓮子於任那一、問二任那事一。

とみえる新羅に軍事的圧力をかけるために編成された軍も伴造軍と国造軍から成っていたと解され、皇族や臣連を称する朝廷の大夫《まへつきみ》級の有力者が将軍《いくさのきみ》に任じ、その下に裨《すけ》（別）将《いくさのきみ》が置かれ、更に部隊《たむろのおさ》（長）、軍士《いくさびと》が配されるという構成になっていたことが知られる。[4] 伴造のうち有力な者は裨将に任じられ、有力でない伴造は部隊長となり、国造となると多く部隊長として加わっていたようである。尤も軍の構成、編成は規模等によりまちまちであるのは当然で、伴造でも大伴連の如く大夫級になれば将軍に任じられ、右引崇峻天皇四年に編成された軍の大将軍大伴囓連はその一例である。推古天皇十年の征新羅軍では将軍来目皇子の下の裨将に大伴連以下の伴造が充てられていたとみてよいだろう。舒明天皇九年（六三七）の蝦夷鎮圧のために興された軍では上毛野の豪族出身とみられる上毛野君形名が将軍になっている。海外へ遠征する軍編成となると皇子や大夫級が将軍となるが、蝦夷鎮圧軍となると地方豪族出身の者が将軍に起用されることがあった。

国造の率いる軍士は「己ガ民」から成っていたとみてよいだろうが、具体的には国造の子弟や支配領域内に居住する武術の心得のある者が充てられていたと考えられる。六世紀代の古墳の顕著な動向として群集墳の展開があり、副葬品として刀剣弓鏃の検出される事例が多い。在地の中小豪族ないし有力農民の武装化が窺われ、かかる古墳の被葬者が国造軍の軍士になっていたと推測し得るようである。『常陸国風土記』行方郡の項に、

古老曰、石村玉穂宮大八洲所馭天皇之世、有レ人、箭括氏麻多智截二自レ郡西谷之葦原一、墾開新治レ田。此時、夜刀

神相群引率、悉尽到来、左右防障、勿レ令二耕佃一。（中略）於レ是、麻多智大起二怒情一、着二被甲鎧一之、自身執レ仗、
打殺駈逐。

という伝承が採られている。石村玉穂宮で治政した天皇の世とは六世紀前半の継体天皇の治政期であり、行方の地で葦原の開墾を進める箭括麻多智の妨害をなす夜刀神に対し、麻多智が甲鎧を着し自ら仗を執り駈逐したという。武装して耕佃の妨げをなす者に立ち向う麻多智に、軍士を率いる国造をみることができそうである。

国造軍の遺制

国造軍の遺制を示すものとして『万葉集』防人歌がある。同書巻二十に採られている東国防人の作った歌の題詞より、天平勝宝七歳（七五五）の頃の九州に派遣された防人軍の編成が判り、それによれば国ごとに、

国造（丁）―助丁―主帳丁―火長―上丁

という構成をとっていた(5)。国造が長となり副として助丁がつき、その下に庶務係ともいうべき主帳が置かれ、兵士である火長・上丁が引率されていた。主帳・火長・上丁は如何にも律令に基づく用語であり、七世紀中葉の頃の国造軍に相応しいとは思われないが、国造が副官とともに軍士を率いるあり方は本来のあり方に近似している、とみてよいだろうと思われる。防人軍の国造は崇峻天皇紀四年（五九一）条の部隊長に相当すると考えられよう。

評の性格

周知の如く改新政府による地方制度の改革として後代の郡に当たる評が設置され、評の役人として評督、助督が置かれるようになっている。評の下の単位が五十戸からなる里である。この評督、助督の督について山尾幸久氏は、ト

クの音が高句麗の大城主傉薩や百済の郡将徳率、新羅の軍県啄に通じ類同の語であり、軍人・軍団・軍営を意味するとの末松保和氏の所説に拠り、かつ日本の令制下の衛門・衛士・兵衛府の長官を督ということに注目して、これらが評制に関わるとみ評に軍事的性格があったと論じている(6)。この山尾説は磯貝正義氏に継承され、

> 大化改新に当り評が軍事的性格を併せもった地方組織として出発したとすれば、評はのちの郡と軍団という二つの性格を帯び、評造はのちの郡司と大・少毅等とがもつ職掌を未分化の形で統合保有していたということになる。

と発展されている(7)。その後下向井龍彦氏は大化の武器収公、兵庫建設が評単位で評造により進められたとみ、評の下の五十戸からなる里制を徴兵単位として導入されたととらえ、評は五十人を単位集団とする軍事編成単位、評造軍となったと論じている(8)。氏は新たに評造に補任された在地首長は天皇から軍事指揮権の象徴である軍旗・鼓・弓矢・鎧を賜与されたと考え、評造になることは評造軍の指揮官になることだと主張している。山尾氏が説き磯貝氏や下向井氏が展開した評の軍事的性格についての議論は頗る明解と言ってよいだろうが、山尾氏の督字に注目した議論について言えば、役人の官名評督・助督が朝鮮の地方官名に類同するからといって直ちに朝鮮の地方組織の長の性格が日本の評へ導入されているとみるのは、少なからず飛躍している感を免れないように思われる。高句麗・新羅・百済が絶えず攻伐しあう朝鮮の官職にはいずれも軍事的要素が濃厚であり、かかる朝鮮の地方組織を模して日本の評を作ったとすれば、軍事的性格の有無に拘わらず後者に前者に通じる官名が案出される事態があり得るのではないか。私は日本と朝鮮の官名の類同性より評の軍事的性格を説く山尾氏の議論に、方法の点で疑問を感じるのである。磯貝氏の評が後に民政に関わる郡と軍事を専らとする軍団に分かれたとする議論に関しては、元来両者が別個のものとして設置されたとする見方があり得るのは言うまでもないだろう。

大化の武器収公、兵庫設置が評造の手で実施されたとする下向井氏の所論については、前節で述べた如く、民間の

武器が改新政府に抵抗する勢力に渡るのを防止するということを最大の目的としていたことを考慮すると、評造に委ねるようなことをしたか疑問なように思われる。武器の管理は評造というより国司（総領）が管理することを旨とし、従前からの伝統を顧慮すると、朝廷の軍事編成に関わっていた国造が国司（総領）の下で当たっていたのではなかろうか。評制が展開するようになった後も国造は残存しており、私はこの国造が国司（総領）の管掌下で軍事に関わり武器の管理の実務に当たったとみるのである。既引した大化二年（六四六）正月の詔では国郡を対象に兵庫の修営を指示しているが、修営に郡（評）が関与するにしても収蔵する武器の管理となると国司（総領）の指揮下でそれを使用し軍事活動に臨む国造だと考える。

下向井氏の五十戸からなる里が徴兵の単位であったとする所論については、改新詔を始めとする大化以降天智天皇朝にかけての施策動向に徴兵のことがみられないので、信拠性を欠いていると言わざるを得ないように思う。改新詔第二条で軍事関係に触れているが、既述した如く項目として関塞、斥候、防人が挙げられているのみである。関塞は後代の国境に設けられた検問や防禦を旨とする施設で徴兵に関わるようなものでなく、斥候は敵情を探索するものでこれも徴兵に関わるとは言えない。猶、推古天皇九年（六〇一）紀八月条に新羅の斥候（間諜）を対馬で捕え上野へ流したことがみえている。日本と新羅の間で斥候を派出することが行われていたらしいが、大化の頃において対蝦夷の軍略が緊要の課題になっていたらしいことを踏まえると、改新詔の斥候は対朝鮮絡みであることは勿論であろうが、蝦夷の動向を監視・探索することを主任務としていた可能性が考えられるようである。防人は西日本の防備に当たる兵員であり、律令制下では徴兵制による軍団兵士の中から選定されているが、改新詔では防人の前提としての兵士徴発について一言も言っておらず、先述した『万葉集』にみえる律令制下の国造に率いられた防人を考慮すると、大化前代からみられていた国造軍を防人に起用することを意図していたように思われるのである。軍制の改革となれば兵士の獲得方法が大きなテーマとなるが、大化の防人制度は従前の国造軍をそのまま振替えたようであり、顕著な改変があったとは考えられないのである。大化の五十戸一里は兵制に関わることなく、寧ろ民政絡みで始まったとみられる。大化の防人についてかく考えてよいとすれば、地方において前代以来の国造軍制がさほど変容することなく維持されていたことになろう。私は先に大化の武器収公や兵庫への収納、管理が国司（総領）の責任の下で実務に国造が当たっていたのではないかと述べたが、国造軍制が継続していたとすれば武器の管理に国造が当たるのは頗る理会しやすいように思われるのである。律令制下の国ごとの防人の隊長に国造が充てられているのは、国造が一貫して軍事に関わっていることに由ろう。仮に評造軍なるものがあったとして評造がその指揮官であったとすれば、後代の防人の隊長は国造でなく評造ないし評督を称したのではなかろうか。

蝦夷征討

大化以降斉明天皇朝にかけての朝廷による大規模な軍興となると、斉明天皇四〜六年（六五八〜六六〇）にかけて実施された越国守阿倍比羅夫による北方経略がある。言うまでもなくこれは対蝦夷軍略の一環であり、改新政府が蝦夷征圧に重大な関心を抱いていたことを示している。比羅夫の軍事行動は多数の船団を連ねての北進であり、戦死した能登臣馬身龍は能登方面の国造家の人のようであり、比羅夫の軍は国造軍により構成されていたと推測される。斉明天皇紀五年三月条によれば、朝廷は道奥、越国司（総領）に授階するとともに郡領らにも位を授けている。この郡領は評造に当たり、磯貝正義氏は授位されている郡領、評造らは評造軍を率い軍功を挙げたことに由ると考えている。しかし授位されている郡領らは「（阿倍臣ハ）遂ニ郡領ヲ置キテ帰ル」という文脈より被征服地に新しく置かれるようになった評領とみるべきで、評造軍の働きをみるのは失当であろう。

百済復興の動き

斉明天皇四年（六五八）六月唐の高句麗攻撃が開始され、同六年（六六〇）三月には唐・新羅が百済に攻めいり七月には王都が陥落して義慈王らが長安に連行されている。ここに百済王朝は滅亡するが、鬼室福信らによる復興運動が始まり、救援を求められた朝廷は援軍派遣を決定して十二月に天皇は難波へ行幸して出征準備を開始し、翌七年（六六一）一月中大兄・大海人両皇子を伴い難波を出立して九州に進出している。四月には福信の在日中の王子余豊璋を迎えたいとの要請をうけ、斉明天皇は七月に朝倉宮で死去するが、百済救援の方針は維持され、九月に豊璋に織冠を授け本国へ護送している。この前後において唐・新羅と高句麗の戦いも続いており、後者の救援の求めに応じて朝廷は高句麗へも援軍を派遣している。新羅と敵対し百済と友好関係を構築してきた伝統的な外交環境の中で、新羅と交戦する百済・高句麗へ援軍を派遣するという展開になっているのであるが、百済側の拙劣な軍略や豊璋と福信の内輪揉《も》めから前者による後者の殺害という事態となり、天智天皇二年（六六三）八月に白村江における日唐の水軍の会戦、そして日本軍の敗北により百済復興策は完全に潰え、九月に遺臣らは敗れた日本軍とともに日本へ向っている。

朝廷の派遣した救援軍は斉明天皇七年（六六一）の頃から半島内で活動を開始していたが、本隊の派遣となると天智天皇二年（六六三）に入ってからの前将軍上毛野稚子・間人連大蓋、中将軍巨勢神前臣訳語・三輪君根麻呂、後将軍阿倍引田臣比羅夫・大宅臣鎌柄の率いる二万七千人であり、稚子の前軍が新羅の二城を取るなど善戦するものの、白村江での大敗北を機に敗退せざるを得なくなったのである。

百済救援軍

百済救援軍の構成については、天智天皇朝の段階で徴兵による軍団兵士制は出現していなかったので、伝統的な国造の率いる国造軍を主体としていたと考えられる。既述した斉明天皇朝に実施された阿倍比羅夫による北方経略軍と同性格であったとみてよいだろう。将軍以外で救援軍に参加しその後帰国した人が何人か知られその多くは姓名が伝わるのみであるが、『日本霊異記』上巻七に備後国三谷郡の大領の先祖が出征に先立ち無事に帰国できたならば伽藍を造立するとの誓願を立て、災難に罹ることなく帰来したことがみえ、同十七に伊予国越智郡の大領の先祖越智直が捕虜になった後観音に誓願して無事帰国し天皇の許可を得て建郡に当たったことが記されている。郡領となるとかつての国造に連なる例が多く、出征した三谷、伊予両郡の大領の先祖は国造であった可能性が高いと言ってよい。殊に越智直は伊予郡の建立に当たったとあり、建郡者は原則として国造であるから、国造とみてほぼ誤りないだろう。私は国造と覚しき大領の先祖が従軍していたことから百済救援軍は、将軍、裨将の下で国造を部隊長とする兵員編成をとっていたと考えるのである。救援軍が大唐の軍勢と戦うことを顧慮すると、朝廷は逡巡した上で派兵を決めたことと思うが、これに先立ち北方経略を行った阿倍比羅夫が苦戦することなく成果を挙げていたことが唐との戦いにおいても勝てるであろうとの楽観を生じさせ、中大兄皇子、天智天皇をして出兵に踏み切らせたのではないか。因みに比羅夫は天智天皇二年（六六三）三月に派遣軍の後将軍に任じており、北方経略を首尾よく敢行した勢いで唐・新羅軍との対峙の場に臨んだことと思う。日本軍が唐軍に大敗北した原因について下向井龍彦氏は、唐の軍隊が制度化された均質な内部編成をとっているのに対し、日本のそれは雑多な内部編成で終始し、整然とした陣形の唐軍にバラバラに突進する日本軍が撃破されたと論じている。国造軍の集積から成っていた日本軍に下向井氏の述べる不備があったことは十分に考えられることであり、対蝦夷の戦闘で勝てるにしても唐軍相手となると対応できなかったのである。

国防態勢強化

対唐・新羅の戦いで大敗北を喫したことは、従前の軍事政策に対する反省と改革の気運を齎したようである。欽明天皇朝において新羅の攻勢により任那を失陥した後、朝廷は機を窺い軍を派遣し新羅に妥協的な態度を取らせるなど、それなりの成果を挙げてきていた。この軍の編成は伴造軍、国造軍であり、精鋭となると前者だろうが、過半の兵員を構成したのは後者であったとみてよい。かかる編成の軍が成果を挙げていたことから大化改新の前後において軍制の改革は緊要の課題とならず、既述した如く改新詔第二条で軍事に渉る関塞、斥候、防人に触れても軍事制度の根幹に関わるような施策を打ち出すことはしていないのである。改新詔の防人は国造軍に他ならず、海を距て新羅と対峙する九州方面の警備を強化するといった策以上でない。かかる状況に変革を迫ることになったのが対唐・新羅の敗戦であった。

敗戦の翌年である天智天皇三年（六六四）に朝廷は対馬、壱岐、筑紫国に防人と烽を置き、筑紫に水城を築造している。防人は大化改新詔にみえており、設置することを定めていたにも拘わらず未実施のまま放置されていたのを実施しているらしい。防人、烽、水城いずれも朝鮮半島からの侵攻を意識した防衛態勢に関わり、従前これらが整備されていなかったのは半島からの侵攻が現実味あるものとして認識されていなかったことによろう。既に触れている如く、大化改新が唐、新羅の軍事的圧力の下でそれへの軍事対抗策という意味があるとの所論があるが、唐・新羅軍に敗北して始めて西辺において防人、烽、水城の整備をしているのであって、右所説に根拠がないことを示している。それは措いて敗戦を契機に対半島の防衛態勢の構築が開始され、軍事面での改革が進められていくのである。

天智天皇四年（六六五）には亡命百済人である荅㶱春初を長門国に派遣して城を築き、憶礼福留と四比福夫を筑紫国に派遣して大野・椽二城を造っている。更に天智天皇六年（六六七）には対馬に金田城、讃岐国に屋島城、大和国に高安城を築いている。これらはいずれも朝鮮式の山城で、対馬から北九州を経て瀬戸内より畿内に至る要所に位置し、半島からの侵攻に備える施設であることは論ずるまでもない。これらの城とは別に九州から中国地方にかけて神籠石と称される小規模な防衛施設が構築されている。神籠石は有力山城の支城の意味を有するようである。防衛施設の構築が急速に進められていることが知られ、この年三月の近江大津宮への移遷も侵攻された場合に備えての措置という性格がある。大津宮は奈良盆地の飛鳥の地より大阪湾から奥まっていて、侵攻された場合の安全確保に便宜があるであろうことは言うまでもない。

総領

九州から瀬戸内方面にかけての防衛施設の築造に並行して、それらを管理し西日本方面の防衛の任に就く機関として大宰、総領が置かれるようになっている。総領は大化の頃東国へ遣わされた国司の本来の名称で後代のいくつかの国からなる地域を管掌した臨時の地方官であるが、天智天皇朝初の頃後代の国である謂ゆる律令国が設置されるようになった段階でその役目を終え、任命されることがなくなったらしい。この総領が西日本方面では存続が図られ、複数国の地域を管下におき軍政事項を担当するようになったのである。確認される大宰、総領は筑紫、周防、伊予、吉備のそれで、これらが制度的に置かれた総てであり、浄御原令において国司（宰）とは別に制度化されていたらしい。

既に第三章で触れているが、『続日本紀』文武四年（七〇〇）十月己未条にみえる総領と常陸守（頭）の任官者を再掲すると、次の通りである。

筑紫総領　石上麻呂　　直大壱（正四位上）
筑紫大弐　小野毛野　　直広参（正五位下）

周防総領　波多野牟後閉　直広参（正五位下）
吉備総領　上毛野小足　直広参（正五位下）
常陸守　　百済王遠宝　直広参（正五位下）

この任官では伊予総領はみえないが、周防、吉備総領と同格の者が任じられていたとみてよいだろう。筑紫総領は他の総領に比べ格式の高いことが窺われるが、九州地域という他に比較して広大な地域を管掌下に置いていることによる。筑紫総領を別にするといずれも常陸守と同格になり、これらの総領は軍事関係でのみ管下に支配を及ぼしていたと解される。『日本書紀』天武十四年（六八五）十一月甲辰条によれば、周防総領所に鉄一万斤を送り、筑紫大宰が絁一百匹・糸一百斤・布三百端・庸布四百常・鉄一万斤・箭竹二千連を送付するよう申請している。これらはいずれも軍需用途であると考えられ、総領が輜重の確保に努めていたことが知られる。また持統天皇三年（六八九）紀八月辛丑条によれば伊予総領田中法麻呂が讃岐の屋島城の所在地である御城郡で白燕を捕え放養しており、伊予総領が讃岐国を管下において活動している。捕鳥は軍事訓練の一環のようであり、伊予総領が屋島城に関わり四国の瀬戸内方面の軍政を取り仕切っていたことが窺われるのである。

人夫の武装化

即ち唐・新羅軍との戦いに敗れた後天智天皇は西日本方面に防衛施設を築き防人を置き軍政担当者として総領を配置しており、築城には総領により西日本方面の壮丁が役夫として駈使されたことが考えられる。当初の総領の任務としては築城が最大の課題だったことであろう。朝鮮式山城は多分に攻められた時の籠城を目的にしており、兵士が常駐する施設ではないが、防衛態勢ということになればそれなりの兵員の差発、配備も行われたことと思う。東国の国造が隊長となっていると思われる防人の配置はその一例であるが、管内の壮丁を兵士化する動員も行われていたのではないか。徴兵が行われていたとは考え難いが、総領により兵士として役夫の差発が行われていた可能性を考えてよいように思う。壬申の乱が勃発すると、近江朝廷方から筑紫大宰栗隈王と吉備国守当麻公広島の許へ興兵使が遣わされている。ここの吉備国守とは吉備総領のことのようであり、大宰、総領が常時兵員を動員するなり動員できる態勢にあったことを示していると思われるのである。壬申の乱勃発の契機に近江朝廷方による造山陵の名目で差発した人夫に兵器をもたせ、武装したことがあった。人夫らは国司により動員されており、人夫の兵士化は当時後代のような徴兵による兵士制が行われていなかったことを示していると解される。西日本の総領が置かれた地域でも兵士徴発が行われていたとは考えられないが、右国司差発の人夫の兵士化が多少なりとも制度化された形で進展していたのではないか。先に触れた天武天皇十四年（六八五）紀十一月条の周防総領、筑紫大宰による軍事用途の物資の確保はそれなりの兵員の配備と関わっていたとみてよく、持統天皇三年（六八九）紀八月条の伊予総領による屋島城近くでの教練を思わせる活動も、兵員がその周辺にいたことを思わせるのである。

五方・方領制

猶、天智天皇朝の総領について百済の五方・方領の制を模しているのではないかとする所説がある(9)。百済の五方は地方の全土を五方に分け（中方・東方・南方・西方・北方）、各方に主鎮として方城一が置かれこの長を方領と称した。方城は険しい山中に築かれ城中に民戸を包含し、各方城は十郡から六、七郡を管轄下に置いたとされる。五方・方領の制が軍事制度である一方で民政機関でもあり全国土を覆う点で総領制と異なるが、方城を中心にして支城を配下にもつあり方が、金田城・大野城・椽城・長門城・屋島城等を中心に神籠石が配置されているそれに近似していることが容易に判明し、総領制下の防備態勢が五方・方領制を導入しているとみてよいであろう。既述した如く大野・椽城は百済からの亡命者の手で築かれており、他の諸城、神籠石もその関与の下で造られていたとみられ、天智天皇朝の国防態勢構築に百済亡命者の指導が窺われ、総領制という軍事に関わる機関の立ちあげにも百済亡命者の影響があったのである。

総領制度の下で徴兵制に近いような形での人夫差発とその武装化が図られていたと考えられるが、徴兵制は従前の国造軍のあり方の伝統と異なり、朝廷当路者にとりそれを構想するのは困難だったようである。このような状況下において壬申の乱で近江朝廷方は差発した人夫の武装化により兵力の確保を行い、天武天皇方では人夫の兵員化した武力とともに中央、地方の豪族軍の様相の濃厚な大伴氏や三輪氏、鴨氏などの率いる手兵や甲斐勇者のような国造軍の流れを汲むと覚しき軍の動員により勝利したのである。

天武天皇朝の軍事政策

天武天皇朝に入ると、軍事力をもって開始された王朝だけに軍事面での改革が進められるようになっている。天武天皇四年（六七五）三月に栗隈王が兵政官長に任じ大伴御行が同大輔に補任されている。栗隈王は壬申の乱の際近江朝廷の興兵使に対し九州防備の兵を動かすことはできないとして協力要請を拒絶し、御行は天武天皇方に立ち大和盆地での戦闘で将軍として活躍した人物である。ともに軍政、軍略に卓越していたとみてよく、この両人の指導で天武天皇朝の軍事制度の改革が進められたらしい。この朝の軍政の特色として官人武装化があり、天武天皇四年（六七五）紀十月条に、

詔曰、諸王以下、初位以上、毎㆑人備㆑兵。

同五年（六七六）紀九月条に、

　王卿遣㆓京及畿内㆒、校㆓人別兵㆒。

同八年（六七九）紀二月条に、

　詔曰、及㆓于辛巳年㆒、検㆓校親王諸臣及百寮人之兵及馬㆒。故予貯焉。

同八年紀八月条に、

　幸㆓泊瀬㆒、（中略）先㆑是、詔㆓王卿㆒曰、乗馬之外、更設㆓細馬㆒、以随㆑召出之。即自㆓泊瀬㆒還㆑宮之日、看㆓群卿儲細馬㆒。於㆓迹見駅家道頭㆒、皆令㆓馳走㆒。

同九年（六八〇）紀九月条に、

　幸㆓于朝嬬㆒。因以看㆓大山位以下之馬於長柄杜㆒。乃俾㆓馬的射㆒之。

同十年（六八一）紀三月条に、

　天皇居㆓新宮井上㆒、而試発㆓鼓吹之声㆒。仍令㆓調習㆒。

同十三年（六八四）紀閏四月条に、

　詔曰、来年九月、必閲之。因以教㆓百寮之進止威儀㆒。又詔曰、凡政要者軍事也。是以、文武官諸人、務習㆓用㆑兵、及乗㆑馬。則馬兵、並当身装束之物、務具儲足。其有㆑馬者為㆓騎士㆒、無㆑馬者為㆓歩卒㆒。並当㆓試練㆒、以勿㆑障㆓於聚会㆒。若忤㆓詔旨㆒、有㆑不㆓便馬兵㆒、亦装束有㆑闕者、親王以下逮㆓于諸臣㆒、並罰之。大山位以下者、可㆑罰々㆑之。可㆑杖々㆑之。其務習以能得㆑業者、若雖㆓死罪㆒、則減㆓二等㆒。唯恃㆓己才㆒、以故犯者、不㆑在㆓赦例㆒。

同十四年（六八五）紀九月条に、

　遣㆓宮処王・広瀬王・難波王・竹田王・弥努王於京及畿内㆒、各令㆑校㆓人夫之兵㆒。

とみえている。親王以下諸官人に武装を命じ武術に励むことを指示し、武術に不便であったり武装に欠けるところがあった場合は処罰することにしている。強制的な武装令である。この一連の施策は栗隈王と大伴御行の主導するところとみてよいが、当時の官人が畿内居住を旨としていたことを考慮すれば、畿内における朝廷の武力強化ということになろう。有位者は畿内のみならず全国に居住していることを根拠に、官人武装化は畿内のみならず全国を対象にしていたと説かれることがあるが、[10] 天皇の簡閲があったり、諸王を京畿に派遣して装備の点検をしていることなどから、全国を対象とするとの所見は当たらず、畿内官人の武装化といってよい。全官人の武装化は、当時後代にみられる文官と武官を区別する制度が行われていなかったことに由るらしい。官人武装化の意図として関晃氏は、畿内勢力全体の武装強化を目指したとし、畿内地域の大小の豪族層が必要な場合に戦闘に参加して戦うことのできる能力を身につけ装備を整えること命じたもので、壬申の乱の際に近江朝廷が脆くも崩壊したことから教訓を読みとった天武天皇が不測の事態に備えて朝廷防衛力の強化を図ったものであると論じている。[11] 栗隈王と大伴御行の構想によっているであろうことを想起すると、関氏の所論は真に尤もな議論と言えそうである。当時親衛軍である衛府制度が十分に整備されておらず徴兵制に基づく軍団兵士制が出現していない状況を考慮すると、天武天皇が身近におき得る武力となるとまずは武装化した官人であったとみられ、官人武装化は同天皇朝の施策として非常に解りやすいのである。天武天皇が壬申の乱の過程で最も信頼しまた力になったのは身辺に奉仕する舎人らであったが、官人武装化は舎人の武力の拡大というとらえ方が可能であろう。

官人武装化についての諸説

尤も右のようなとらえ方に関して異論も出されており、下向井龍彦氏は「凡ソ政ノ要ハ軍事ナリ」なる文言に注目し、官人武装化が軍事というより政治目的により策定されていると考え、武具で盛装した官人による分列行進により朝賀や蕃国使迎接などの国家儀礼を充実させることを意図したと論じている。[12]氏はきらびやかに盛装した儀仗兵の整然とした列立、行進が天皇と諸蕃・夷狄、また公民との関係を象徴的に演出し、対新羅を旨とする外交儀礼の舞台装置の整備という意義を有していたと述べている。儀仗に政治的効果があるのは言うまでもないことであり、推古天皇十六年（六〇八）に遣唐使小野妹子とともに来朝した唐使裴世清を迎えるに当たり難波津に飾船三〇艘を並べたり、倭京に入るに際し飾騎七十五匹を海石榴市の衢に派遣しているのは右効果をねらった例であるが、天武天皇朝の官人武装化に儀仗の整備という要素が全くなかったとは言えないにしても、主目的がそこにあったとは解し難いのではないか。儀仗の整備ということであるならば、親王以下全官人の武装化は必要ないように思われる。儀仗となると見映えのよいことが不可欠であり、それに相応しい躯体の人物を選び訓練すればよいことであろう。罰則をもっての全官人の武装化、教練の必須化は、儀仗というより実質を伴った武力装置の整備と解さざるを得ないように思われるのである。儀仗説の成立が困難なのは、天武天皇朝において肝心な新羅使来朝の際に儀仗兵の列立、行進をもって迎接する例がないことである。下向井説に立てば、頻繁に来日している新羅使を迎接する場で儀仗の活躍があって然るべきところである。

松本政春氏は官人武装化策に儀仗と軍事力整備があったことを認めた上で、武装した官人による庶民層への軍事指導が意図されていたと論じている。[13]私は軍事に習熟した官人が庶民層へ軍事指導を行う能力を有していたであろうことは十分に考えられるが、当時一般庶民を兵士として差発する兵士制が出現する以前の段階なのであるから、官人による庶民への軍事指導という論点は失当だと思う。先引天武天皇五年（六七六）紀九月条の王卿を京畿内へ派遣しての人別武器の点検は、文言だけをとると庶人一般までを含めた人々の武器点検と解し得る如くであるが、前年天武天皇四年（六七五）十月の諸王以下初位以上の者に対する武器準備令と対をなしている施策であり、初位以上という官人身分に属する人たちを対象とする武器点検令なのである。天武天皇十四年（六八五）九月の諸王を京畿内に遣わしての人夫の武器の点検には、官人による庶民層への軍事指導の感があるが、これは天武天皇十三年（六八四）紀閏四月条の「詔リシテ曰ク、来年九月、必ズ閲セン。因リテ以テ百寮ノ進止威儀ヲ教フ」と関連しており、官人の武装絡みであると解されるのである。関晃氏は人夫は庶民層を意味する語だとした上で、乗馬の官人騎士には歩卒がつくことになるとし、「人夫之兵」とはかかる歩卒の帯する武器のことだと解釈している。私は天武十三年閏四月紀の記事と同十四年九月紀のそれとが対をなしていると解されることから、関氏の解釈を是とすべきだと考える。天武天皇朝の軍事政策としては、庶民の武装化というよりまずは官人の武装化により朝廷権力の守衛を意図したのである。

徴兵制

天武天皇十年（六八一）二月に浄御原令編纂が開始されて持統天皇朝初の頃完成し、同天皇三年（六八九）六月に諸司に班賜され施行に移されている。この年閏八月に戸籍作成を命じる詔が出され、四丁につき一人を兵士に点定することにしている。浄御原令に後の軍防令に相当する編目があり、そこにおいて四丁につき一兵士という点兵率が定められていたのだろうが、『続日本紀』天平四年（七三二）八月壬辰条に「四道ノ兵士ハ、令ニ依リテ差点シ、四分ノ一ニ満テヨ」とあるので大宝令でも四丁に一兵士の点兵率が定められていた。尤も養老軍防令では三丁に一兵士に改められている。即ち浄御原令により丁男から定まった率で兵士を差発することが開始され、従前の国造軍、伴造軍や豪族の手兵ないし差発した人夫（公民）に武器を持たせるような軍構成から、徴兵により兵士を確保する方式に転換したことになる。これは軍制史の上で大きな変革と言ってよいであろう。大宝令制下では大毅、小毅、主帳が職員として勤務する軍団が設置され、兵士は番をなしてそこに出仕して教練を受け、国内の必要な地点で防備の任につき、場合によっては衛士、防人に当てられたり将軍率いる出征軍を構成した。軍団が大宝令制下で設置されていたことに疑いはないが、浄御原令制下において存在していたことを明示する史料がなく、同令制下では存在していなかったとする所見が稍優勢なようである(14)。しかし兵士を差点するようになった段階において兵士の詰める官署がないのは少なからず不可解なように思われるので、浄御原令制定時において軍団は構想されており、施行とともに直ちに軍団が置かれるようになったとは言えないにしても、軍団の設置は進められるようになったのではないかと考えられる。兵士制を構想した浄御原令立案者が唐の府兵制、折衝府を参考にしていたであろうことは確実で、唐で兵士の徴発、訓練に当たった折衝府相当の役所が構想されていたとみて誤りないのではないか。

第二章で浄御原令編纂段階において編纂途上の一部が試行錯誤的に実施されていたことについて既述したが、兵士制についてもそれが言えるようで、天武天皇十四年（六八五）十一月に出されている詔、

詔四方国曰、大角小角・鼓吹・幡旗及弩抛之類、不レ応レ存二私家一。咸収二于郡家一。(15)

は大小角以下の軍隊指揮具を私家に置くことを禁止し郡家に収めることを指示しており、伝統的な国造軍や伴造軍の指揮に当たっていた国造や有力豪族の所有していた指揮具の収公を内容としていると解され、国造軍や有力豪族の配下の軍事力を解体し、朝廷の実施する兵士制への転換に関わるとみられるのである。持統天皇三年（六八九）七月には左右京職と諸国司に詔りして習射所を築いている。これなども上番する兵士の教練用と解されるようであり、兵士制が実施されつつある状況を示している。前後するが、天武天皇十一年（六八二）紀十一月詔で犯罪者を追捕するに際し対捍した場合は「当処ノ兵ヲ起シテ捕ヘヨ」と指示しており、養老捕亡令有盗賊条の「凡有二盗賊一、及被二傷殺一者、即告二随近官司坊里一、聞レ告乃処、率二随近兵及夫一、従二発処一尋レ跡、登共追捕」を思わせる内容となっている。有

盗賊条の随近兵士は軍団兵士であり、詔の中の「当処ノ兵」も軍団兵士に准ずる丁男中から差発されている兵士の可能性があるようである。尤も石母田正氏や松本政春氏(16)が軍団兵士制の準備に関わるとした天武天皇十四年（六八五）九月の「国司・郡司及ビ百姓ノ消息ヲ巡察」するための東海道以下六道への巡察使派遣は、朱鳥元年（六八六）二月の有功の国司九人への勤位授与と対をなしており(17)、文字通り国郡司の施政や百姓世情の監察に当たっていたとみるべきで、軍団兵士制に関わらせるのは無理である。

軍団の整備

先引天武天皇十四年（六八五）十一月詔では大角小角等の指揮具を郡家に収めることにしている。これより郡（評）家、郡（評）司が軍事に関与している可能性があるが、本来なら軍団に収納すべきであるとはいえ、軍団が未整備なため右措置となっているのであろう。先に私は大化において軍制面での改革は行われておらず、新設されるようになった評に軍事的要素は認められないと論じたが、矢張り郡家は大角等の軍隊指揮具の収納所としては相応しくなく、軍団未整備に由る仮の措置として郡家へ収めているのである。

軍団の責任者である大毅・小毅の性格について、大宝令制下であるが『続日本紀』養老三年（七一九）四月乙酉条に次の制が採られている。

制、諸大小毅、量二其任一与二主政一同。自レ今以後、為二判官任一。

大小毅の任務をみると郡司の三等官である主政と同じなので、今後は判官扱いとせよという指示で、職員令において大小毅を軍団の長官・次官と明規していることを顧慮すると甚だ不可解な内容と言わざるを得ない。東野治之氏は右制について、軍団の大小毅の任務が実質的に郡司三等官である主政に近いとみて大小毅を職制上の判官に位置づけ、郡の長官・次官である大領・少領の下の判官としたとみ、これにより軍団は郡の大小領の指揮下に入ったと論じている。[18]氏は郡が伝統的に軍事に関わっていたとする所見を踏まえて右解釈を行っているのであるが、この東野説に関して橋本裕氏が批判を行い、軍団に郡司が関わっている例がなく大小毅、郡の判官説は成立しないと述べている。[19]橋本氏は『続日本紀』宝亀十一年（七八〇）三月辛巳条の、

今諸国兵士、略多二羸弱一、徒免二身庸一不レ帰二天府一。国司・軍毅自恣駈役、曽未二貫習一。

『類聚三代格』巻十八延暦十一年（七九二）六月七日太政官符の、

兵士之設備二於非常一。而国司・軍毅非レ理役使。

同書巻十八弘仁四年（八一三）八月九日太政官符の、

府（大宰府）国軍毅私役二（兵士）一人已上一者、依二天平勝宝五年十月廿一日格一解二却見任一、永不二選用一。

等に注目し、軍団兵士に関わる不祥事である兵士の私役が国司、軍毅により行われていても郡司により行われていないことから、軍団に郡司の関与はなく、大小毅が郡司の三等官とされるようになったとする東野説は成立しないと論じたのである。この橋本氏の所論は真に明解で大小毅、郡司判官説は成立しないとせざるを得ない。となると大小毅は何の判官とされたかが問題になるが、私は軍団を除く地方官制となれば国司と郡司のみであり、後者が軍団絡みから除外されるとなれば自ずと国司が浮上し、大小毅は国司の三等官に位置づけられたと解されるように思う。橋本氏が提示した右引三史料において軍毅と並んで兵士を私役しているのは国司であり、この点からも国司が軍団に関わり、大小毅が国司の下で軍団の管理に当たっていたと考えられるのである。

国司と兵士制

ここで、軍団に関わる国司の役割に当たってみると、先ず兵士の簡点は国司が差課を定める計帳手実を責取する謂ゆる「計帳之日」に行われることになっており、[20] 国司が行うものであった。軍団に蔵置される武具の簡閲も毎冬国司が行い、兵士を防人に充てたり衛士に就かせるのも国司が兵士歴名簿により行うことになっていて、兵士の差発、動員、武具の最終管理は専ら国司が衝に当たっていたことが判明する。職員令の国司職掌に兵士があるのはかかるあり方を反映しているのである。因みに郡司について言えば職員令職掌中に兵士はない。職員令にみる軍団の大小毅の任務は、

掌㆘検㆓校兵士㆒、充㆓備戎具㆒、調㆓習弓馬㆒、簡㆓閲陣列㆒事㆖。

とあり、兵士の管理と武具の保管・整備と教練に限定され、兵士の簡点、動員等には関わらない。これらの権限になると国司の担当であり、結局大小毅は国司の統括的管理・監督の下で兵士と武具の日常的な面での管理と教練に従事していたと解され、この点に着目して大小毅は軍団の長官・次官とはいえ主政、判官扱いとなったのである。橋本氏は任用や待遇面において主政扱いで権限に関わることではないと論じているが、任用方法でいえば、令規主政が判任なのに対し大小毅は奏任であり、前者に職田二町が支給されるのに対し後者には職田規定がない。主政と大小毅の任用、待遇面で同質性ありとは認め難く、ここは大小毅が国司の下で限られた兵士・武具の管理権しかなかったことに注目して、判官の任とすることにしているのである。

猶、天平十二年（七四〇）の藤原広嗣の乱に際しては長門国豊浦郡少領や豊前国京都郡大領・仲津郡擬少領・下毛郡擬少領・築城郡擬領が活躍しているが、[21] これらは格別の命令を受けるなり、広嗣が九州方面の国司を自分の味方にするか制圧下においていた状況下で、朝廷が散布した広嗣への攻撃を求める勅符に応じた行動とみられ、通常の管摂

外のところで長門から九州方面の郡司大小領が兵士を指揮し事に従い帰順しているのであって、大小領が制度的に軍団兵士を動員できる立場であったとは考えられない。

律令制下の軍団ないし兵士制について稍立ち入った検討をしたが、郡司は軍団、兵士に制度的に関与できる立場でなく、朝廷が派遣する国司の管理下にあったのであり、大小毅が国司の下で判官の任につくというあり方がそれを明確に示している。かく郡司が軍事に関わらないということは、大化の評以来の伝統なのである。浄御原令施行により始まる軍団兵士制は右伝統に即し、国司（宰）により郡司・郡家の関与を排して実施されていったと解される。先に触れた磯貝正義氏の所論にみる如く、時として浄御原令制では郡の軍事的機能を軍団として分離したと説かれることがあるが、郡司、郡家とは別個に伝統的な国造軍のあり方を継承しつつ、徴兵制を採用して軍団兵士制が創設されたのである。

先に天武天皇朝における官人の武装化をみてきたが、大宝令が施行される直前でそれに関わる史料はみえなくなる。兵士制を採用したにしてもそれがすぐに円滑に機能せず、ある程度の時間を要するものであり、浄御原令を施行して十年が経過して軍団兵士制が充実するようになり、官人の武装化を奨励するようなことが行われなくなったのである。私は官人武装化は壬申の乱を教訓にした天武天皇、栗隈王、大伴御行らが王朝守護の実を求めて実施した施策だとしたのであるが、軍団兵士制が充実してくれば自ずとその必要性は減退することになるのである。

第二節　外交の展開

唐使の来日

天智天皇二年（六六三）八月に百済救援のために朝廷が派遣した水軍が白村江で唐軍に大敗して百済再興策が破綻し、欽明天皇朝以来再建に努めてきた日本の任那、半島での権益回復は不可能になった。従前の朝鮮半島へ出兵して新羅と戦い百済・高句麗を支援してきたあり方が様変りし、日本の防衛が喫緊の課題となり、既述した如く西日本方面に防人・烽が配置され金田・大野・椽・屋島等の城とその支城である神籠石が築造され、大和では高安城が築かれている。日本は守勢に立たされたことになるが、その一方で日本と敵対し百済を滅亡させた唐・新羅の連合は微妙な関係となり百済遺民も唐、新羅と事を構えることがあり、高句麗と唐が対決を深め、朝鮮半島内の諸勢力が日本との和親、協力を求める事態ともなっており、相互に外交交渉を展開するようになっている。

白村江での敗北の翌天智天皇三年（六六四）五月に百済駐在の唐軍の司令官である百済鎮将劉仁願が朝散大夫郭務悰を派遣して、表函と献物の奉進を行っている。『日本書紀』には簡単な記述しかされていないが、『善隣国宝記』所載の元永元年（一一一八）中原師安らの勘文所引『海外国記』には詳細な記事がみえ、それによれば郭務悰らは四月に対馬に着岸し郭務悰配下の三十人と親唐勢力とみられる百済佐平祢軍ら百余人からなり、大唐客を称するものの筑紫大宰の客館で津守吉祥や伊岐博徳・僧智弁らが調査すると中国皇帝の派遣した正式の使節でなく、百済鎮将の私使であることが判明したので、齎した牒書・献物は受納せず使人の来朝の旨意を言辞をもって朝廷に奏上するに留め、十二月に帰還させている。但し内臣藤原鎌足は法師智祥を遣わして郭務悰らに物と饗を賜っており、丁重な処遇をしたことが知られる。この使節について池内宏氏は遣使の直前の二月に百済熊津で新羅と百済が会盟していることに注目し、百済鎮将劉仁願がこの会盟に引き続き百済領の安全を主眼とする修睦を意図して遣わしたものであったと説いている。(22) この池内説は頗る妥当的と言ってよく、日本に亡命してきている多数の百済人の動向を警戒しての使節派遣と見得るようである。百三十人余というかなりな員数の人員からなる使節団は、敗戦後の日本に威圧感を与えたことであろう。郭務悰らは八カ月間滞日したことになるが、津守吉祥らの調査を受けながらも、戦勝国使節として当時日本が進めていた防人・烽や築城状況について情報収集をしていたのではないか。天智天皇三年（六六四）の使節が百済鎮将の私使を理由に表函・献物が受容されず、目的を十分に果せなかったことに由るのだろうが、翌天智天皇四年九月壬辰に再度使節が日本へ遣わされている。それを示す『日本書紀』の記事は次の通りである。

唐国遣二朝散大夫沂州司馬上柱国劉徳高等一。等謂二右戎衛郎将上柱国百済祢軍・朝散大夫上柱国郭務悰一、凡二百五十四人。七月廿八日、至二于対馬一、九月廿日、至二于筑紫一、廿二日、進二表函一焉。

今回も郭務悰と祢軍が加わっているが、唐本国の官名を帯びる劉徳高を首席としており、前回の使節が百済鎮将の私使を理由に使命を果せなかったことに鑑み、正式の唐皇帝の使節として編成され、人員も前回の倍に近い二百五十四人という規模になっているらしい。鈴木靖民氏は正式の唐国使節とはいえ郭務悰と祢軍が加わっていることから百済鎮将の意向に基づくもので、その性格は前回と異ならないと論じている。(23) 首肯される所見であろう。劉徳高については『懐風藻』大友皇子伝に皇子をみて「此皇子、風骨不レ似二世間人一。実非二此国之分一」と語ったとあり、倭京に至っていたことが知られ、国書捧呈等の儀を滞りなく済ませたことと思われる。親唐派の百済人祢軍とその配下を多数伴っての使節団一行は、朝廷に出仕する亡命百済官人らに本国における唐・百済人の連携を思わせ、百済人の唐への抵抗が無用であることを印象づけたことであろう。右引『日本書紀』記事の割注によれば、劉徳高の一行は七月二十八日に対馬に到着し九月二十日に筑紫に至り二十二日にそこで表函を提出し、その後倭京に至り拝朝の儀を行っているのだろうが、その後十一月十三日に饗を賜り十二月十四日に物を下賜され帰途についている。今回の使節もかなり長期間滞在しているが、戦勝国使節として示威、また情報の収集を行っていた可能性を考えてよいであろう。

守君大石の遣使

ところで『日本書紀』天智天皇四年（六六五）条には、

是歳、遣小錦守君大石等於大唐、云々。等謂小山坂合部連石積・大乙吉士岐弥・吉士針間。蓋送唐使人乎。

という記事があり、小錦守君大石が坂合部石積・吉士岐弥・吉士針間らとともに唐に遣わされたことが知られる。右引文割注では唐使を送る使人かとしており、これより守君大石らはこの年十二月に帰途についた劉徳高を送り、更に唐使に率いられて天智天皇五年（六六六）正月に挙行された唐高宗の封禅の儀に参列したとする所見がある。この所見について鈴木靖民氏は、天智天皇四年十二月に帰途についた劉徳高の送使が翌年正月の封禅の儀に参列するには時間的に間にあわないと論じ、別途に考えるべきことを言い、大石の一行は当時の百済治政に問題を抱える唐の和親要請に応え百済鎮将の下に到り協議を行い、封禅の儀に参加することなく唐本国に至った可能性の考えられる使節とみ得る、との推論を行っている。[24] 鈴木氏は劉徳高来日の目的を百済情勢に対処するための対日牽制ないし友好策をとらせることにあり、この使節を送り唐の思惑に応えることを大石派遣の意義と解したのである。『冊府元亀』外臣部、盟誓、高宗麟徳二年（天智天皇四年、六六五）八月条に新羅文武王と唐に降った前百済太子扶余隆が百済鎮将劉仁願の勧諭に従い熊津で会盟し、その場に列していたらしい耽羅・倭国使とともに新羅・百済の使人らが劉仁軌に率いられて高宗の封禅に参列したとある。この倭国使を鈴木氏は、唐使守君大石でなく当時百済再興失敗後も残留していた倭人とみている。

鈴木説では、劉徳高の送使を守君大石とする一方で封禅に参列した倭人を百済残留日本人とみていることになるが、当時の送使の位階をみると山位や乙位が通例であり、大石の錦位は高すぎるという感を免れない。更に劉徳高率いる使節は二百五十四人という大集団をなしており、送使を付するには異様な集団である。前回天智天皇三年（六六四）に来朝した郭務悰・祢軍の百三十余人も軍事的色彩を帯びた使節であり、還帰するに際し送使が付された形跡を欠くのである。後に触れる天智天皇十年（六七一）来朝の郭務悰率いる使節も大集団をなし、帰るに当たっては送使が付されていない。私には劉徳高の率いる使節団は送使を付するには相応しくないように思われ、守君大石を劉徳高の送使とするのは当たらないと解するのである。

封禅参列

私は天智天皇三年（六六四）以降五、六年の頃の百済、新羅また日本の関わる外交絡みについては、既に触れている唐高宗の封禅儀挙行を軸にして考えるべきだと思う。封禅挙行の高宗の詔は麟徳元年（天智天皇三年、六六四）七月に出され三年一月に実施することを指示し、所司に準備に入ることを下令している[25]。封禅は天子が諸方を巡狩して四岳に至り泰山に封じて天を祭り小山で山川を祭る儀であり、国威を発揚することを旨とするものであった。天智天皇三年（六六四）は、朝鮮白村江で日本の水軍を破り百済を滅亡させた年の翌年に当たる。当然この成果を封禅の儀に反映させることは考えられており、百済鎮将らが平定結果を当地方の諸国の国使を引きつれて参加することにより誇示しようとしたとみてよい。天智天皇三年七月に封禅挙行の詔が出されると百済鎮将らは百済役に関わる百済、新羅、日本、耽羅の国使らを引率して泰山の下に至る計画を立てたのではないか。先述した如く天智天皇四年（六六五）八月に劉仁願の勧諭により新羅文武王と前百済皇太子扶余隆が熊津で会盟し、そこには耽羅、倭国使も列席していたようであり、この会盟を勧諭した百済鎮将らは前年の封禅挙行の詔をうけ御膳立てしたと推測されるのである。私はこの会盟に日本国使として関わったのが守君大石ではないかと考える。新羅文武王と扶余隆とが会盟するとなると、それに関わる日本国使も相当の地位であることが必要であり、小錦クラスであることは必須であるように思われる。大石は百済救援軍の将軍として派遣された経歴を有する人物であった。封禅を前にした、かつて戦った文武王と扶余隆の会盟に関わる人物となると守君大石は真に相応しく、会盟を成功させた後劉仁軌が新羅、百済両使に耽羅国使と日本国使守君大石を併せて引率し封禅儀に加わったのであろう。天智天皇四年（六六五）八月の文武王と扶余隆の会盟以前の日本に封禅挙行の通知があったことを示す確証はないが、大唐の国威を示す儀となれば朝鮮を介す等の何らかのルートを通じて日本に伝わり参加を求められていたとみてよく、守君大石らはまず新羅、百済の会盟の場に連なり、その上で劉仁軌に率いられ唐本国に向ったのである。封禅参加使人として小錦は適当な位階であろう。鈴木靖民氏は封禅参加の倭国使を百済残留の日本人と推論したのであるが、これでは盛儀に相応しい使人にならないのではないかと思われる。そもそも百済役敗戦まで彼地に居た倭人は殆ど日本に引きあげ、戦後も一の勢力をなしているような事態は考え難いのではないか。敗戦とともに多くの百済人が船発ちして日本に向っているのであるから、倭人も多くが帰国しているとみられるのである。

守君大石の発遣は白村江敗戦以後最初の遣使であり、それなりの必然性があったはずである。二度に渉る百済鎮将による日本遣使は軍事的性格を有し、勝利者の立場で日本国内の情勢を窺い友好的態度をとることを求める使節であったが、国内の防衛態勢構築に汲々としていた日本が国内事情により唐へ遣使することは考え難く、封禅挙行の詔を機に百済鎮将を介するなどして使節派遣を求められ遣わされたのが大石らだったのであろう。遣唐使になった後の大石の動向は知られないが、下僚である坂合部石積は天智天皇六年（六六七）十一月に劉仁願により遣わされた法聡らに送られ帰国している。大石は帰国以前に死没したらしい。大石を首席とする遣唐使は百済鎮将との関わりで渡海し封禅に参列したので、帰途もその差配による送使に送られ帰還したのであろう。繰返すが、大石らは唐使劉徳高の送使であったとは考えられず、劉徳高が来日する以前に朝鮮半島に渡り、新羅、百済の会盟に関わった上で高宗の封禅に参列したと解されるのである。

河内直鯨の遣使

守君大石の派遣に続く遣唐使は『日本書紀』天智天皇八年（六六九）是歳条にみえる小錦中河内直鯨の渡航である。『日本書紀』には遣使したとの記述しかみえないが、『新唐書』東夷日本伝に、

咸亨元年、遣レ使賀レ平二高麗一。

とあり、『冊府元亀』外臣部にも咸亨元年（天智天皇九年、六七〇）三月に倭国王が使を遣わして高句麗平定を賀したとの記述があるので、河内鯨の遣使は唐による高句麗平定を祝賀することを目的にしていたと解されるようである。天智天皇八年（六六九）の歳末に近い頃日本を出発したとすれば、翌年三月の唐朝廷への参内は時間的に程よい経過となろう。唐は新羅と連合して天智天皇二年（六六三）に再興百済を亡ぼすと高句麗と対決姿勢を強めるようになっている。天智天皇四年（六六五）十月に実力者泉蓋蘇文が死去すると内紛が生じて跡を継いだ長子男生が弟男建・男産と争う事態となり、翌五年十二月に唐高宗は李勣を遼東道行軍大総管兼安撫大使に任命して高句麗征討を開始するに至るのである。天智天皇六年（六六七）十月には唐軍は平壌に到達し、翌七年九月に宝蔵王および男建が捕えられ、高句麗は滅亡している。滅亡する前の高句麗は日本に救援を求め使人を派遣してきているが、日本は応じなかったらしい。かつて百済の再興を支援する日本は高句麗に将軍を遣わして同国と対立する唐・新羅を牽制することを行って

いたが、白村江で大敗した後は軍事力をもって半島内の抗争に介入する意図も実力も喪失していたのである。即ち日本はかつての友好国高句麗の滅亡を傍観していたことになるが、唐・新羅軍が日本へ侵攻してくるかもしれないという脅威の下で致し方のない選択であり、逆に唐が高句麗を滅ぼすとそれを慶賀する使人の派遣を行っているのである。鯨の小錦中という位階は賀平定使に相応しいそれと言えるようである。

河内直鯨に先行する遣使

猶、『冊府元亀』外臣部には総章二年（天智八年、六六九）八月に村邑王鉢伽舎跋摩と羅婆王称達鉢らが遣使して方物を献じ、十一月に倭国使が同様に遣使、献方物を行ったとの記事がみえている。この倭国使派遣の四カ月後に賀平高句麗使が遣わされていることになり、日本から短い間隔を置いて二度唐朝へ使節が派遣されていることになる。このような短期間に二度遣使しているのは少なからず不可解であるが、『冊府元亀』の記事に誤りがあるとするのは困難であり、二度の遣使は肯定せざるを得ない。鈴木靖民氏は賀平高句麗使に先行する使人について、高句麗を攻撃する唐を牽制する意図で派遣した可能性と朝廷以外の、例えば百済に残留していた日本人勢力が遣わしたそれを考えているが[26]、天智天皇八年（六六九）十一月という唐朝への遣使の時期を念頭におくと、この使人も前年九月の高句麗滅亡は知っていたとみられるので今更牽制策の意味があったとは考え難く、既述した如く当時朝鮮半島に残留していた日本人勢力がさほどであったと思われず、日本の朝廷の正式の使節でない使人が『冊府元亀』に倭国の遣使とされるのは有り難いのではないか。かく考えることから私は、鈴木氏が想定した二つの可能性はともに蓋然性が小さく依拠し難いと思うのである。寧ろここは、天智天皇八年（六六九）十一月の段階で遣使、方物献進を行った上で、翌年三月に賀平高句麗使を唐朝へ参内させたのではないかと考えられるように思う。天智天皇五年（六六六）頃から戦争状態になっていた唐・高句麗関係を注視していた朝廷は後者の敗北を知ると、まず今後の唐朝の意向を探ることを意図して遣使献物し、その上で日数を置くことなく高位の官人である河内鯨を賀平高句麗使として入唐させたのではないか。三月の賀平高句麗使は前年十一月の献方物使の帰国をまって進発した可能性を考えてよいだろう。後者が帰国して齎した情報により唐朝の歓心を得ることの必要性が痛感され、賀平使の派遣となったとみることができそうである。再興百済との戦いで唐と新羅は連合するが、百済が亡びると漸次両者は離反し、高句麗が滅亡した天智天皇七年（六六八）には唐が日本へ攻めこむ口実の下で新羅を討伐しようとしているとの風聞があったという。持統天皇紀四年（六九〇）十月条に百済救援軍に加わり捕虜になった土師富杼らが苦労して「唐人所レ計」なるものを上奏したことがみえるが、これは唐の日本襲来計画のようであり、かかる情報、風聞の往き交う状況を考慮すると、高句麗滅亡を知った朝廷が唐朝の意向に敏感になり、遣使献物をした上に更に賀平使を送ることがあって不思議でないだろう。

新羅の貢調

即ち守君大石および河内直鯨の遣唐使派遣は高宗の封禅への参列であったり高句麗を滅ぼした唐の圧力、脅威への対処策という意味合いが看取されるが、微妙な唐・新羅関係は高句麗が亡びると後者の前者への反発が顕著になり、前者の支配する百済の故地に新羅が攻め入るような事態となっている。かかる状況下で唐、新羅が従前と異なる態度で日本と交渉する展開になっているのである。天智天皇七年（六六八）九月に新羅は級飡金東厳らを派遣して、調を貢進している。新羅による貢調は斉明天皇二年（六五六）以来みえておらず、唐と対立するようになっていた新羅が日本との友好関係を構築する意図で使人を派遣してきたとみられる。日本は新羅王に絹五十匹・綿五百斤・韋一百枚を賜与することにして東厳らに托し、道守麻呂・吉士小鮪を送使として新羅使を帰還させている。金東厳の来日は高句麗滅亡直前であり、高句麗滅亡後の唐との交渉において日羅の友好関係が有利に働くと予測しての遣使であった。(27)この後新羅は連年貢調を果すようになっている。唐の方も新羅と抗争する中で日本の支援を求め、天智天皇十年(六七一)一月に百済鎮将配下の唐人李守真が来朝して上表を行い、七月に帰還している。帰途につく李守真は、二月に来朝した百済使と同道している。この百済使は百済に駐留する唐勢力に与同する百済人で、新羅の圧迫を受けていた人たちに他ならない。十二月には以前来日したことのある唐人郭務悰が百済鎮将配下の兵士と覚しき六百人と新羅に攻められ難民化したらしい人たちを含む百済人一千四百人、都合二千人からなる大船団を作り来日している。この船団には軍事的編成の様相があり、前触れせずに日本に接岸すると防人らが驚駭し射戦となるのを恐れ、船団中の日本人僧侶らを先遣隊として対馬へ遣わしている。大船団で郭務悰は日本へ圧力を加えつつ支援を求め、壬申の乱が勃発する直前という慌しい状況下ながら朝廷から絁一六七三匹・布二八五二端・綿六六六斤を得て帰還している。天智天皇十年(六七一)には新羅も六月、十月に遣使して貢調し、後者の新羅使は新羅王への下賜品として絹五十匹・絁五十匹・綿一千斤・韋百枚を与えられている。郭務悰への賜物に比べると大分少ないが、朝廷は抗争する唐、新羅のいずれにも支援の態度をとっていたらしい。白村江で唐軍に敗北し唐による高句麗敗滅に朝廷は脅威を感じ危機回避に努めたが、唐、新羅の抗争が進み両者から支援を求められる状況下で、漸次右脅威感は減退していったようである。

日本国号

『三国史記』「新羅本紀」文武王十年(天智天皇九年、六七〇)条に、

倭国更号二日本一。自言下近二日所一レ出以為上レ名。

とあり、この年倭国が国号を日本に改めたとの記事がみえている。但し大化元年（六四五）七月の高句麗使と百済使に対する詔文中に「明神御宇日本天皇」なる語がみえ同二年（六四六）二月の詔文にも「明神御宇日本倭根子天皇」とあり、日本なる語が大化の頃から使われていたことが知られる。倭国を日本と称することは七世紀中葉に始まっており、それを背景に天智天皇朝の頃国号を日本とすることが新羅に伝えられ、外交の場で日本なる国名を正式のそれとすることが行われるようになったのであろう。天智天皇朝の末期ともなれば唐の脅威から脱しつつあり唐・新羅双方から秋波を送られる状況下にあったから、日本なる国号使用を新羅に伝達しても不思議でないように思われる。この頃国内的に庚午年籍が作成されるようになっており、日本の支配体制の整備の進展も背景にあるようである。

『善隣国宝記』にみえる元永元年（一一一八）菅原在良の勘文によれば、天智天皇十年（六七一）に来朝した唐客郭務悰は「大唐帝敬問日本国天皇、云々」と書かれた上書を持参していたという。正式の中国皇帝による国書において日本の君主を天皇と称することは考え難く、この文書は百済鎮将の私使である郭務悰の持参文書なので天皇称号が使用されていると考えられるが、外交の場で国号日本という新たに使われるようになった国名を早速使用していると見得るようである。東アジアにおける日本の地位の安定化がすすみ、国内支配体制整備の進展と相俟って国号日本の採用となったのであろう。

唐と新羅の抗争は結局唐が天武天皇五年（六七六）に朝鮮支配の拠点である安東都護府を遼東に移し新羅に半島の支配権を認めることにより結着するが、天智天皇七年（六六八）に再開された新羅による日本への調貢進はその後も一貫して継続し、唐に勝利し半島から唐勢力を駈逐しながらも新羅は日本の附庸国の立場をとり続け、奈良時代に至っている。唐は新羅王を冊封することは行うものの、朝鮮半島は謂ゆる統一新羅の支配するところになったのである。即ちかつて日本に侵攻してくるのではないかとの危機感を与えていた新羅は日本に従属する態度をとり、唐は朝鮮半島から手を引くという状況展開により、東北アジアに安定した国際関係が齎されたと言える。新羅は日本へ貢調した上に朝廷に対し請政、政務報告を行っている。新羅が日本の附庸国たるの地位をとり続けたのは、東北アジア情勢が安定したとはいえ日本と和親することにより高句麗滅亡後戦ってきた唐を牽制できるという思惑があったことに由ろう。逆に日本は新羅を附庸国視することにより多分に観念的なものながら、朝鮮半島に影響を及ぼし小帝国体制を作ることができたことになる。新羅は日本に附庸する一方で唐の冊封下に入っており謂ば二重外交を行っていることになるが、大国唐に隣接しながら国家の維持を図るとなると、右二重外交が最も適切な方策だったのであろう。

日唐国交の断絶

唐との関係では、朝廷は天智天皇八年（六六九）に河内直鯨を賀平高句麗使として派遣して以来、百済鎮将の使人である郭務悰が同十年に来朝しているものの、交渉が途絶えている。唐との交流が再開されるのは大宝元年（七〇一）に任命され翌年出発した執節使粟田真人以下の遣唐使によってであり、天武天皇朝から文武天皇朝にかけて三十年間、日唐間において正式の国使の往来が行われていない。これは日本と新羅との間で使節派遣が行われていたのと大きく異なっている。新羅は唐と国境を接しているので否応なく唐と交流せざるを得ず唐の冊封下に入るが、日本は唐とは海をもって隔てているという地理的条件があり、以前敗北した唐との交流を断ったのであろう。大国唐と交流するとなれば冊封を受けないにしてもその下方に立たざるを得ず、新羅を附庸国化し小帝国体制を構築するに至った朝廷にとり、唐と正式交渉をもつことは不都合だったことも考えられる。

即ち天武天皇朝から大宝律令制定に至るまでの三十年間、朝廷と新羅は盛んに使節のやりとりをする一方で唐とは国交を断っていたことになるが、文物、制度の看点からすると朝廷は唐のそれの移入に一貫して努めている。唐の文物、制度の移入は長らく隋唐に留学して帰国した僧・学生らが参画して進めた大化改新以来の流れであり、それが唐との交流が断絶した後も続いたのである。大化改新の主導者中大兄皇子、天智天皇が中国の正統的な教学である儒教に関心をもち詩文を嗜んだのに対し、大海人皇子、天武天皇は天文・遁甲という道教系の素養を好み詩文というより和歌を嗜むという相異があったが、中国の先進文化の移入に努め国制の整備や文化の向上を図ろうとした点で二人の間に相異はない。天智天皇八年（六六九）に発遣された賀平高句麗使と思われる河内鯨の随行者であった坂合部石積は、天武天皇十一年（六八二）三月に朝廷の命を受けて漢字辞書の一種とみられる『新字』四四巻を作成している。天武天皇朝において唐文化の移入に関わる基礎事業が進められていることが判るのである。河内鯨の率いる遣唐使に黄文本実が加わっていたらしく、この人物は天智十年（六七一）三月に唐から持ち帰ったらしい水臬を献納し、薬師寺蔵『仏足石記』(28)に唐国善光寺で仏足石図を写し将来したことがみえている。賀平高句麗使というと政治目的の遣使であるが、天智天皇は唐の文物、制度の摂取、移入することも意図していたことが判る。

朝鮮半島を介しての唐文化移入

かかる唐文化への姿勢は天武天皇朝にも継承されるのであるが、唐との交流が途絶すると唐から直接将来することが不可能になり、結局頻繁に交流するようになった新羅を介し移入を図るようになっている。持統天皇三年（六八九）四月に新羅使とともに新羅で研鑽していた学問僧明聡・観智らが帰国しており、持統天皇七年（六九三）三月に弁通と神叡が学問僧として新羅へ渡っている。後に観智と神叡は僧綱に登用され、特に後者は自然智で知られている。持統天皇六年（六九二）十月に才能を買われて還俗し文章家として知られた山田史三方も、新羅学問僧上りであった。持かつて多くの留学僧・生らが目指した唐へいけなくなった替りに新羅が浮揚し、そこで研鑽した者が帰国後活躍するようになっているのであるが、研鑽内容となると普遍的な中国仏教ないし学問であったと考えられる。新羅の仏教、学問は中国のものを移入し学んだものに他ならず、新羅へ留学した人たちはそこで唐の文物、制度を学んで帰国したと言い得るのである。三方は『懐風藻』に三首の詩を採られているが、新羅で培ったであろう詩文の才は中国文化に渉るものであり、三方は新羅の地で中国文化を学んでいたのである。

以上の考察から日唐間の交流が途絶えていた間新羅へ留学した人たちが唐の文物・学問を学び日本へ移入していたことが考えられるのであるが、かかる留学者とは別にこの間、日本への唐文化移入、定着に努めていた人たちに、百済再興が失敗した後大量に日本へ亡命してきた人たちの中の知識人がいる。天智天皇十年（六七一）正月に多数の百済亡命人が授階されているが、法官大輔の沙宅紹明、学職頭の鬼室集斯、薬の炑日比子賛波羅金羅金須・鬼室集信・徳頂上・吉大尚、五経の許率母、陰陽の角福牟などは明らかに中国文化を体得している人たちである。沙宅紹明は天武天皇二年（六七三）閏六月に死去しているが、『日本書紀』には「為レ人聡明叡智、時称二秀才一」された人物とあり、(29)日本の詩文の水準向上に貢献したことが窺われる。亡命と異なり百済鬼室福信の捕虜となった唐人続守言と同様に捕われたらしい薩弘恪も知識人であり、天武天皇朝から文武天皇朝にかけて活躍している。因みに既述した如く両人は浄御原令の編纂に当たったと推測され、薩弘恪は大宝律令の撰定に参加して賜禄に与っている。何時唐へ留学したのか不詳であるが、天武天皇十三年（六八四）十二月に土師甥と白猪宝然が新羅使に送られて帰国している。甥と宝然は薩弘恪・続守言と同様に浄御原令の編纂に与ったと推測され、更に二人とも大宝律令の撰定者に名を列ねている。新羅経由の唐からの新参帰朝者として、唐で得た知識をもって天武天皇朝以降の朝廷で目覚ましい活躍が知られるのである。日唐間において正式な交流は断絶していたにしても両者間の媒介をなすさまざまな経路が存在しており、それにより唐の文物、制度を日本へ齎すことができた。

新羅の国制と日本

猶、天武天皇朝から文武天皇朝にかけて日唐間が疎遠で日本・新羅間の交流が盛んであったことから、新羅の文物が当時の日本に多大な影響を与えたとする所見がある。言うまでもなくこの時期は日本の律令国制の整備期に当たる。この国制整備に新羅の制度が関わっているという理解であり、倉本一宏氏は大化改新以降、浄御原令に至るまでの国制整備に関し、唐の貞観律令は継受されず永徽律令の将来も天武天皇十三年（六八四）十二月に帰国した土師甥と白猪宝然によるもので浄御原令編纂に当たっては参照されず、結局唐の律令の直接的な影響は考えられないと論じている。[30]貞観律令は『日本国見在書目録』にみえないのであるから将来されていなかった可能性を考えてよいだろうが、将来されていないことをもって直ちに貞観律令の影響がなかったとするのは少なからず不可解な所見のように思われる。貞観十一年（舒明天皇九年、六三七）に制定された貞観律令、更には先行する武徳八年（推古天皇三十三年、六二五）施行の武徳律令にしても将来如何とは別に大化以降の国制改革の起案者である僧旻や南淵請安・高向玄理らが長期留学中に学習してきていることが確実で、それらが参考にされていなかったとは到底考え難く、永徽律令が天智天皇朝に日本へ将来されることがなく土師甥と白猪宝然により初めて日本へ紹介されたにしても、天武天皇十三年という時点を考慮すれば浄御原令編纂の最中に当たり、既述した如く甥と宝然は唐の法制に関わる最新の知見をもって同令編纂事業に参加したことが考えられるのである。そもそも律令という編纂法典自体新羅にはないものであり、中国、唐の政治文化の所産に他ならない。大化改新詔に唐律令の影響をみるのは容易であり、倉本氏の所見は頗る理解し難いそれと言わざるを得ない。既に先学が明らかにしている如く外位や葬制絡みで新羅の制度を導入しているところがあるとはいえ、[31]国制改革の中枢部は伝統的なマヘツキミ制を踏まえた上で唐の中書・門下・尚書三省体制、また国政執当に当たる宰相制度を参考にして構成されているとみるべきであろうと思われる。改革の基本は唐制を範型にしていたとすべきである。

遣唐使派遣

三十年間の断絶を経た後、大宝元年（七〇一）に遣唐使が任命され翌年渡海している。大宝元年における遣唐使派遣の決定は、大宝律令の撰定完了と関わっていたとみてよいだろう。新羅を藩屏国とし大唐の律令に匹敵する律令を作りあげた朝廷は、対唐外交を展開する自信をもち得るに至ったのだと思う。律令を編む悲願といえば天智天皇が中臣鎌足に作ることを命じたのに始まり、鎌足が条例を編むことで終り、次いで天武天皇が律令編纂を目ざして持統天皇朝に至り浄御原令の撰定、施行となり、文武天皇朝に至り律と令からなる大宝律令を完成することができたのであった。唐に対する思いでは、天智天皇は敗戦者の立場で唐高宗の封禅儀に参加する使人やかつて支援した高句麗の平定を慶賀する賀平高句麗使を派遣するという、多少とも屈辱的な対唐外交を余儀なくされ、大海人皇子、天武天皇は天智天皇の傍らで協力し、鸕野皇女、持統天皇の立場も天武天皇に同じと言ってよく、先進文化国家への渇仰感を有する一方で敵対感をもつという複雑なものがあったとみてよいだろう。斉明天皇朝末の百済救援軍には天皇・中大兄皇子の下で鸕野皇女は大海人皇子に従い九州に出征し、そこで草壁皇子を出産している。斉明天皇の死で中大兄皇子は飛鳥へ戻り葬儀を行うが、百済救援の事業は進められ、結局天智天皇二年（六六三）の白村江での敗北となり、朝鮮半島から手を引くという形で終息している。白村江での敗北の時鸕野皇女は十九歳であった。この敗北は天智・天武両天皇とともに鸕野皇女にも強烈な印象を与えていたとみてよいだろう。天智・天武・持統三天皇が対唐となるとどうしても心中にしこりを残さざるを得ないのに対し、天武・持統天皇の孫に当たる文武天皇となるとかかるしこりをもつことから解放され、大宝律令を作った自信を背景に遣唐使派遣による対唐外交の再開に踏み切ることができたのであろう。

尤も大唐に向い日本が対等外交を展開し得たとは考えられず、皇帝の下の侯王、日本国王として交流していたらしい。天皇の和訓スメラミコトを日本国王の名前として交流に臨んだようで、国内的には皇帝に匹敵する全世界の支配者を含意とする天皇称号を使用しつつ、唐皇帝に差し出す国書では日本国王スメラミコトとしていたらしい。正に二枚舌外交ではあるが、当時の状況を顧慮すると致し方のない選択だったのである。とまれ、大宝律令の編纂は朝鮮諸国が遂になし得なかった快挙であり、それが対唐外交の再開に至った理由であった。尤も遣唐使がこの律令を唐朝廷に提出したかとなると、そのように考える論者もいる(32)が、律令文中に天皇に関わる条文があり、それは唐朝廷の忌避するところであることが確実であるので、大宝律令を唐朝廷に捧呈することはなかったであろう。

注

(1)『日本書紀』皇極天皇二年十一月一日条。
(2)石母田正『日本の古代国家』第二章（岩波書店、一九七一年）。
(3)石母田正前掲書第一章。
(4)下向井龍彦「日本律令軍制の形成過程」（『史学雑誌』一〇〇編六号、一九九一年）。
(5)岸俊男『日本古代政治史研究』「防人考―東国と西国―」（塙書房、一九六六年）。
(6)末松保和『任那興亡史』（大八洲出版、一九四九年）、同『新羅史の諸問題』「梁書新羅伝考」（東洋文庫、一九五四年）。
山尾幸久「大化改新論序説」上下（『思想』五二九・五三一号、一九六八年）。
(7)磯貝正義『郡司及采女制度の研究』第五章（吉川弘文館、一九七八年）。
(8)下向井龍彦前掲論文。
(9)山尾幸久前掲論文。

（10）松本政春「七世紀末の王権防衛思想」（『日本史研究』五五五号、二〇〇八年）。
（11）関晃『関晃著作集』第四巻「天武・持統朝の畿内武装政策について」（吉川弘文館、一九九七年）。
（12）下向井龍彦前掲論文。
（13）松本政春前掲論文。
（14）橋本裕『律令軍団制の研究』増補版「軍毅についての一考察」（吉川弘文館、一九九〇年）。
（15）『日本書紀』天武天皇十四年十一月丙午条。
（16）石母田正前掲書、松本政春前掲論文。
（17）『日本書紀』天武天皇十四年九月戊午条、朱鳥元年二月乙亥条。
（18）東野治之「『続日本紀』管見二則―禄法・軍毅―」（『続日本紀研究』二〇〇号、一九七八年）。
（19）橋本裕前掲書「軍毅と郡司―東野治之氏の説に接して―」。
（20）『類聚三代格』巻十八大同四年六月十一日太政官符。
（21）『続日本紀』天平十二年九月戊申条、同己酉条。
（22）池内宏『満鮮史研究』上世「百済滅亡後の動乱及び唐・羅・日三国の関係」（吉川弘文館、一九六〇年）。
（23）鈴木靖民「百済救援の役後の日唐交渉」（『続日本古代史論集』上巻、吉川弘文館、一九七二年）。
（24）鈴木靖民前掲論文。
（25）『冊府元亀』帝王部封禅二。
（26）鈴木靖民前掲論文。
（27）坂本太郎『日本全史』2（東京大学出版会、一九六〇年）。
（28）『寧楽遺文』文学編金石文。
（29）『日本書紀』天武天皇二年閏六月庚寅条。
（30）倉本一宏『日本古代国家成立期の政権構造』「古代新羅の官司制成立」（吉川弘文館、一九九七年）。

(31) 林紀昭「飛鳥浄御原令に関する諸問題」(『史林』五三巻十号、一九七〇年)。
(32) 青木和夫『奈良の都』(中央公論社、一九六五年)。

あとがき

本書は、前著『天智天皇と大化改新』（同成社古代史選書2）を承けて、天智天皇の死後勃発した壬申の乱を勝ち抜いて皇位に即いた天武天皇とその后にして後継者となった持統天皇を基軸に、両天皇朝の動向を追究したものである。中大兄皇子、天智天皇が断行した乙巳の変を契機とする大化改新により同天皇朝において律令国家形成へ向けて大きく歩を進め、改革が進められたが、大宝律令にみる完成した律令国家のあり方からすれば未だしの感が少なくないところを、天武・持統天皇の下で浄御原令を編み、大宝律令への道筋をつけたのであった。即ち律令国家形成という看点からみて両天皇の時代は頗る重要なそれであり、従前多くの論者により追究がなされてきている。但し大きな論点で所論が岐れ、安定した所見に至っているとは言い難いのが研究状況と言ってよいように思われる。壬申の乱の原因にしても天智天皇が大友皇子を後継者とし大海人皇子を皇位継承の立場から外したことによるとする所見があれば、草壁皇子の即位を意図する鸕野皇女、持統天皇の策謀に出るとの説があり、天武天皇朝の太政官と大弁官をどうみるか、律令軍制に先行する軍事編成の性格を如何なるものとしてとらえるか、等々について議論が定まっているとは到底言えない状況なのである。このような状況に鑑み私は、研究史を顧慮しつつ『日本書紀』を中心とする関連史料を精読、検討し、卑考するところを述べてみたのである。研究の蓄積は厚いとはいえ、重要な箇処で不備な検討のまま結論を導いているケースが少なくない。私は先学説に注意を払いつつも、なずむことのないよう努め考察を行ってみた。編戸についてみれば、日本では一戸一兵士制を目論んだとされることが多いが、大化に始まる編戸が軍事的看点から立案されたとは、どうみても思われないのである。

故井上光貞博士を指導教官にして日本古代史の研究を開始して以来半世紀近くの年月が経過している。二十代から四十代にかけて私は、律令を基本的枠組みとする奈良、平安時代史の研究に努力を傾注したが、五十代になる頃から八世紀律令国家に至る過程に関心が向くようになり、「魏志倭人伝」の分析から始めて推古天皇朝の解明、大化改新・天智天皇朝の追究を行ってきた。本書の執筆により天武・持統天皇朝を扱ったことになり、律令国家と律令国家以前とを結びつけた思いがするのである。井上博士は時折、歴史の研究をしていると出発点（日本古代史では邪馬台国であろう）からみたくなるものだと語っていたが、何時の間にか私も博士と同じ思いをもつようになったようである。四十余年以前に始まる博士の懇篤な御教導に更めて深謝の意を表する次第である。

私事にわたるが、私が学問研究の道に進むことを喜び激励してくれたのは亡父栄、そして亡母カンであり、研究生活を支えてくれてきているのは妻雅子である。暖かく見守ってくれた亡父母、そして家族のために渾身の努力を払ってきている妻に謝意を表したいと思う。家族といえば長男果、長女涼はともに人と成り、法律学研究者、また医を業とするに至っている。この両人の良き今後を祈念する次第である。

本書が成るに当たっては前著『天智天皇と大化改新』と同様に、畏友小口雅史氏の御厚意を忝くしている。氏に対して深甚の謝意を表さねばならない。最後になってしまったが、本書作成に当たり御尽力賜った加治恵氏を始めとする同成社各位に深謝の意を表するものである。

平成二十二年五月

著者識

天武《てんむ》・持統天皇《じとうてんのう》と律令国家《りつりょうこっか》

■著者略歴■
森田　悌（もりた　てい）
1941年　埼玉県に生まれる
1965年　東京大学文学部卒業
1967年　同法学部卒業
現　在　金沢大学教授、群馬大学教授を経て、群馬大学名誉教授
　　　　文学博士

主要著書
『平安時代政治史研究』吉川弘文館、1978年。『邪馬台国とヤマト政権』東京堂出版、1998年。『訳注日本後紀』（編）集英社、2003年。『推古朝と聖徳太子』岩田書院、2005年。『王朝政治と在地社会』吉川弘文館、2005年。『日本後紀』上中下、講談社（学術文庫）2006～2007年。『天智天皇と大化改新』同成社、2009年。他

2010年6月30日発行

著　者　森田　　悌
発行者　山脇洋亮
印　刷　㈱熊谷印刷
製　本　協栄製本㈱

発行所　東京都千代田区飯田橋4-4-8
（〒102-0072）東京中央ビル　㈱同成社
TEL 03-3239-1467　振替 00140-0-20618

ISBN 978-4-88621-526-0　C3321

①古代瀬戸内の地域社会

松原　弘宣著

A5判・三五四頁・定価八四〇〇円

【本書の目次】

②天智天皇と大化改新

森田　悌著

A5判・二九四頁・定価六三〇〇円

【本書の目次】

③古代都城のかたち

舘野　和己編

A5判・二三八頁・定価五〇四〇円

【本書の目次】

④平安貴族社会

阿部　猛著

A5判・三三〇頁・定価七八七五円

【本書の目次】

一　貞観新制の基礎的考察／二　事力考／三　皇位をめぐる陰謀―平城天皇と薬子―／四　菅原道真と天満宮―神になった悲劇の文人貴族―／五　『北山抄』と藤原公任／六　「光源氏」家の経済基盤／七　平安貴族の虚像と実像／八　十世紀の地方政治―いわゆる国司の非政―／九　国司の交替／十　古代政治思想一斑／十一　貴族と武士／十二　平安貴族の諸相（官物焼亡の責任／下級官人の処遇改善（Ⅰ）／下級官人の処遇改善（Ⅱ）／官人の職務闕怠／「沽官田使」追考／カンニングペーパー／宅地造成―源高明の西の宮―／「中外抄」抄／公家新制―水戸部正男氏の業績について―）／付編（三善清行「意見十二箇條」試注／三善清行「意見十二箇條」の評価）

⑤地方木簡と郡家の機構

森　公章著

A5判・三四六頁・定価八四〇〇円

【本書の目次】

第一章　郡雑任と郡務の遂行（郡雑任の種類と出身階層・役割／綱丁と郡司／郡雑任の行方）／第二章　郡家の施設と部署（郡家の構造／郡家と人員の配置／正倉・生産施設その他との関係）／第三章　木簡から見た郡務と国務（袴狭遺跡群と但馬国出石郡家／郡務の諸相／郡務と国務の関係）／第四章　評司・国造の執務構造（評制下の中小豪族／国造の任務遂行／国造と部民）／第五章　木簡から見た郡符と田領（加茂遺跡出土の牓示札木簡／田領の役割）／第六章　郡津の管理と在地豪族（津および津長の研究成果／土佐国香美郡の歴史環境／下ノ坪遺跡と古代の津）／第七章　地方豪族と人材養成（春澄善縄の場合／郡司子弟とその養成方法／郡司子弟の行方）／第八章　評制と交通制度（評制の成立と展開／評制成立以前の交通制度／評家と交通）

⑥隼人と古代日本

永山修一著［第三六回南日本出版文化賞受賞］

A5判・二五八頁・定価五二五〇円

【本書の目次】